新时代跨境电子商务
新形态系列教材

数智电商
AI+RPA实战教程

方美玉　蔡乐毅　张俊九　主编

苟建华　陈胜男　陈伟　李淇　副主编

**Digital Intelligence E-commerce
AI and RPA
Practical Teaching**

清华大学出版社

北京

内 容 简 介

本书共 12 章，着重介绍了数智电商的概念、电子商务运营流程及各环节的理论知识，运用案例教学的方式，设计开发了典型的电商运营场景的 AI＋RPA 机器人案例，包括店铺运营类机器人、数据运营类机器人、客服类机器人、物流类机器人、财务类机器人以及新媒体与跨境电商机器人等，配有详细的开发和制作步骤及教学视频。本书第 1 章到第 4 章为理论部分，第 5 章到第 11 章为理论、实践相结合部分，第 12 章是企业应用数智电商转型成功的案例。每一章开篇有引导案例，章节中先对本章运用理论进行阐述，再配套实践案例。

本书配有电子课件、教学案例视频、教学案例源代码、课后习题等资料，通过扫描教材中的二维码可以查看。

本书可作为高等院校经管类相关专业、计算机类相关专业的课程教材，也可作为相关技术人员的自学用书及培训教材。

图书在版编目(CIP)数据

数智电商 AI+RPA 实战教程 / 方美玉，蔡乐毅，张俊九主编 . —北京：清华大学出版社，2023.10
新时代跨境电子商务新形态系列教材
ISBN 978-7-302-64715-7

Ⅰ．①数… Ⅱ．①方… ②蔡… ②张… Ⅲ．①数字技术－应用－电子商务－高等学校－教材 Ⅳ．① F713.36-39

中国国家版本馆 CIP 数据核字 (2023) 第 193943 号

责任编辑：张　伟
封面设计：李召霞
责任校对：王荣静
责任印制：杨　艳

出版发行：清华大学出版社
　　　　网　　　址：https://www.tup.com.cn, https://www.wqxuetang.com
　　　　地　　　址：北京清华大学学研大厦 A 座　　　　邮　　编：100084
　　　　社 总 机：010-83470000　　　　邮　　购：010-62786544
　　　　投稿与读者服务：010-62776969, c-service@tup.tsinghua.edu.cn
　　　　质 量 反 馈：010-62772015, zhiliang@tup.tsinghua.edu.cn
　　　　课 件 下 载：https://www.tup.com.cn,010-83470332
印 装 者：三河市君旺印务有限公司
经　　销：全国新华书店
开　　本：185mm×260mm　　　印　　张：13.5　　　字　　数：303 千字
版　　次：2023 年 11 月第 1 版　　　印　　次：2023 年 11 月第 1 次印刷
定　　价：49.00 元

产品编号：098002-01

丛书编写指导委员会

（按姓氏拼音排序）

丛书序

在新冠肺炎疫情冲击下，跨境电子商务进出口逆势高速增长。《2021 年度中国跨境电商市场数据报告》显示，2021 年中国跨境电子商务市场规模超 14 万亿元，近 5 年增长近 10 倍。为了发挥跨境电子商务助力传统产业转型升级、促进产业数字化发展的积极作用，2022 年国务院在全国 105 个跨境电子商务综合试验区的基础上又新增 27 个，达到 132 个，已经基本覆盖全国。这既是国家对跨境电子商务的扶持，也表明作为新兴贸易业态，跨境电子商务为稳外贸外资基本盘发挥了重要作用。

行业的发展离不开人才培养，尤其是跨境电子商务作为新兴行业，发展时间短，人才紧缺且良莠不齐，因此，如何又快又好地培养出新型人才，成为行业发展的重要任务。2019 年，教育部在本科专业目录中新设立跨境电子商务专业，第一批批准设立该专业的院校有 7 所。浙江外国语学院成为第一批设立该专业的唯一公办院校。2016 年，浙江外国语学院在小语种专业基础上开设了跨境电商"3+1"实验班和电子商务（跨境电商）复合型应用型人才培养课程，是国内最早开设跨境电子商务人才培养课程的学校。通过几年来的实践，浙江外国语学院摸索出一套校政企协同育人的新举措，推动了跨境电子商务专业本科人才培养的进程，为行业、企业输送了合格的跨境电子商务人才。时至 2022 年底，跨境电子商务专业设立时间只有短短的 3 年，在课程体系的合理性、教学方法的适应性、教材建设的完整性、培养方案的稳定性等方面都尚待完善。因此，浙江外国语学院作为第一批设立跨境电子商务专业的本科院校，在总结已有的教学与实践经验的基础上，编写一套专业课程体系相对比较全面的教材，不仅有重要的现实意义，也有深远的历史意义。本系列教材包括《跨境电子商务概论》《跨境电子商务速卖通运营》等。

本系列教材具有以下几个特点。

第一，这是一套产学研融合一体的学科交叉与复合型教材，经过多年校政企协同育人实践检验。丛书编写指导委员会成员和作者均来自电子商务领域及跨境电子商务综合试验区在内的政府部门、30 余所高等院校、10 家知名跨境电子商务平台企业。

第二，教材编写主要负责单位浙江外国语学院曾与全球领军跨境电子商务平台成功合作系列跨境电子商务人才培养项目，项目的研发和实施为教材编写打下了坚实的基础。

第三，体现新时代、新形态特征。教材内容嵌入二维码链接的各类扩展资源，融入课程思政元素，配备多媒体课件和测试题。既重视学科和专业理论的建树，又践行校政企协同一体化的育人使命。

第四，在案例教学中融入人文交流的理念，教材每一章开头配套导学型案例，章节中插入丰富的内容解读型案例。很多案例选材蕴含中国文化，讲解严谨而生动，引领学习者理解理论、探讨热点问题、辨析难点知识，从而达到行之有效的学习效果。

在当今的互联网和移动学习时代，知识碎片化程度高，易学但难以致用。本系列教材将从知识的整体性和连续性上，给学习者构建一个理论系统和实践体系。无论是专业教师、跨境电子商务专业或相关专业的大学生，还是对跨境电子商务感兴趣的读者，通过学习，都将会有所收获。希望通过本系列教材的出版，能带动国内外更多跨境电子商务教材的出版，为国内外跨境电子商务领域培养出更多、更好的栋梁之材。

本系列教材是教育部产学合作协同育人项目配套教材。

2022 年 7 月 15 日

前　言

近年来，电商发展进入创新变革的关键时期，技术驱动扮演核心角色，越来越多的品牌和企业开始拥抱数智化转型，探索以数智驱动开启新的增长之道。电商数字化、智能化水平的不断攀升，加速了线上线下的融合，为电商运营和传统企业转型重构赋予了新动能，也进一步推动了学科发展。为了贯彻党的二十大精神，以数字赋能电商高质量发展，紧跟电商发展的新领域、新方向——数智电商，我们在浙江外国语学院和杭州实在智能科技有限公司的支持下，撰写了本书。

本书从讨论数智电商的概念出发，围绕电子商务（electronic commerce 或 electronic business）运营流程、电商 RPA（robotic process automation，机器人流程自动化）技术原理、AI（人工智能）＋RPA 的应用与发展、RPA 机器人开发等内容，对电子商务运营流程进行了阐述。对 AI＋RPA 设计工具及电商 RPA 机器人进行了系统介绍，并选择电商业务中常见的应用场景，设计和实现了相应的 RPA 机器人实例，包括店铺运营类机器人（抖音商品库存预警、抖音达人自动邀约、淘宝订单导出）、数据运营类机器人（数据采集等）、客服类机器人（售前、售中、售后）、物流类机器人（发货、仓储、退货退款）、财务类机器人（财务对账、财务报表、税务管理）以及新媒体与跨境电商机器人（抖音带货、直播分析、汇率获取、小语种翻译）等，具有很强的实践性。这些典型应用能够很好地提升电商管理的效率，使学习者能够基于业务场景现状，运用 RPA 技术设计和开发机器人，高效解决或优化场景中的问题，实现业务流程的自动化和智能化运行。

本书由方美玉、蔡乐毅、张俊九担任主编，苟建华、陈胜男、陈伟和李淇担任副主编，全书由浙江外国语学院多位具有丰富教学经验的老师和杭州实在智能科技有限公司负责人及业务骨干负责撰写及案例开发工作，教学中所使用的 RPA 开发软件由杭州实在智能科技有限公司提供，书中配套有下载地址和方法。本书具体分工为：第 1、2、3、11 章由方美玉、肖艾玫、邓姿伶编写；第 4 章由蔡乐毅、方美玉编写；第 5、6、7 章由蔡乐毅负责编写；第 8、12 章由陈胜男负责编写；第 9、10 章由苟建华负责编写；教材中的源代码案例由以上章节负责人与杭州实在智能科技有限公司陈伟、李淇及团队共同开发及录制。

本书在编写过程中，得到高校许多同事和企业同人的支持，在本领域还尚未成熟的时候，大家敢于求新，积极奉献智慧，我们在此向各位领导、专家致以诚挚的谢意！对于本书不完善的地方，衷心希望广大师生与学员批评指正，我们将不胜感激。

本书的源代码可扫下方二维码下载。

编　者

2023 年 4 月

目　录

第 1 章　电子商务概述 …………………………………………………… 1

1.1　电子商务基础 ………………………………………………… 1

1.2　技术赋能电子商务 …………………………………………… 8

1.3　数智电商概述 ………………………………………………… 11

即测即练 ……………………………………………………………… 14

第 2 章　AI＋RPA 概述 …………………………………………………… 15

2.1　AI＋RPA 基础 ………………………………………………… 16

2.2　AI＋RPA 的核心产品功能 …………………………………… 20

2.3　AI＋RPA 的行业应用 ………………………………………… 21

2.4　全球主流的 RPA 产品 ………………………………………… 23

即测即练 ……………………………………………………………… 24

第 3 章　数智电商 AI＋RPA 概述 ………………………………………… 25

3.1　电商机器人简介 ……………………………………………… 26

3.2　电商机器人的应用现状 ……………………………………… 28

3.3　AI＋RPA 的具体应用 ………………………………………… 32

即测即练 ……………………………………………………………… 37

第 4 章　电商 RPA 原理与架构 …………………………………………… 38

4.1　电商 RPA 原理 ………………………………………………… 39

4.2　电商 RPA 架构与成本控制 …………………………………… 43

4.3　电商 RPA 的选型及实施 ……………………………………… 45

即测即练 ……………………………………………………………… 46

第 5 章　电商机器人开发工具 …………………………………………… 47

5.1　开发工具概述 ………………………………………………… 47

5.2　实在 RPA 设计器 ……………………………………………… 50

5.3　实在 RPA 控制器 ……………………………………………… 54

5.4　实在 RPA 机器人 ……………………………………………… 58

5.5　实在云脑 ……………………………………………………… 59

即测即练 ·· 61

第 6 章 店铺运营类电商机器人 ··· 62

6.1 抖店商品库存预警机器人设计与应用 ·· 62

6.2 抖音达人自动邀约机器人设计与应用 ·· 71

6.3 淘宝订单导出机器人设计与应用 ·· 74

6.4 淘宝插旗机器人设计与应用 ··· 77

即测即练 ·· 80

第 7 章 数据运营类电商机器人 ··· 81

7.1 电商数据运营概述 ··· 81

7.2 数据采集机器人 ··· 83

即测即练 ·· 95

第 8 章 客服类电商机器人 ·· 96

8.1 电子商务客户关系管理概述 ·· 96

8.2 售前客服电商机器人 ··· 100

8.3 售中客服电商机器人 ··· 105

8.4 售后客服电商机器人 ··· 107

即测即练 ··· 111

第 9 章 物流类电商机器人 ··· 112

9.1 电子商务物流概述 ··· 113

9.2 发货物流机器人 ··· 118

9.3 仓储物流机器人 ··· 128

9.4 退货退款物流机器人 ··· 133

即测即练 ··· 140

第 10 章 财务类机器人 ··· 141

10.1 电子商务财务管理 ·· 141

10.2 财务对账机器人 ·· 153

10.3 财务报表机器人 ·· 158

10.4 税务管理机器人 ·· 164

即测即练 ··· 167

第 11 章 电子商务新业态新模式 ··· 168

11.1 新媒体运营机器人 ·· 168

11.2 跨境电商机器人 ·· 178

即测即练 ·· 192

第12章 应用案例 ·· 193

12.1 鄂尔多斯 ·· 194

12.2 红蜻蜓 ·· 196

12.3 珀莱雅 ·· 199

12.4 案例应用总结 ·· 201

即测即练 ·· 201

参考文献 ··· 202

第 1 章

电子商务概述

【本章学习目标】
（1）掌握电子商务的定义、发展历程、发展现状及运营流程相关内容。
（2）理解现代先进信息技术在电子商务中的创新应用。
（3）了解何为数智电商，以及数智电商的发展现状和未来发展趋势。

电商让"彩虹"更贴近市场

成都彩虹电器（集团）股份有限公司（以下简称"彩虹集团"）是一家股份制民营企业，经过近 40 年发展，已成为全球最大的电热毯制造企业。如今，彩虹集团拥有员工 3 500 余人，产销超 10 亿元，是全国家用柔性取暖器具行业的龙头企业和全国家用卫生杀虫用品行业的骨干企业。

自 2011 年起，彩虹集团建立了电商团队，正式开启彩虹集团产品在网络渠道销售的新时代。在"互联网＋"的驱动下，电商团队更是确立了区别于线下的市场策略，针对网销渠道开发差异化产品，为彩虹集团的经营业绩注入全新增长动能。

电商团队作为彩虹集团获取现代消费者信息的重要手段，与公司研发、制造、售后相结合，强调数据导向，形成了企业内部闭环的 PDCA（计划、执行、检查、处理）信息系统，并以微信、微博为通道销售反馈系统，不断提高产品的科技含量和附加值，顺应产品发展趋势。

得益于线上、线下销售共同发力，2017 年销售突破 1.8 亿元，为彩虹集团持续稳定发展提供了保证。2018 年，电商团队不断通过平台化、精细化运作提高经济效应，销售突破 2.5 亿元，同比增长 38.8%。2019 年面对暖冬，销售突破 2.7 亿元。公司连续 5 年入围中国轻工行业电子商务渠道拓展 100 强，被评为"中国轻工业电子商务先进企业"，2019 年荣获成都市网络零售突出贡献奖。即使 2020 年面对疫情的影响，半年度仍实现利润 19% 的增长。

资料来源：十五个电子商务成功案例 电子商务成功案例分析 [EB/OL].（2022–07–28）.https://www.dzlps.cn/123116.html?ivk_sa=1024320u.

1.1 电子商务基础

在国际环境日益恶化的大背景下，积极开拓国内市场、挖掘内部消费潜力成为企业摆脱困境的必要之举。电子商务逐渐成为现阶段企业融入双循环新发展格局和加快数字化转型的一条便捷有效的道路。

随着电子技术和互联网（Internet）的发展，信息技术作为工具被引入商贸活动中，从而产生了电子商务。电子商务已经成为 21 世纪社会与经济发展的核心，它不仅改变了人们的购物方式，也带来了一场技术与社会的革命，对人们的生产、生活、教育、文化等各方面都造成了较大的影响。本节以电子商务的定义为起点，分别介绍电子商务的发展历程、发展现状以及运营流程。

1.1.1　电子商务的定义

电子商务从字面上可以理解为在互联网上所进行的商务活动。"商务"是指一切与买卖商品服务有关的商业事务，解决的是"做什么"的问题，而"电子"则解决的是"用什么工具"以及"怎么做"的问题。目前，国际上针对电子商务尚无统一的定义，国内外学者、企业、政府组织等从不同角度对电子商务的内涵进行了界定。

1. 学者对电子商务的定义

（1）美国经济学家托马斯·W. 马隆（Thomas W.Malone）最早提出"电子商务"这一概念，并把电子商务划分为狭义和广义的视角。前者指在运用电子化的买和卖的过程中，卖方找到潜在的客户并了解其需求，而买方找到潜在的卖主并了解其产品的销售条件等。后者是指在商业活动中的所有方面都得到了信息技术的支持，这些活动不仅包括买和卖，也包括设计、制造、管理等。

（2）我国电子商务专家在《中国电子商务蓝皮书 2001》中对电子商务的定义为：电子商务是指通过互联网完成的商务交易。交易的内容可分为商品交易和服务交易。交易是指货物和商品的易位，交易要有信息流、资金流和物流的支持。此外，也有国内学者将电子商务划分为狭义和广义两个部分，狭义的电子商务是指主要利用互联网从事的商务或活动，而广义的电子商务则是使用各种电子工具进行商务活动的统称。

2. 企业对电子商务的定义

（1）美国惠普公司认为电子商务是通过电子化手段完成商业贸易活动的一种方式，它能使交易过程中从售前服务到售后服务的各个环节实现电子化、自动化。利用互联网，电子商务就可以实现真实世界的所有购物行为，而不仅仅是订货和付款。

（2）IBM（国际商业机器公司）认为电子商务是采用数字化电子方式进行商务数据交换和开展商务业务的活动。它是互联网与传统信息系统相结合背景下应运而生的一种动态商务活动。

3. 政府组织对电子商务的定义

美国政府对电子商务的定义是，电子商务是通过互联网进行的各项商务活动，包括广告、交易、支付、服务等活动。

参考国内外的观点，本书将从广义和狭义两个方面来定义电子商务。广义的电子商务是指交易当事人或参与人利用计算机技术和网络技术等现代信息技术所进行的各类商务活动；狭义的电子商务是指通过互联网所进行的商务活动。

1.1.2　电子商务的发展历程及发展现状

1. 电子商务的发展历程

电子商务产生于 20 世纪 60 年代，在 20 世纪 90 年代得到了较快发展，从产生到现在经历了几个不同的阶段。

1）基于 EDI 的电子商务（20 世纪 60 年代—90 年代初）

20 世纪 60 年代以前，由于贸易运输业流通量大，货物和单证的交接次数多、速度慢，且企业间交换的单据几乎在每笔交易中都包括大量重复的内容，企业为了提高重复处理单证的效率，开始尝试在贸易伙伴的计算机系统中自动传递贸易单证和信息，作为企业间电子商务应用系统雏形的 EDI（电子数据交换）由此诞生。

EDI 产生于 20 世纪 60 年代末期，主要通过增值网络（VAN）实现。交易双方通过 EDI 可以将交易过程中产生的各种单据以规定的标准格式在双方的计算机系统上进行数据传送。EDI 可以大幅度提高交易效率、降低交易成本、减少人工失误，从而使企业间实现无纸化贸易。鉴于上述优势，EDI 在国际贸易、海关业务等领域得到了较为广泛的应用。

2）基于互联网的电子商务（20 世纪 90 年代中—90 年代末）

20 世纪 90 年代，国际互联网迅速普及，逐渐从大学、科研机构走向企业和普通百姓家庭，其功能也从信息共享演变成一种大众化的信息传播。商业贸易逐渐进入互联网，基于互联网的电子商务诞生。它是以互联网为架构，以全球范围内的电子商务参与者为主体，以网上支付和结算为手段，以客户信息数据库为依托的全新商业模式。

与基于 EDI 的电子商务相比，基于互联网的电子商务覆盖范围更广、市场准入门槛更低，更有利于企业降低成本、提高效率、扩展市场、增加收益。更重要的是，随着互联网的应用逐步向家庭和个人普及，越来越多的消费者开始参与电子商务活动，这不但为企业提供了更大的市场空间，也进一步推动了电子商务向着以用户需求为中心，更加专业化、多元化的方向发展。

3）基于物联网和移动平台的电子商务（21 世纪初至今）

进入 21 世纪，新兴的移动电子商务崭露头角，以新的交易方式改变着人们的生活。近年来，物联网技术与移动通信技术、移动互联网结合，嵌入电子商务库存、物流、支付、产品质量管理等整体流程，在提高移动电子商务整体水平的同时，人们可以随时随地利用 RFID（射频识别）无线射频芯片手机、PAD（平板电脑）和掌上电脑等无线终端自如地进行购物、娱乐和谈判等。RFID 物联网智能芯片被植入手机中，当通信与支付结合，便成为现场支付、小额支付的工具，通过通信的作用即可把智能射频支付卡同时拓展到公交地铁、电子门票、身份识别、会员卡等应用领域，实现支付卡、商务卡等多卡合一，真正的移动电子商务时代被开启。

2. 电子商务的发展现状

1）世界范围内电子商务的发展现状

电子商务的广泛应用降低了企业经营、管理和商务活动的成本，促进了资金、技术、产品、服务和人员在全球范围内的流动。目前，世界各主要发达国家的电子商务市场都保持着持续快速的发展态势。伴随着各种新兴互联网技术和应用的普及，电子商务的交易模式也在不断推陈出新。美国亚马逊、eBay（亿贝）以及中国的阿里巴巴等公司的成功，都在说明电子商务正在引领世界服务业的发展潮流，并影响未来的商业发展模式。同时，全球电子商务发展地区差异也在逐渐缩小。虽然欧美等发达国家和地区仍是电子商务市场的主力军，但中国、印度、巴西等发展中国家也在日益强盛，逐渐成为国际电子商务市场的重要力量。

2）中国电子商务的发展现状

中国的电子商务始于 20 世纪 90 年代，共经历了如下五个阶段。

（1）萌芽起步（1993—1997 年）。"个人计算机"的出现以及企业间专用网络的发展，使应用于企业间电子数据交换的技术（EDI）作为电子商务的雏形出现。1997 年，中国化工信息网正式在互联网上提供商务服务，这被看作我国电子商务的正式开端。在此阶段，我国电子商务硬件条件还很缺乏，但国家相关政策的出台及推行为电子商务的发展提供了契机和条件。

（2）初步探索（1998—1999 年）。此发展阶段是以互联网企业为主导的电子商务应用阶段。在此期间，中国上网人数增长速度快，远远超过了全球平均水平。1998 年 3 月，中国第一笔互联网网上交易成功。1999 年 3 月，8848 等 B2C（指电子商务中企业对消费者的交易方式）网站正式开通，网上购物进入实际应用阶段。同年，政府上网、企业上网、电子政务等广义电子商务开始启动，至此进入实际试用阶段。

（3）动荡发展（2000—2008 年）。2000 年，国际范围内的互联网泡沫破灭导致我国电子商务也受到了巨大的影响。8848 逐渐没落，易趣被 eBay 收购，一大批新兴的电商网站倒闭。但是机遇与挑战并存，2003 年，中国电商发展史上最为重要的两家企业淘宝网、京东相继成立。易趣和淘宝之争是电商发展史上第一次激烈的同业竞争，淘宝网以免费策略与行业老大易趣展开竞争。在 3 年的时间里，淘宝获得了最终胜利。在这一阶段，C2C（指电子商务中消费者对消费者的交易方式）也逐步与 B2C 一起成为当时我国网络购物市场的主流商业模式。2008 年，我国成为全球网民最多的国家，电子商务交易额突破 3 万亿元。[①]

（4）万物互联（2009—2014 年）。2008 年，我国电子商务交易额突破 3 万亿元，2009 年网购人数突破 1 亿。2010 年，淘宝迎来第二个"双十一"购物节，GMV（商品交易总额）规模从 2009 年的 0.5 亿元猛增至 9.36 亿元，"双十一"当天共有 2 100 万用户参与了这次历史级别的购物节，全天诞生了 181 家百万级店铺。[①]2011—2014 年，电商交易额继续高速增长，其中网络购物市场依然火爆，占社会商品零售总额的比例大幅度提高，"双十一"已经成为行业独有的网络购物节。在这一时期，苏宁易购、京东、唯品会等电商巨头发起了最为激烈的电商"价格战"，行业在竞争中高速成长。

（5）人工智能（2015 年至今）。我国电子商务在经历了探索和理性调整之后，步入规范化、稳步发展的阶段。电子商务基础环境建设取得重要发展，创新水平进一步提高，发展环境也在不断完善。大数据、云计算、人工智能、虚拟现实（VR）等数字技术快速发展，为电子商务创造了丰富的应用场景，正在驱动新一轮电子商务产业创新。大数据和人工智能技术支持个性化场景，实现了针对不同消费者的定向导购和促销；虚拟现实和增强现实技术逐步成熟，缩短了消费者与商品的视觉感知距离，提升用户体验，辅助交易达成。

新技术应用加快推动企业数字化转型。企业以互联网为依托，通过运用大数据、人

---

① 中华人民共和国商务部.中国电子商务报告（2008—2009 年）[M].北京：清华大学出版社，2010.

工智能等先进技术手段，对商品的生产、流通与销售过程进行升级改造，进而重塑业态结构与生态圈，并对线上服务、线下体验以及现代物流进行深度融合，从无人便利店、零售体验店、智能门店、互联网门店、社交电子商务等方面积极搭建数字化电子商务新业态，推动电子商务向智能化、多场景化方向发展。

电子商务的发展历程及现状如图 1-1 所示。

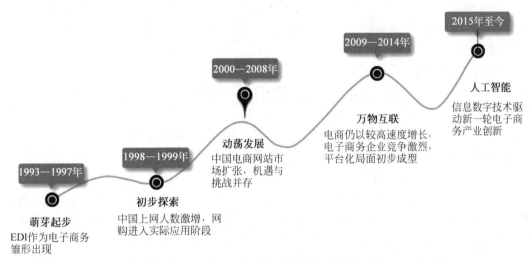

图 1-1 电子商务的发展历程及现状

1.1.3 电子商务的运营流程

电子商务的运营通常是以互联网为基础，利用先进的通信技术和计算机技术，将商品供应商、采购商和银行紧密地联系起来，实现市场信息交换、商品交易、仓储配送、货款结算等交易行为。

众所周知，经济活动的发展离不开"四流"：商流、信息流、资金流和物流。同样，电子商务的运营活动也是围绕这"四流"来展开。众多的流程和措施都是为了顺利实现这"四流"的运转而设计的，这也是企业与供应商之间、企业相互之间以及企业与客户之间高效沟通的四条主线。因此，从"四流"的角度，我们可以得到电子商务的运营流程。

1. 商流

商流指交易活动的过程。电子商务的交易过程大致可以分为以下四个阶段：交易前的准备，交易谈判和签订合同，办理交易前的手续，交易合同的履行和索赔。

1）交易前的准备

这一阶段主要指买卖双方和参加交易的不同方在签约前的准备活动。买方需要根据自己要购买的商品制订购货计划、准备购货款，进行货源市场调查和市场分析，反复进行市场查询和修改自己的购货计划，再按照计划确定购买的商品种类、数量、规格、价格、交易方式等，尤其要利用互联网和各种电子商务网站寻找自己满意的商品和商家。卖方需要根据自己所销售的商品制作广告进行宣传，全面进行市场调查和市场分析，制定各种销售策略和销售方式。利用互联网和各种电子商务网站发布商品广告，寻找贸易伙伴和交易机会，扩大贸易范围和商品所占市场的份额。

2）交易谈判和签订合同

这一阶段主要是具有交易意向的买卖双方对所有交易细节进行谈判。在电子商务环境中，双方可以签订电子商务贸易合同，通过现代电子通信设备和通信方式，经过认真谈判和磋商后，将双方在交易中的权利和所承担的义务，以及对所购买商品的种类、数量、价格、交货方式、运输方式等合同条款，全部以电子交易合同的方式作出全面、详细的规定。

3）办理交易前的手续

这一阶段主要是指买卖双方签订合同后到合同开始履行前办理各种手续的过程。交易中要涉及有关各方，如中介、银行、金融机构、保险公司、运输公司等，买卖双方要利用 EDI 与各方进行各种电子票据和电子单证的交换，直到办理完可以将所购买商品从卖方处按合同规定开始向买方发货的一切手续为止。

4）交易合同的履行和索赔

这一阶段从买卖双方办理完各种手续之后开始，卖方要备货、组货，然后将商品交付给运输公司包装、起运、发货，买卖双方可以通过电子商务服务跟踪发出的货物，银行和金融机构也按照合同处理双方首付款，进行结算，直到买方签收货物为止。索赔是在买卖双方交易过程中出现违约时，需要进行违约处理的工作，受损方要向违约方索赔。

2. 信息流

信息流包括商品信息的提供、行销、技术支持、售后服务等内容。信息流的主体是信息，信源、信道、信宿是构成信息流的三大要素，信源是信息的发送者，信宿是信息的接收者。信源和信宿没有绝对的区分界限，按照角色可以是上下游企业、企业各个部门以及消费者。针对生产、采购、销售、存货等商务活动，企业在经营过程中会产生各种类型的信息。其中包括内部信息流，即反映企业产、供、销等环节的状态和外部信息流，包括市场信息、供需信息、政策信息等，最后加以整理归纳，形成企业自己的整体战略。此外，针对消费者而言，在电子商务体系下，消费者能直接通过电子商务网站浏览所需的商品，从而全面获悉商品的制造过程、商品原材料、商品制作工艺等信息，也能通过平台直接与商家进行沟通，不仅可以及时消除对商品存在的顾虑，也能对商品信息有更清晰的了解，从而顺利下单。

相对于传统商务信息流而言，电子商务信息流具有如下特点：①数字化。在电子商务环境下，各种信息几乎都是依托计算机技术、网络技术和通信技术以数字化的形态在网络媒体上自由流动，其外在表现为二进制的数字代码。②全球化。在企业电子商务活动中，信息通过网络可以在全球范围内高效、自由地流动，从而突破了时空的束缚。③标准化。电子商务中的各种数字化信息能在网络中自由流动的前提条件是有一套标准的技术规范支持。④直接化。通过各种网络技术、通信技术和虚拟技术进行交流能够大大减少信息在企业和客户间流动的环节，使得信息交流更加直接，从而也降低了信息的失真率。⑤透明化。电子商务信息流动的各个环节透明度非常高，如企业电子商务活动中的信息分布、信息检索、交易洽谈、签订协议等整个信息流程都在网上公开进行，这就大大减少了信息不对称和信息不完全带来的各种损失。

3. 资金流

资金流是资金的转移过程，包括付款、转账、汇兑等过程。在电子商务资金交易体系下，买方资金流主要包括以下几个环节：①买方在浏览器上对商品进行浏览、选择与订购，并填写网络订单，选择应用的网络支付结算工具，得到银行的授权使用，如银行卡、电子现金等。②买方在网上进行支付，提交订单后，商家的服务器需对买方的订单信息进行检查、确认，并把相关的、经过加密的客户支付信息等转发给支付网关，直到银行专用网络的银行后台业务服务器确认，以便得到支付资金的授权。③银行验证通过之后，给商家服务器回送确认及支付结算的信息，同时为了确保安全，给买方也回送支付授权请求。④银行得到客户传来的进一步授权结算信息后，将资金从客户账号转拨至开展电子商务商家的银行账号上，借助金融专用网进行结算，并分别给商家、买方发送支付结算成功信息。⑤商家服务器收到银行发来的结算成功信息后，给客服发送网络付款成功信息和发货通知。

对于电子商务企业来说，资金流主要有以下运作方式：企业首先将货币资金转化为储备资金形态，将其投入产品的生产过程中。随着生产费用的支出，资金就从储备资产形态转化为生产资金形态。当产品制成后，资金又从生产资金形态转化为成品资金形态。在销售过程中，企业出售产品并取得销售收入，这时企业资金再从成品资金形态转化为货币资金形态。

4. 物流

物流指物流实体（商品和服务）的流动过程。其具体包括采购、仓储、配送、退货及售后等各种活动。一般而言，物流配送服务主要具有以下特点：第一，直接面向顾客。物流环节大部分活动都要与顾客直接接触，这是由物流行业的服务性特点所决定的。第二，提供服务与消费的同时性。物流环节绝大多数是一种即时的服务，提供服务与享受这种服务同时进行。第三，复杂性。物流环节的流程要受到其他众多因素的影响和制约，一般具有多层次、多活动的特点，协调和管理的难度较大。物流环节的优化不仅是企业降低成本的要求，而且是整个物流产业发展的关键。以下将对电子商务物流流程的核心内容进行详细说明。

1）采购

采购是准备配送商品的阶段，是配送中心运转的基础环节。物流管理部门根据用户的要求及库存情况通过电子商务中心向供应商发出采购订单，供应商收到采购订单并加以确认后向业务部门发出供货通知，业务部门再向仓储中心发出接货的信息，而仓储中心根据货物情况准备合适的仓库，最后由供应商将发货单通过互联网向仓储中心发送，货物则通过各种运输手段送至仓储中心。

2）仓储

仓储是采购环节的延续。它的工作区主要是进货区、拣货区和发货区。当仓储中心收到供应商的送货单和货物后，在进货区对新进入的货物通过条形码扫描仪进行验收，确认发货单与货物一致后，对货物进一步处理（如验收不合格，退货）。一部分货物属于直通型货物，直接放入发货区，进行暂时储存，这仅仅适用于周转率大的商品。另一部分货物属于存放型货物，要进行入库储备处理，即进入拣货区。这是出于安全库存的考虑，按照一定时期配送活动的要求和到货周期，有计划地确定能够使配送活动持续进行的库存数量和形式，这适用于在仓库存放一段时间的商品。拣货是通过自动分拣输送系统、自动导向系统完成的，货物进入自动化仓库。当需要发货时，根据发货单上的显示，通过自动分拣输送设备将货物送到相应的装车线，对货物进行包装处理后，装车送货。

3）配送

配送作业是物流配送的核心环节。配送部门由业务管理部门进行统一配送调度，根据客户的具体要求，打印相应的送货单，在运输途中通过 GIS（地理信息系统）、车载 GPS（全球定位系统）进行实时监控，及时沟通和反馈配送信息，并在货物到达目的地、经客户确认签字无误后，凭回单向业务管理部门确认。

4）退货及售后

退货及售后是物流配送流程的最后一个环节。客户由于某种原因可能请求退货，企业应制定相应的退货处理政策。很多企业都认为货物配送出去，货款收回，电子商务过程就可终结，但面对竞争激烈的市场环境，售后服务已成为企业竞争策略的重要内容，越来越多的企业开展了售后服务业务，因此必须对物流的后续处理给予应有的重视。退货可集中由配送企业送回原仓储地点，由专人清理、登记、查明原因，如是产品质量问题，应进行抽样检验，超出相应标准则及时通知采购作业流程停止订货，并通知网站管理部门将网页上有关货物的信息及时删除，尚未超标则作为验收不合格物品，进行退货处理；如退货还可继续使用，可进入库存，重新开始仓储管理配送过程。

综上所述，在电子商务交易过程中，商流是动机和目的，信息流是手段，资金流是条件，物流是过程，这些都是为了企业和企业链满足最终客户的需要而形成的，如图 1-2 所示。

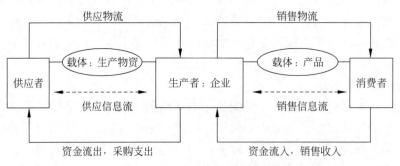

图 1-2   电子商务的运营流程

1.2   技术赋能电子商务

技术赋能，指利用先进信息技术，实现企业业务能力的从无到有、从弱到强的转变。在今天，世界正处于从工业经济向数字经济转型过渡的大变革时代，以大数据、人工智能、云计算、物联网、区块链为代表的新兴技术正在改变企业和行业的运作规律。利用上述新兴技术，电子商务企业能够实现商品在生产、流通及销售环节的升级改造，以及加强线上服务、商品交易等流程的深度融合，从而实现更高质量的发展。本节将对上述先进信息技术在电子商务中的创新应用及其带来的价值做简略介绍。

大数据智能技术的相互关系如图 1–3 所示。

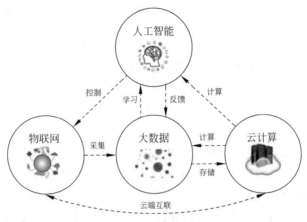

图 1–3　大数据智能技术的相互关系

资料来源：云计算应用，人工智能领域开发前景哪家好 [EB/OL].（2019–09–27）. http://www.qianjia.com/zhike/html/2019–09/27_12795.html.

1. 大数据

大数据技术是一种数据集合的方式，它专门应对一些无法用日常工具收集和整理的数据，对数据进行优化，从而提升对数据的洞察力和决策力。在当今社会发展趋势下，各行业数据量猛增，企业对数据的需求量也持续增长，因此大数据技术也成为各行各业不可或缺的技术之一。

电子商务是依托互联网技术发展的商业形式，是十分具有代表性、通过互联网构建的商业。在电子商务领域的发展中，要利用大数据进行合理的营销，才能有效地降低运营成本，实现利润最大化。在实际的发展过程中，电子商务企业要仔细分析行业的需求和现状，有针对性地进行企业数据存储系统的构建，深入分析和挖掘大数据技术得到的市场营销数据，记录消费者的消费行为，不断优化服务，提升消费者的消费体验。

2. 人工智能

继蒸汽时代技术革命、电力时代技术革命、计算机及信息技术革命之后，人工智能作为第四次科技革命核心驱动力，成为新一轮引领未来发展的战略技术。自 2006 年深度学习算法被提出后，人工智能技术及其应用取得了突破性的进展。从 2012 年开始，数据呈现爆发式增长的趋势，基于海量数据进行机器训练，机器的智能程度得到了大幅度提高。在过去 10 年中，人工智能经历了从 0 到 1 的探索过程，国内的人工智能应用层面的创新加速条件已经成熟，全球正从"互联网＋"向"AI＋垂直细分领域"转变。"AI＋"让人工智能逐渐融入以往的各个传统行业，对行业进行产业升级。

近年来，电子商务行业日新月异，人工智能技术的出现为电子商务的进一步发展提供了新思路。目前，人工智能在电子商务领域的应用和价值主要体现在以下方面。

1）智能客服

智能客服的主要功能是自动回复顾客咨询的问题，对顾客发送的文本、图片、语音进行识别，并对其指令进行响应。

2）数据仓库

数据仓库是将网络环境下不同地点的差异化数据统一整合并存储于单一集成关系数据库中，通过数据视图与应用界面的提供，来满足企业、用户及相关机构的实际需求。

3）推荐引擎

推荐引擎是建立在机器学习（machine learning，ML）算法框架上的一套完整的推荐系统。使用 AI 算法，可以实现海量数据集的深度学习、统计编程和预测、分析顾客行为，并利用算法预测哪些产品可能会吸引顾客。目前，许多知名电商公司，如亚马逊、淘宝、京东等都在使用推荐引擎来识别其网站的目标用户。

3. 云计算

云计算是一种新型的计算模式，它由谷歌（Google）前首席执行官埃里克·施密特（Eric Schmidt）于 2006 年在搜索引擎大会上提出，并迅速成为 IT（信息技术）行业的热点。它在互联网的基础上为用户提供了一种动态可伸缩的虚拟化资源服务。相较于传统的计算机服务，云计算具有更强的便捷性，用户只需要通过浏览器给"云"端发送相应的指令和接收返回的结果就可以使用服务器提供的计算资源、各种最新的应用软件和存储空间。

云计算可以为企业提供经济、可靠又专业的电子商务系统，软件即服务（SaaS）是云计算提供的一种服务类型，它将软件作为一种服务来提供给客户。作为客户端的企业可以更高效地使用云计算提供的各种服务，只需安装网络浏览器即可。由此可见，云计算改善了企业电子商务应用的灵活性和专业性。

此外，由于电子商务企业规模的扩大，企业所积累的信息资源也越来越多。随着网络的迅猛发展，企业各类数据的存储也同样会带来各种各样的病毒和攻击，进而威胁到企业数据存储的安全性。随着云计算在电子商务中的应用，企业可以将数据都存储在云端，由云服务提供专业、高效而安全的数据存储，从而使企业不必担心各种安全问题导致的重要数据丢失或被窃取。

4. 物联网

物联网顾名思义是"物物相连的互联网"，它是通过射频识别、红外感应器、全球定位系统、激光扫描器等信息传感设备，按约定的协议，把任何物品与互联网连接起来，进行信息交换和通信，以实现智能化识别、定位、跟踪、监控和管理的一种网络。物联网的实现，对电子商务企业经营管理、消费者购物等方面都具有十分重要的推动作用。

物流网通过对包裹进行统一的 EPC（电子产品代码）编码，并在包裹中嵌入 EPC 标签，在物流途中通过 RFID 技术读取 EPC 编码信息，传输到处理中心供企业和消费者查询，实现对物流过程的实时监控。这样，企业或消费者就能实现对包裹的实时跟踪，以便及时发现物流过程中的问题，可以有效提高物流服务的质量，切实增强消费者网络购物的满意度。

在网络购物盛行的今天，仍有许多消费者对电子商务这种"看不见、摸不着"的购物方式存在疑问，其中一个主要因素是对产品质量不放心。消费者这种对网络购物商品质量的疑问在物联网中将得到有效解决。从产品生产开始，卖家就可以在产品中嵌入EPC 标签，从而记录产品生产、流通的整个过程。消费者在网上购物时，只要根据卖家所提供的产品 EPC 标签，就可以查询到产品从原材料到成品，再到销售的整个过程。物联网帮助消费者了解到更多产品的信息，从而解决了消费者对产品不信任的问题。

5. 区块链

区块链是社会进步的必然产物，它是一种利用特定加密数学算法，将每一笔交易信息加密后以数据区块记录下来并按时间顺序以链式结构连接在一起的数据结构。其本质是一个去中心化的分布式总账数据库。区块链以分布式多点来记录和更新数据区块，以特定密码学算法确保数据区块的安全。区块链技术在电子商务中的应用如下。

1）物流

为了改善物流服务，物流企业可以借助区块链的公私钥加解密机制和数字签名解决收件人的隐私安全、邮件丢失和冒领等问题。另外，区块链的数据记录功能可以帮助物流公司和收、发件人准确无误地查询邮件的物流环节。因此，区块链核心技术的应用极大地提高了物流的速度和准确率。

2）数字产品版权保护

通过电子商务平台售卖具有合法版权的数字产品，不仅可以使消费者得到高质量的消费体验，还可以避免网络侵权纠纷的困扰。区块链可以将记录的数字产品从创作、生产、传播到价值转移等全过程的电子信息与销售的产品一同展现在平台上，这样可以让消费者很快识别出数字产品的真实性。

3）商品打假

解决网络售假最有效的办法就是在生产源头加强监督。区块链的应用可以为每个商品在开始生产阶段就嵌入一个电子身份标签。它完整地记录了原材料来源、生产过程、出厂检验、交易和物流信息，只要某一环节出现问题，就会暴露出来，这也同时为市场监督管理部门执法监督提供了有力的证据。

1.3　数智电商概述

1.3.1　数智电商的含义

时代不同，核心生产要素也在发生不断的变化。从早期的土地、劳动力、资本，之后增加了知识、技术、管理，再到现在的网络、数据、算法，未来企业的核心生产要素是数智引领、数智驱动。何为"数智化"？"数智化"是一个新兴概念，指将数字化和智能化压缩式、并行式发展，其核心要素在于利用数据驱动业务运营，实现运营活动的智能化。

近年来，电子商务领域全产业链集成化、多元化发展趋势日益凸显。"数智电商"即电子商务企业借助智能制造、数据中台、5G（第五代移动通信技术）运用、云计算等先进数字领域成果，结合电商业务运营中的相关流程，最终实现业务流程的智能化和数字化，从而提升电子商务企业的业务运营效率。

"数智化"的核心组成部分如图 1-4 所示。

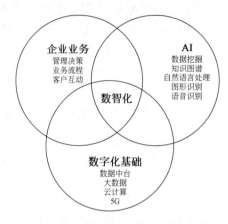

图 1-4 "数智化"的核心组成部分

资料来源：专访世纪证券 CIO 王育峰：证券行业数智化转型升级需实现可行性与必要性、成本与效益的
统一 [EB/OL].（2021-07-09）. https://zhuanlan.zhihu.com/p/388072103.

1.3.2 数智电商的应用

随着人工智能技术的快速发展和领域的不断细分，人工智能与电商行业碰撞出各种火花。从"前端开源"到"后端节流"，AI 技术正在全方位渗入电商经营的场景，助力电商数智化发展。

1. 预测流行趋势

一张图片通常会暗含大量用户偏好信息。根据用户浏览过的图片，电子商务企业能够利用深度学习算法从中分析出近期某一品类的流行趋势，比如颜色、风格、材质等，为其产品优化迭代提供强有力的支撑。

2. 构建用户画像

通过人脸识别、AI 大数据分析等方式，电子商务企业可以记录消费者的行动和消费轨迹。通过数据分析，可以对用户的群体特征、心理认知、行为需求等方面进行细分，定义和构建用户画像。一方面，AI 赋能的用户画像能够帮助商家精准锁定目标客户，为消费者提供更优质的服务和购买体验；另一方面，也可以帮助企业明确产品定位，推动企业不断调整产品设计和推广方式。

3. 动态定价

要想在日趋激烈的市场竞争中立于不败之地，商品价格必定要随着市场起伏迅速作出调整。由于这种价格调整是一个长期持续的过程，因而对电商企业的人力、时间投入要求较高，是个不小的挑战。但借助先进的人工智能技术，能够通过持续评估市场动态提出更准确的价格建议和销售预测，达到促进销售、提升利润的目的，减轻商家成本压力。

4. 智能客服机器人

随着在机器学习、神经网络、智能推荐、知识图谱构建、自然语言处理（natural

language processing，NLP）等领域的深入，智能客服机器人将具备可与人工客服相媲美的知识体系和服务能力。未来，90% 的用户服务可以由智能客服完成。

5. 智能仓储

人工智能在优化仓储管理方面也有重要作用。通过深度学习和数据分析，机器可以判断商品未来销量、评估现有库存状况，从而为电商企业输出最优库存方案，对库存进行智能预测和动态调整。利用人工智能技术，研发智能波次创建、AI 仓库建模等功能，通过 AI 算法，拣货波次聚合度更高、路径更短；真实还原货区货位，将拣货路径精确到厘米，提高拣货效率。[①]

1.3.3　数智电商现状及未来发展趋势

2022 年上半年，电商行业互联网流量红利增长放缓，但电商市场仍然表现强劲，粗放经营效益已趋于平缓，"人、货、场"结构开始发生转变。在过去几年，一线大厂已经利用人工智能、云计算、物联网、区块链等技术实现这一阶段的转变，"数智"后浪接踵而至，预估未来 3～5 年内，电商全产业链经营模式将利用更多先进技术获得盈利。

1. 虚拟现实技术在电子商务领域的发展预测

虚拟现实技术的一个重要方向，是仿真技术和计算机图形人机接口技术、多媒体技术、传感技术、网络技术等多种技术的集合，其主要功能包括模拟环境、感知、自然技能和传感设备。VR 全景，全称三维虚拟现实实景，是基于全景图像的真实场景虚拟现实技术。用户可以坐在家里通过计算机、手机、平板电脑等电子设备，看到某地方的全景。

当前"VR＋电商"的模式并不普及，这个新兴的技术目前运用较多的是 VR 全景模式。电子商务网站通过 VR 全景模拟展示 360° 的商品，使商品信息变得立体、完整。此外，全景模式还可以展示店铺全貌，帮助顾客找到自己心仪的物品，提升顾客的购买交互体验。

现如今，线上购物的缺陷主要体现在缺乏实体感知。在未来，如果"VR＋电商"模式开发成熟，打造线上虚拟化的商城，即将所有商品"VR 化"，那么客户不仅可以在购物时从视觉上感受到和线下购物相同的体验，甚至可以借助虚拟室内 3D（三维）导航，直接找到想要的物品。借助 VR 技术，大部分消费者可以在家里享受到线下消费的场景。

2. 智能客服机器人在电子商务领域的发展预测

当前智能客服机器人存在缺乏"感情"的问题，有预测称情感 AI 将成为电子商务行业的下一次革命。从消费者的角度来说，当前许多智能客服基本就是关键字触发的自动回复菜单，其回答呆板、程序化，或者找不到对应的方案，而客服系统作为企业服务的重要组成部分，是企业与用户进行直接沟通的重要桥梁，应该让用户满意。

---

① 数智前沿 | "人工智能 × 电商"，数字化经营会擦出怎样的火花？[EB/OL].（2022-01-18）. https://zhuanlan. zhihu.com/p/401517780.

在未来的发展中，人工智能应该利用更庞大的数据支持和更精细的算法模仿人工客服的回答，识别出不同的任务语境，从而满足用户咨询接待、业务处理等需求，提高用户满意度。

3. 数字化供应链在电子商务领域的发展预测

在未来的电商企业发展中，需要以大数据做支撑，以商务智能为渠道，建立起"互联网＋物流园区"的核心通道，整合仓储物流（warehousing logistics）和电子商务信息系统资源，打造智能电商的供应链服务，通过借助现有的"双十一"电商活动，让"云仓储"与大型电商平台相结合，从而实现仓储的自动化管理。

在当前，电商市场新兴品牌不断融入赛道，新老品牌竞争态势已经来临，降本增效，破除"数据孤岛"，实现业务流程自动化、体系数智化等已经成为这一阶段变革的主旋律，电商企业只有完成转型升级才有机会迎接更大的时代机遇。

即测即练

练1

第 2 章

AI+RPA 概述

【本章学习目标】

（1）掌握 AI+RPA 的定义，以及该技术能为企业带来的优势。

（2）了解 RPA 近年来发展的不同阶段，了解 AI+RPA 在当前结合不同科学技术的实际应用。

（3）熟悉全球主流的 RPA 产品。

AI＋RPA 数智化引领九阳创新路家电变革

九阳，以创新著称于世。1994 年，创始人王旭宁发明了世界首台豆浆机，开启了小家电行业的变革之路。从"一杯豆浆打天下"开始，九阳奠定了自身在小家电领域的领导地位，不仅领衔豆浆机领域，还积极拓展厨房小家电市场，演化为集研发、生产和销售为一体的现代化企业，成为我国品质小家电的佼佼者。

近二十余年来，九阳一直秉承"健康"和"创新"的核心理念，不断突破创新，积极构筑"三个厨房"。九阳不仅为亿万家庭提供数亿级产品，改善生活品质，更在"九阳公益基金会"倡导下，为乡村孩子解决营养问题，同时借助太空科技为航天员提供优质太空饮食。

然而，九阳并未止步于过去的成功。如今，九阳率先踏上数字化智能之路，致力于引领家电行业的全面变革。2017 年，九阳开始了数字化转型，全面拥抱数字化趋势。在此过程中，实在智能 AI＋ RPA 的引入成为九阳变革的关键。

AI＋RPA 为九阳带来了巨大的效益。通过 AI 的支持，九阳能够实时收集和分析来自各个线上渠道的数据，从而更好地了解产品流量和用户反馈，为运营策略调整提供实时依据。而 RPA 数字员工的引入，则彻底改变了烦琐任务的处理方式。原本需要耗费数小时的重复工作，如今被缩短至数分钟，极大地提高了效率。

不仅如此，AI＋RPA 还推动了九阳员工角色的转变。九阳在"一批数字员工赢未来"的理念下，将员工从重复性工作中解放出来，释放创造力，为企业带来新的活力。这一创新引领了家电行业的新纪元，展现了数字化智能的无限潜能。

在当下激烈的竞争环境中，AI＋RPA 利用其低成本的优势，能够协助企业优化重复、烦琐、易错的工作流程，增强业务便利性，并优化人力资源管理，从而实现企业的降本增效目标。

资料来源：数字员工上岗品质小家电领导品牌九阳，让白电行业更有 AI [EB/OL]．（2023－08－09）．https://mp.weixin.qq.com/s/o2bT8i52mprc9TEhkn3QFQ.

2.1 AI+RPA 基础

在竞争激烈的当下，RPA 可以利用自身低成本的优势，帮助企业在各种重复、烦琐、占用人力多且容易出错的工作环节中，提升业务的便捷性且优化人力资源管理，实现企业降本增效的目的。

随着技术升级、算法精进，RPA 逐渐被人们所知。读取信息、录入数据、订单分类、价格监控等重复繁杂的工作占据了人们大量的时间，RPA 的出现将彻底改变这一现状。"将重复的事交给 RPA 做"，这句话已经从标语变成了现实。当前 RPA 已经逐渐与 AI 融合，以适用于更多的场景，提高企业实现业务流程自动化的可能性。本节将对 AI+RPA 的定义、优势、应用条件和发展等相关内容做基本介绍，使读者对 AI+RPA 有一个初步的了解。

2.1.1 AI+RPA 的定义

RPA 指通过特定、可模拟人类在计算机界面上进行操作的技术，按规则自动执行相应的流程任务，代替或辅助人类完成相关的计算机操作。与人们印象中的实体"机器人"不同，RPA 本质上是一种能按特定指令完成工作的软件，这种软件安装在个人计算机或大型服务器上，通过模拟键盘、鼠标等人工操作来实现办公操作的自动化。

随着多系统并存、"数据孤岛"等问题的出现，以及人力成本的不断攀升，企业自动化需求越发急迫。企业渴望寻求一种技术路径来更好地连接多个并存系统，以打破"数据孤岛"、降低人力成本、提升流程效率。这为 RPA 的发展提供了契机。基于人工自动操作的原理，RPA 天然适用于规则明确、重复量大的使用场景。"规则明确"使 RPA 的应用成为可能，"重复量大"使 RPA 的应用具有意义。与传统软件系统开发相比，RPA 在使用方面更加灵活、投资回报周期更短、使用者准入门槛更低。传统软件系统的开发需要使用者具备专业的编程知识，并且花费大量时间和精力编写程序脚本，所需开发和调试的时间成本较高，而 RPA 产品部署灵活简易、开发成本低、投资回报周期短，适用于各种环境，因此成为当前行业的热点，近年来发展的速度也较快。

自 2015 年以来，人工智能技术和 RPA 在同一时间大幅度发展和进步，恰好相辅相成，汇合在了一起。自然而然地，RPA 和 AI 两者的结合运用便带来了一股非常独特的智能化应用发展潮流（即 AI+RPA），简称 IPA。IPA 即人工智能流程自动化，是在机器人自动化的基础上，为机器人提升了感知能力（如机器视觉、自然语言）以及认知能力（如机器学习），从而让机器人参与到更加复杂的工作流程中。人们往往认为传统的 RPA 技术只能从事步骤明确、规则固定、重复且简单的工作，但有了 AI 的加持，将大量智能化模块和 RPA 组合在一起之后，能发挥出巨大的潜力。国际知名战略咨询机构 Forrester Wave 在报告中指出："随着 RPA 技术的日渐成熟，分析类型将决定哪些供应商将会引领行业潮流。提供文本分析、人工智能组件集成、流程分析和基于计算机视觉（CV）的表面自动化的供应商将定位于成功交付。"IPA 可以用于实现任意数量任务的自动化。

IPA 的内涵如图 2-1 所示。

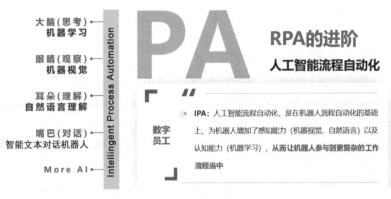

图 2-1　IPA 的内涵

2.1.2　AI＋RPA 的优势

1. 大幅提升企业运作效率

随着计算机技术的发展，现在大量的日常工作都由员工操作计算机来完成。为了更好地简化流程，消除流程各步骤之间的等待时间，很多机构已经逐步开始尝试使用业务流程管理工具以及流程再造和优化的方法。在这些业务操作步骤中，有一些原本靠人工进行的操作环节，可以通过 IPA 技术实现自动化，以此来快速处理重复性高且细节烦琐的业务流程，从而大幅度提升效率，有效节约成本。按人类平均工作时间为每周 5 天、每天 8 小时来计算，人类每周的工作时间为 40 小时，而 IPA 软件机器人则可以不间断地工作，按每周 7 天、每天 24 小时计算则为 168 小时，机器人的工作时长是人类的 4.2 倍。

机器人的工作效率也远高于人类，并且不会因为工作时间延长而出现疲劳和准确率降低等问题，因此综合工作效率预计可达到人类的 5 ～ 10 倍。再从成本的角度进行分析，一台机器人的授权费（license）和综合部署成本是 4 万～ 6 万元 / 年，约为普通白领人工成本的 1/3，对企业来说，机器人的性价比是非常高的。

2. 降低人工操作的风险

人类非常聪明，在工作中的应变能力非常强，目前在这一点上，机器人是难以企及的。但人工操作的问题之一是人类注意力集中的时间很短，往往持续工作 1 ～ 2 个小时之后，工作效率就会由于疲倦等原因而下降，再加上外界干扰和心情等因素的影响，往往很容易引起误操作和误判，偶尔一次漫不经心的失误可能会带来巨大的风险。

此外，人是具备多样性的个体，工作经验、工作技能、责任心都有高低和多少之分，不同的性格也会影响工作的输出质量，甚至同样的员工在不同心情、不同时间里的工作产出也会有所不同。大量的工作流程是需要按照规章制度来进行操作的，如果期望主观因素和情感判断在其中不带来任何干扰，期望避免人为因素故意带来问题，那么这些都可以通过机器人操作来实现。

将既定的流程改用 IPA 软件机器人来执行之后，机器人不会疲倦、不会犯错，而且不会受人的主观情感因素的波动影响，这些都能有效地降低操作的风险。而且机器人能够方便地进行复制操作，当工作量翻番的时候，在复制之后，同样的机器人程序将以同样的方式来应对，而不会出现两个不同的机器人处理同样的业务却得出截然不同的结果的情况。

3. 打通和对接各个业务系统，提高灵活性

企业中同时存在大量的信息化系统，例如 CRM（客户关系管理）、ERP（企业资源计划）、OA（办公自动化）、MIS（管理信息系统）、邮件、企业 IM（即时通信）、云盘、数据库等，这些信息化系统分属于企业内的各个业务部门。以往在开发企业信息化系统时，为了对接各个系统要付出巨大的开发代价，因为原有客户的各类系统往往分属于不同的部门，是被垂直管理的，对数据进行查询、转录、报送时，需要改造并打通各类系统，开发各种接口或 SDK（软件开发工具包）来实现自动化处理，成本高、周期长。

IPA 在对接客户的各类系统时具有非常强大的先天优势，因为 IPA 软件机器人在进行操作时不用改造原有的系统，而是直接模仿人类行为进行操作，且保密性更好。比如复制和粘贴数据、填写表单、从文档中提取结构化和半结构化数据、抓取并执行浏览器控件等流程，传统的 IT 改造要想完成这些工作，需要从底层数据库或 API（应用程序接口）方面进行二次技术开发，改用 IPA 之后，无须对原有系统做任何程序改动即可实现自动化。

2.1.3　AI＋RPA 的应用条件

事实上，并非所有的业务流程都适合使用 IPA 来实现，选择要实施 IPA 的流程需要满足一定的条件，如具有重复性、规则性、稳定性。

1. 重复性

由于开发一个流程需要相当长的时间和成本，如果一个流程只是一次性使用或者使用频率很低，那么原始付出的人工成本就不是很重要；相反，如果一个流程是高度重复的，那么原始时间成本和人工成本则是非常重要的，而这也体现出了 IPA 的重要性。此外，IPA 还可以在最短的时间内收集足够多的测试数据，帮助企业缩短开发周期。

2. 规则性

适用于 IPA 的流程需要有一定的规则性。如果一个流程是不规则、分散的，并且需要人的主观判断，则它就不能通过 IPA 来实现。当然，目前借助人工智能技术，IPA 可以实现一部分的基础判断，如纸质文件的 OCR（光学字符识别）、语音识别、人脸识别等。但对于大部分情况，仍需要一个常规的流程。

3. 稳定性

IPA 最常用的操作是基于各种软件、客户端或浏览器，通过捕捉一些页面的元素来指向想要操作的组件。如果用户页面经常改变，那么 IPA 的流程也会相应地发生改变，这将增加相应流程的维护成本。此外，如果流程本身的业务也在经常发生变化，那么它也不适合使用 IPA 来实现。

2.1.4　AI＋RPA 的发展

AI＋RPA 的诞生并不是一蹴而就的，而是在过去 30 年的时间里通过各种技术的发展传承，逐步演变和发展起来的。早期的一些技术并不能称为 RPA，但是它们启发了

RPA 的发展思想。从雏形开始，可以将 RPA 的发展历程分为四个阶段。

1. 第一阶段（1990—2000 年）：批处理脚本和触发器

随着 20 世纪 90 年代硅谷半导体产业的繁荣发展，硬件成本不断降低，促进了办公电脑的普及，大量的企业办公流程也从传统的手工方式改为数字化处理方式。20 世纪 90 年代软件产业的代表性事件是微软的 DOS（磁盘操作系统）和 Windows 操作系统先后诞生。DOS 和 Windows 操作系统支持以命令行的方式逐条执行任务，为方便流程的执行，批处理脚本（batch script）技术应运而生。

代码编写生成的 .bat 等批处理脚本，通常用于执行定时开关系统、自动化运维、日志处理、文档的定时复制、文件的移动或删除等固定动作，一般采用手动或按计划任务启动的机制，这些程序严格来看并不属于典型的 RPA 程序，只是自动化处理的雏形。

2. 第二阶段（2001—2014 年）：VBA 宏编程和 BPM

VBA（Visual Basic for Applications）是基于微软的软件开发平台 Visual Basic 产生的一种宏语言，是在 Windows 桌面应用程序中执行通用自动化［OLE（对象连接与嵌入）］任务的一类编程语言。VBA 是典型的宏编程语言应用。宏（Macro）由一些独立命令组合在一起，解释器或编译器在遇到宏语言时会进行解析，将这些小命令或动作转化为一系列指令。Lisp 类语言也具有非常精巧的宏系统，其构建的语法结构能够提供非常强大的抽象能力和自动化运行机制。

与批处理脚本相比，VBA 的特点是应用了可视化图形编程界面和面向对象的程序开发思路，开发效率相比批处理脚本得到了大幅度提升，其所开发的流程也比传统的批处理要复杂得多。

这个阶段，另一个重要的里程碑事件是业务流程管理（Business Process Management，BPM）的提出。管理学大师迈克尔·哈默（Michael Hammer）和詹姆斯·钱皮（James Champy）在 20 世纪 90 年代末的成名之作《公司再造》（*Reengineering the Corporation*）中首先提出了 BPM 的概念，并在欧美企业界兴起了一股重新设计公司流程处理过程的风潮——通过分析、建模和持续优化业务流程的实践来解决业务难题，帮助公司实现财务目标。

BPM 从"事务＋分析"的角度来连接企业的员工、过程、资源、服务，对企业原有的经营管理方式和流转过程进行重组与优化，运用 BPM 流程图进行透视管理，BPM 与企业的办公自动化系统、管理信息系统、企业资源计划等都有密切协同。不难看出，BPM 还只是对公司的流程进行梳理和优化，与智能化、机器人等并不相干，但是 BPM 对 RPA 的后续运用起到了铺垫作用，尤其是 RPA 实施环节的咨询和流程梳理，都是在 BPM 所铺下的基石上落地的。

3. 第三阶段（2015—2018 年）：RPA 功能成型并投入使用

RPA 产品的真正成型是从 2015 年开始的，UiPath、Application Anywhere、Blue Prism、NICE、WorkFusion 等企业陆续获得了巨额的风险投资。这些企业的共同创新和努力形成了当前阶段主要的产品形态。

通过运用可视化流程拖拽设计，以及操作录制等技术，部分替代了传统方式依赖编程来构建机器人流程。可视化 Robots 设计器极大地降低了 RPA 的使用门槛，让更多的普通白领用户也能够根据自己的实际工作流程来制作 RPA 软件机器人，促进了 RPA 在产业中大范围应用和落地。

4. 第四阶段（2019 年至今）：RPA 与 AI 技术的结合

伴随着以深度神经网络为代表的新一代人工智能技术的发展，RPA 纷纷与各类人工智能技术进行融合，试图突破传统 RPA 只能从事简单、重复流程的桎梏，转而从事更复杂、更有价值的工作。这其中有两项技术极为关键：计算机视觉技术和自然语言处理技术。

RPA 软件机器人在操纵软件界面时，需要认清并准确定位界面上的元素位置。例如，RPA 软件机器人如果想要模仿人类控制鼠标"单击"（click）某个 ERP 软件里的按钮，则往往需要借助按钮的视觉特征，如边框、区域、位置，以及按钮上的文字，来定位单击坐标。这个过程需要借助计算机视觉技术。近年来，计算机视觉技术的飞速发展使这些类似的操作实现变得更便捷且效果优异，这就使日常办公的大量操作，如单击、填写、修改、上传、下载以及对文件中的图文内容的处理都能实现自动化，这又进一步有力地拓展了 RPA 的使用场景。

自然语言处理也是另一项至关重要的人工智能技术。我们日常办公中 90% 以上的操作是与文档资料息息相关的，包括阅读、归纳、审核、推理、写作等。自然语言处理技术让计算机能像人类一样读懂并理解人类文字的含义，从而对文档进行处理。

随着 AI、BPM、SaaS 平台、深度学习、物联网和区块链的发展，RPA 将从独立实现转为更广泛的嵌入式数字过程模型。企业应用视角下，RPA 向 IPA 的演进会逐渐经历四个阶段：第一阶段，拥有辅助能力的 RPA，即实现让业务流程自动辅助人工作业。第二阶段，拥有自主作业能力的 RPA，开始让复杂流程场景实现自主流程自动化。第三阶段，拥有智能识别与非结构化数据处理能力的 RPA，即升级到将需要认知与识别能力的业务实现智能流程自动化。第四阶段，最终让需要决策能力的业务实现智能流程自动化。对应第一阶段至第四阶段，RPA 在业务中所产生的效能占组织整体的业务效能比重会逐渐升高，最终达到 90% 以上。同时随着 IPA 的优势日益展现，更多的中小企业也会选择使用 IPA。目前 RPA 使用较为广泛的主要是金融与制造行业。未来，电商领域、政务方面将成为 RPA 的主要攻克战场。

未来，RPA 的逐渐流行也意味着各组织的流程自动化将以 RPA 为中心，融合与集成更多技术和工具，整合相邻业务流程技术的各项功能，为用户提供更完整的解决方案。如将 RPA 集成在原有的 RRP 系统和 CRM 系统上，用来打通数据壁垒、优化系统性能。因此，未来的企业将更加依赖基于 RPA 的数据处理方式，融合更多的应用。

2.2 AI＋RPA 的核心产品功能

2.2.1 低代码化应用开发

过往系统工具开发需要专业 IT 开发和业务人员协作，开发人员需要学习前台业务以进行定制化开发，业务人员也需要花费时间成本沟通需求。而 IPA 自带通用型产品和平台化开发基因，通过低代码技术，用户就可以简单使用可视化拖放工具，组织构建应用程序、数字表单和工作流，调用 IPA 机器人创建工作流程任务。

IPA 低代码技术降低了用户使用难度，一方面，基于拖拉拽的图形化操作方式设计 IPA 流程，可以减少手写代码编写量，大大提升了非 IT 技术人员的应用体验，加快 IPA 开发速度；另一方面，也有助于企业快速设计工作流，加快业务应用程序交付，能够降低开发门槛以及培训和部署的初始成本。

2.2.2　非侵入式软件控制

与传统的 ERP、OA、CRM 等 IT 信息化系统不同，IPA 运行于更高的软件层级，它不会侵入和影响已有的软件系统，而是在表现层对这些系统进行操作，其本质就是一个"外挂"程序，可以模拟人的操作行为来访问当前系统。

这种在表现层操作的方式，遵循了现有系统的安全性和数据完整性的要求，这样不仅可以最大限度地与现有系统共存，彼此不会造成任何干扰，而且不会对已有系统造成任何威胁，从而在帮助企业提升效能的同时，还能保持已有 IT 系统平稳、可靠运行。

2.2.3　集成服务平台

在使用 IPA 的过程中，企业中的所有业务部门所需的功能与资源都能得到统一的管理，使 IPA 资源能够在整体上进行协调分配，避免资源浪费及人员冗余。集成服务平台是基于整体战略的分布调度，因此 IPA 能够在企业组织内部进行推进。IPA 的集成功能能够收集组织所需的整体资源和专业知识，相关的负责人员能够集中查看所有的计划，使重要的项目和优先级的管理能力得到加强。同时，集成服务平台还能将流程更改到端到端的视图，从而更快速、高效、有力地识别业务流程优化机会。

2.2.4　人机协同无缝对接

IPA 将 RPA 融入 AI 技术，将专注于规则和重复性任务解决方案的机械型 RPA 发展成为基于机器学习方法的认知型 RPA，使机器人能够拓展更多新技能，作出判断并提供反馈。IPA 具备独立完成业务流程自动化解决方案以及可被集成的特性，可以助力企业完成大部分业务流程管理中需要自动化的部分。AI 带给 RPA 的学习与认知能力，将会让 RPA 在更多应用中大展拳脚，以人机协同的方式助力企业快速完成数字化转型。

在 AI+RPA 组合中，AI 的深度学习、语义识别、文本理解与匹配等能力，也将为人机协作效率提供更多的保障。在这个前提下，AI 能力足以决定人机协作的落地深度。在 RPA 产品体系中，拥有一个专为 RPA 提供 AI 能力的平台型产品，会更好地助力提高 RPA 的人机协同效率，以及更多应用场景。

2.3　AI＋RPA 的行业应用

2.3.1　AI 关键技术介绍

RPA 的人工智能关键技术主要用于提供以图像处理、文本识别、语义分析等为核心的技术，赋予 RPA 智能化数字员工更强大的业务技能和场景延展性。如果将传统的 RPA 产品比喻成人的双手，因为它能够替代人工处理一些简单、规律性的事务，那么融合了人工智能技术的 RPA 产品则相当于拥有了人的眼睛和大脑，这就使 RPA 软件机器人能够处理的场景和能力得到大大的拓展后提升。人工智能组件不仅能够帮助用户完成代填、数据迁移之类的业务，还能够通过图像处理、文本识别提供"眼睛"的能力和语义分析提供"大脑"的能力处理大量的纸质文档，以及对文档进行分析和研判。

2.3.2　CV 在 RPA 中的应用

传统 RPA 的元素捕获功能需要依靠系统或软件提供的接口，对目标元素进行识别或定位，通过消息传递机制或键盘和鼠标操作完成一系列的操控动作。但元素捕获能力的强弱在很大程度上取决于开发的接口，很多第三方的软件或者非标准化的元素常常会无法捕获。

IPA 创新性地将计算机视觉技术与传统元素捕获功能相结合，以便更好地支持非标准化元素的定位与获取。计算机视觉是一项帮助计算机、软件、机器人或其他设备获取、分析及处理图片的技术。IPA 利用计算机视觉的模板匹配技术识别并定位目标元素，然后使用键盘和鼠标进行控制。模板匹配技术需要两幅图像：一幅是原图像，在其中寻找与模板匹配的区域；另一幅是模板，是用来与原图像进行比照的图像块。在检测最匹配区域的过程中，模板在原图像上进行滑动比较，即图像块一次移动一个像素（从左往右，从上往下）。对每个位置都进行一次匹配度或相似度的计算，最终找到模板与原图像最匹配的位置。

通过创新性地整合 CV，IPA 可以完全捕获国产办公软件 WPS（文字编辑系统）、国产数据库、Chrome 等各类应用程序界面的非标准元素，完全避免了 RPA 在实施过程中部分非标准元素无法定位和捕获的尴尬局面，极大地拓展了 RPA 的能力边界。

2.3.3　NLP 在 RPA 中的应用

自然语言处理是一种允许计算机给用户的输入赋予意义的技术。它能让计算机接受用户自然语言形式的输入，在内部通过人类所定义的算法进行加工、计算等系列操作，以模拟人类对自然语言的理解，并返回用户所期望的结果。NLP 在 RPA 中主要有以下几种应用。

1. 管理票据流程

在企业组织中，每天可能会提交和处理多张有疑问的票据。经过适当配置和培训的 NLP 系统可以确定哪些主题、解决方案或特定产品被提及，并将票据发送到正确的部门，还可以根据情感分析确定票据的紧急程度。

2. 发票自动处理

OCR 配合 NLP 可以对文档进行分解和分类。通过该解决方案，可以扫描文档，提取数据并简化操作流程。使用 AI，还可以识别这些文档中的错误，如果需要，可以提示用户进行更正。

3. 合同分析

声明和合同协议，通常篇幅较长。人在审核分析时，眼睛可能跳过某些重要部分。将 NLP 和 OCR 功能应用于合同分析，可以帮助企业组织保持合规，同时大大减少人工审核分析的工作量。

4. 文档处理

手工处理文档可能会占用员工宝贵的时间，尤其是在文件具有唯一性的情况下。文本分析自动化可以大大简化这个过程。结合 NLP 技术，数据值和它们之间的关系可以被理解、诊断，并分类到适当的位置。

目前，很多企业都已尝试在 RPA 部署中使用 AI 的 OCR 技术，而下一个风口将是 NLP 技术的应用。用 NLP 搭建起人与机器之间沟通的桥梁，实现人机交流交互。对于 NLP 技术的掌控将成为 RPA 厂商差异化竞争的重中之重。

2.3.4　ML 在 RPA 中的应用

机器学习是指从有限的观测数据中学习（或"猜测"）具有一般性的规律，并将这些规律应用到未观测数据样本上的方法。目前在金融行业，员工将 ML 和 RPA 结合来实现数据与工作流程的处理。

新技术可以通过经验和重复学习，不断变得更聪明地识别分类和组织数据输入，这可以帮助投资者进行欺诈检测服务。例如：通过查看资金流入和流出的现金流，ML 可以实时发现可疑活动。当某用户的账户历史上从未提取超过 1 万美元时，突然有一天提取 100 万美元，IPA 会识别这一异常或可疑的交易，它会及时地把这条信息报告给投资者。

ML 不仅可以极大地提高对账过程中数据映射和匹配的效率，还可以用于简化来自第三方的新数据文件和格式的导入过程。ML 神经网络可以检查数据，并且提出合理的建议，更好地匹配它们的分类。它一旦学习数据结构和存储类型，就可以将其与核心应用程序内部的数据集统一调配，而这个存储过程将由 RPA 来执行。该技术旨在模拟人类的行为和工作思维，达到解放员工双手和实现全线智能自动化处理目的。

未来，RPA 与这些技术的结合可以将投资公司的运营模式转变为更多的"智能自动处理工作流程"，使员工能够把时间放到更高价值的项目上。人们可以有更多的时间来分析和发展业务，而不是做重复、枯燥的数据处理工作。

2.4　全球主流的 RPA 产品

2.4.1　UiPath

RPA 的兴旺与海外几家知名企业的发展历程密不可分，其中，UiPath 是典型的代表。UiPath 创办时间很早，2004 年诞生于罗马尼亚的布加勒斯特市，两位创始人是罗马尼亚籍工程师丹尼尔·迪恩斯（Daniel Dines）和马里厄斯·特卡（Marius Tirca）。在公司创办的前 10 年中，它不过是一家平平无奇的软件外包公司，主要承接一些业务软件的开发、广告效果监控系统等零碎业务，也为谷歌、微软等大公司开发一些自动化库和 SDK 工具。2012 年，该公司忽然发现自己开发的一些工具能够找到图形用户界面（graphical user interface，GUI）中的元素路径（path），可以用来重复执行一些网页操作（web replay），从而用于一些重复性的作业流程，因此改名为 DeskOver。当时的产品理念是提供桌面自动化工具，这也是 RPA 发展的雏形。

在各种机缘巧合的作用下，DeskOver 公司推出的 UiPath Studio 桌面自动化软件颇受欢迎，于是在 2015 年，DeskOver 公司又正式改名为 UiPath，并将公司总部迁至美国纽约。UiPath 在产品方面作出了大量的创新，包括为业务分析人员或 RPA 开发人员提供一套简单、易用的开发环境 Studio，并提供拖放控件来构建流程。开发好的流程将发布给 Robots 来运行，并提供了中央控制台 Orchestrator，以方便为管理人员提供所有机器人的操作视图。后续的 RPA 企业纷纷效仿这些特性，Gartner 和 Forrester 等研究机构都认可 UiPath 是行业的领导企业。

2.4.2　Automation Anywhere

Automation Anywhere（AA）于 2003 年成立于美国加州圣何赛，公司 4 位创始人都来自印度。据 Forrester 分析，该公司主要客户来自金融、高科技、电信、医疗和制药等行业。AA 的产品包括 IQ Bot、Bot Insight、Bot Store 等，其中，IQ Bot 主要用于模拟人类在图形用户界面上的交互操作，以完成重复性操作。Bot Insight 主要用于提供流程和业务的管理与分析。Bot Store 是一个"应用市场"，主要用于提供预置的各类流程模板。此外，AA 还提供了 Attended Automation 2.0 功能，允许多个员工账号跨组编排机器人参与自动化任务。AA 的技术特色是纯 Web 内核、原生采用云服务架构，自然语言处理技术与非结构化数据认知等技术也在 AA 的产品中广受欢迎。

2.4.3　实在智能 IPA 介绍

实在智能 IPA 是杭州实在智能科技有限公司打造的智能软件机器人，为政府和企业的数字化转型提供自动化、智能化解决方案。其核心优势包括 WOW（TARS-RPA-Agent）、POP（实在智能国产 GPT 大语言模型 TARS）、HOT［AIGC（生成式人工智能）技术最新三大成果］。实在智能 IPA 成功将 AIGC 技术与 RPA 深度结合，扩展了数字员工的"AI 生成能力"，使其能够理解用户语言输入，满足用户需求，降低了 RPA 的使用门槛。此外，智能门户、智能 Chat-IDP 文档审阅等创新应用也展现了实在智能在智能自动化领域的强大优势。

IPA 产品分为两类：一类是实在智能 RPA "四件套"，包括 RPA 设计器、RPA 机器人、RPA 控制器以及实在云脑四个部分；另一类是实在 IPA 产品，主要包括 Lite—DS（轻型数据平台）、Chatbot（智能文本对话机器人）、Supertext（智能文档审阅）及 AI-Call（智能语音呼入呼出机器人）。IPA 数字员工套件，在 RPA 的基础上，深度融合 AI 能力，为机器人提升了感知能力（机器视觉、自然语言、语言交互）以及认知能力（机器学习、智能决策），帮助企业实现智能决策。能够 7 × 24 小时全天候办公，为企业降本增效起到强大助力作用。

即测即练

第 3 章

数智电商 AI＋RPA 概述

【本章学习目标】

（1）掌握电商机器人的定义、相关术语、电商机器人的发展趋势。

（2）了解电商机器人的应用场景、适用流程、收益和局限性。

（3）了解 AI＋RPA 的具体应用。

引导案例

运用电商 RPA，智能分析用户评论

某食品品牌在天猫、淘宝、拼多多、抖音拥有 N 个店铺，目前平台的评价信息通过手动下载，人工筛选后按照对应的差评内容，将评价内容归因，再将对应的客户投诉指派给对应的部门进行处理，整个环节耗时且烦琐。该品牌存在三个运营痛点：①处理效率低，店铺评论数据分散在多店铺、多渠道，店铺运营人工进行评价数据的导出与内容筛选归类，需花费大量时间。②数据难沉淀，对应的数据都在表格中统计，没法做到数据留存，对数据做长期的对比观察。③决策应对慢，差评处理需先分类，再单独通知对应部门进行处理和优化，一旦滞后，容易造成负面影响扩大。

品牌运用 RPA 技术从各电商平台中自动汇集评价数据，经过数据清洗，将评论分类归纳，挖掘"隐藏差评"，再结合 AI 云脑模型训练，生成多属性的评价趋势对比和单属性评价"正负面"趋势分析，推动评价精细化运营，辅助敏捷决策，助力店铺实现"零"差评。以实在 RPA 数字员工为例，其流程如图 3-1 所示。

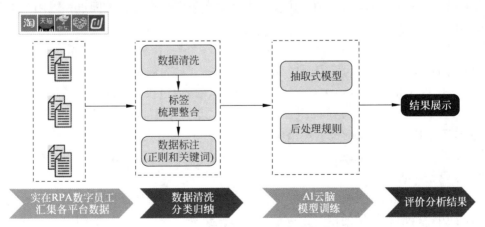

图 3-1　RPA 技术运用及智能分析流程

资料来源：实在智能科技有限公司，电商 RPA 有什么应用价值吗？〔EB/OL〕（2023-03-22）. https://www.zhihu.com/question/590934251?utm_id=0.

3.1 电商机器人简介

3.1.1 电商机器人的定义

电商机器人是机器人流程自动化技术应用在电子商务工作中的产品，是指运用 RPA 技术，结合电子商务工作的内容和流程需求，开发自动化程序代替人工操作，帮助完成业务量大、重复性高、标准化强的基础工作。它通过计算机编程或辅助软件模拟人类的操作，按照人类设计的规则自动执行工作流程或任务。电商机器人的本质是一种数字化的支持性智能软件。

电商机器人能显著提高工作的精确度和业务处理效率，适用于具有明确规则的重复性工作；有利于实现工作流程自动化，提高工作效率和质量，降低电子商务工作技术风险和违规风险，使人员投身到更高层次的工作中，促进企业实现降本增效和数字化转型。

3.1.2 相关术语

1. 商业模式

（1）B2B 模式：business to business，在英文中，2 的发音同 to 一样，是企业与企业之间的电子商务活动，如阿里巴巴。

（2）B2C 模式：business to customer，是企业针对个人开展的电子商务活动的总称，如亚马逊、当当。

（3）C2C 模式：customer to customer，是个人与个人之间的电子商务活动，如 eBay、淘宝。

（4）BMC 模式：business medium customer，率先集量贩式经营、连锁经营、人际网络、金融、传统电子商务［B2B、B2C、C2C、C2B（指电子商务中消费者对企业的交易方式）］等传统电子商务模式优点于一身，突破了 B2B、B2C、C2C、C2B 等传统电子商务模式的发展瓶颈。

2. 广告术语

（1）UV：unique visitor，独立访客，指某站点被多少台电脑访问过，以用户电脑的 Cookie 作为统计依据。

（2）PV：page view，页面浏览量或点击量，用户每次刷新即被计算一次，指某站点总共被浏览多少个页面，它是重复累计的，同一个页面被重复浏览也被计入 PV。

（3）ROI：return on investment，投资回报率，指通过投资而应返回的价值，即企业从一项投资活动中得到的经济回报。通俗来讲，其即获得的收益和投入的成本的比值。在电商环节，ROI 即卖家的投入产出比。

（4）CPS：cost per sales，销售分成，以实际销售产品数量来计算广告费用，是最直接的效果营销广告。

（5）CPA：cost per action，根据每个访问者对网络广告所采取的行动收费的定价模式，对于用户行动有特别的定义，包括形成一次交易、获得一个注册用户，或者对网络广告的次点击等。

（6）CPM：cost per mille，每千人成本，指的是广告投放过程中，平均每 1 000 人分别听到或者看到某广告一次一共需要多少广告成本。

（7）CPC：cost per click，每产生一次点击所花费的成本。

（8）CR 转化率：conversion rate，是指访问某一网站访客中转化的访客占全部访客的比例。

3. 商品管理

（1）QC：quality control，品质控制，又称质检，即对产品进行一个初步的检验，排除质量问题。

（2）SKU：stock keeping unit，最小存货单位，即库存进出计量的单位，可以以件、盒、托盘等为单位。

（3）3PL：third party logistics，第三方物流，电商行业亦指快递公司。

（4）PCS：pieces，块、件、片、篇、张、条、套。多见于外贸交易中，后为书写方便，延伸到其他行业，可代表个、包袋等表示数量的产品。

（5）SRM：supplier relationship management，供应商关系管理。

（6）ERP：enterprise resource planning，企业资源计划，是一个信息化的管理系统。电商 ERP 是 ERP 在电商行业的实际应用，是订单、财务、仓库、物流、发货整套系统的整合。电商 ERP 的目标是希望能为商家在做电商时开源节流。具体来说，其有助于企业提高效率、减少差错、减少运营风险、提升客户满意度、规范流程、提高信息化水平等。

（7）OMS：order management system，订单管理系统。

（8）CRM：customer relationship management，客户关系管理。

3.1.3　电商机器人的发展

1. 电商行业面临的挑战

从管理层视角出发，电商各系统、程序之间接口无法打通，系统存在"孤岛"问题，由于无法及时、全面地掌握经营状况，各环节经营决策滞后。人员效能低下、人员冗余造成人力成本居高不下，也困扰着电商企业的管理人员。近年来，很多电商企业都在积极找寻人力领域的解决方案，以帮助企业降低成本。

从运营视角出发，电商日常运营工作中充斥大量简单、重复的低附加值工作，如商品管理、订单管理、数据监控等，运营人员通常需要于多个平台、店铺间切换，机械、重复地操作系统和采集搬运数据，流程烦琐，固定、重复工作多且耗时，员工获得感低。此外，人工无法实现 24 小时实时监控，难以及时对异常数据作出反馈。

从一线员工视角出发，一方面，日常工作人工操作失误率高，如修改发货信息备注、消息差异化触达客户等。另一方面，电商工作对时效性要求较高，回复客户咨询要快、订单发货要快、退货要快，人工操作实现难度高。

2. 电商机器人的发展趋势

RPA 对于电商行业的数字化转型有着举足轻重的作用。作为软件机器人，RPA 能够模拟人在计算机上的键鼠操作，并按照一定规则自动执行任务，尤其适合处理批量、重复的任务，如商品上下架、批量修改、跨系统数据协同、电商对账等。

一般来说，电商运营从采购、运营到客服仓储，都需要专门的员工负责，手动处理费时、费力，且人力结构冗杂，不利于企业进一步发展。RPA 数字员工可实现运营流程的自动化，例如：采购过程中的商品入库自动同步、供应商自动询价；运营中的商品自动上下架、活动自动报名；订单的自动插旗、自动退换货；商品的自动打单、自动物流跟踪等，省时、省力，优化人力结构。

电商企业要处理数量庞大的订单，依靠人工一件件处理，响应速度不及时，影响客户体验；人工出错率高，提高企业运营成本。RPA 数字员工擅长处理大批量、重复性的任务。能够完成千牛消息批量自动发送、智能外呼批量通知等任务，效率高、出错率低，既照顾了客户体验，又降低了运营成本。

将 RPA 和人工智能 AI 相结合，RPA 升级为 IPA，也实现了从"重复流程自动化"到"认知流程自动化"的飞跃，RPA 在电商领域将释放出更多的能量。RPA 数字员工不仅能从事"体力劳动"，还能参与"脑力劳动"，成为电商企业的好帮手，实现报价自动汇总和分析、竞品数据报表自动生成和商品营销数据汇总等任务，帮助电商企业更好地分析运营形势，把握瞬息万变的市场。

RPA 的出现，很好地解决了电商企业人力与跨平台操作两大难题。针对人力难题，RPA 机器人通过代替人工，加速流程运转，减轻了人员日常工作负担，且一个 RPA 机器人可处理约 5 个人的工作量（有些流程甚至处理得更多），有效提高人员效率。针对跨平台操作难题，RPA 技术的核心要义即实现流程的优化与升级，作为系统之间、数据之间的接口，RPA 将在电商企业数字化转型中扮演重要角色。而 RPA 本身部署和维护成本也相对较低，这种周期短、投入小、易操作、效果明显的工具，实现了大量、重复工作的自动化、批量化、智能化，恰逢其时地解决了电商企业的运营难题。

3.2 电商机器人的应用现状

3.2.1 电商机器人的应用场景

AI＋RPA 电商机器人模拟人的操作，对电商运营、客服、财务等领域的工作进行流程自动化，横跨天猫、淘宝等重点电商平台，已实现多种业务场景自动化（图 3-2）。

图 3-2 电商机器人的应用场景

实例：

场景一 售前售后自动运营

对于淘系、京东、拼多多等电商平台的商品发布、编辑、下架等常规操作，AI＋

RPA 数字员工可以实现批量化、自动化、智能化操作，可节省 70% 以上的人力。

不仅如此，AI ＋ RPA 数字员工可以 7×24 小时在线智能回复客户问题，且不会有任何负面情绪，能够显著提升用户购物体验。同时，AI ＋ RPA 数字员工还具备强大的学习能力，可以通过训练变得越来越聪明，真正做到懂客户所想。

场景二　订单物流准确追踪

AI ＋ RPA 数字员工能够实现订单全流程的自动化跟踪处理，尤其是在大促等业务高峰期，数字员工能够在稳定、高效处理海量订单的同时，及时响应客户的退换货需求，并快速联动物流系统，实现客户、订单、货物的一站式处理。

不仅如此，AI ＋ RPA 数字员工还能够实时监控发货详情，记录物流状态，并且有错误预警功能，一旦发现错误，会立刻联系商家和消费者，从而优化客户网购体验。

场景三　营销财务精准分析

AI ＋ RPA 数字员工能够自动化获取生意参谋、京东商智等平台上的各类数据，并按照客户的分析需求，智能化生成可直接用于决策分析的综合报表，帮助电商企业及时把握市场发展趋势，以便快速作出相应决策。

此外，AI ＋ RPA 数字员工还能自动登录用友、金蝶等各类财务平台以及各类银行后台，自动下载账单和银行流水进行对账操作。对账工作重复、烦琐且极易出错，但这却是最适合数字员工发挥的场景，可以在有效避免人因风险的同时，大大提升工作效率。据客户真实反馈，数字员工对账效率较人工可提升 20 倍以上。

3.2.2　电商机器人适用的流程

针对淘宝、天猫、京东、拼多多等主流电商平台，以及亚马逊、速卖通、虾皮、eBay 等知名跨境电商（又称跨境电子商务）平台，对应的 RPA 为电商企业提供了自动化解决方案，覆盖营销推广、商品管理、订单管理、财务管理、数据监控等常见电商流程，帮助客户自动化完成电商运营过程当中重复琐碎且易出错的工作事项（图 3-3）。

	全域		高效		智能		
运营部	**客服部**	**财务部**	**仓储部**	**人力部**	**IT部**	**数据中心**	**私域运营**
流量分析	营销发送	账单下载	订单拆分	招聘流程	OA审核	竞品数据	加密信息获取
运营日报	退款退货	平台对账	自动发货	打招呼	快速开发	店铺数据	批量加好友
营销管理	插旗备注	自动开票	出入库管理	简历筛选	需求验证	平台数据	群发信息
活动报名	物流跟踪	自动打款	订单信息管理	简历下载	IT资产管理	行业数据	群运营
竞品跟踪	数据统计	发票校验	商品信息管理	录入OA	数据采集与调用	营销数据	批量打标
风险词检测	评价管理	差旅报销	物流成本核对	信息通知	数据管理与维护	渠道数据	关键字回复
……	……	……	……	……	……	……	……

图 3-3　电商机器人适用的流程

1. 评论自动抓取

运营人员常常需要收集电商平台的用户评论以分析产品反馈，而评论下载需要逐一点击单个商品，并且每次都需要选择评论词所属的情感分类词和时间段，重复操作，时间花费较多，需耗费几个小时。使用 RPA 技术仅需 30 分钟左右，就能完成多店铺海量商品评论的批量获取，实现人效提升。

2. 全域数据自动汇集

抖音电商平台店铺运营人员汇集数据时，需先登录抖店电商罗盘平台下载报表，经过下载、粘贴、公式计算等一系列工作计算汇总数据，还需多表操作，不仅工作量大，占用大量人力，且易出错。利用 RPA 授权自动登录抖店电商罗盘平台，通过自动拾取页面数据和指标维度，下载分析报表，需耗费几个小时。而 RPA 机器人每次收集数据仅需十几分钟，释放人力资源，大大提升了工作效率（图 3-4）。

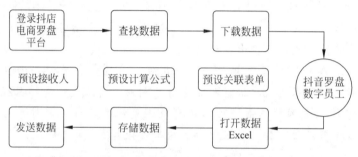

图 3-4　抖店电商罗盘平台 RPA 机器人应用场景

3. 多平台自动批量发送消息

越来越多的商家开始注重精细化运营，在客服方面也逐渐重视和消费者的连接。但是随着顾客量的增长，光靠人工很难对顾客进行批量通知、批量服务。且人工发送时容易混乱和遗漏，工作内容重复性高，占用大量人力。运用 RPA 技术自动批量发送消息，有利于快速触达客户，提高店铺复购率；同时，增加店铺服务体验权重和流量扶持。

4. 商品价格实时监控

价格策略是许多电商企业吸引消费者的重要策略，是电商能否打赢战役的关键，直接影响着品牌利润和消费者的购买决断，通过实时监测商品价格以及竞品价格，及时采取适当的调整，尤其在"双十一"这样的年度促销节日中，品牌需及时做好电商价格监控，才能应对市场变化，在电商大促中拔得头筹。即使在日常运营中，价格也是贯穿整个运营的关键，有效了解行业和竞品实时状态和历史行为，有助于品牌长远稳健地发展。

RPA 机器人是做好电商价格监控的重要工具，电商企业部署 RPA 机器人后，只需要授权登录电商平台，并提供商品链接，即可实现全面、自动化、7×24 小时实时监控。商品一旦出现价格异常，RPA 数字机器人将第一时间通知运营人员。除了多渠道价格监控，RPA 机器人还可以监控主要竞品，输出商品信息明细表格，方便运营人员分析和思考对策，提升店铺竞争力。

5. 客户评价自动批量回复

对于电商运营来说，做到对每一条评价的及时回复，提高客户满意度，打造具有吸引力的评论区，很大程度上影响了销售的转化率。平台自带的评价批量回复相对单一，若要给予不同客户不同反馈，工作相对烦琐、重复性高且量大。RPA 机器人可以短时间内自动完成多店铺、海量商品评价回复，实现人效提升。

6. 退换货处理自动化

电商大促后，消费者可能会因保修、尺寸大小以及其他原因申请售后服务，退换货单量也较大，售后问题处理不当不仅会导致差评和纠纷率的飙升，甚至会影响日后平台官方活动的报名。而 RPA 机器人能有效解决该业务痛点，被授权登录平台后，RPA 机器人将根据规则审核退换货申请，并自动存档、通知客户，有效助力企业降本增效。

3.2.3　电商机器人收益及局限性

1. 电商机器人的收益

电商机器人自诞生以来，得到了业界的高度推崇和广泛应用，这不但是理念层面创新的趋同，更是源于时间的收益。相较于传统的人工操作，电商机器人具备众多优势，为企业带来了切实的收益，具体如下。

效率提升：传统人工操作模式依靠人力，仅能在有限的时间里完成工作，且速度慢，受复杂的人为因素影响。而电商机器人可以全天候工作，且工作容忍度高，峰值处理能力强，整体操作过程都是根据固定规则执行，不受人为因素干预。同时，电商机器人的工作速度快于人类，根据机器人流程自动化与人工智能学会的调研数据，一个机器人昼夜不停地工作，通常可以承担 2 ～ 5 人的工作量。除此以外，在信息系统升级的过程中，人工操作需要花费大量时间消除旧习惯去适应新系统，但电商机器人作为虚拟劳动力，只需要修改程序即可，减少了系统升级过程中的人工消耗成本。

质量保障：首先，在传统的电商模式下，人工操作容易导致较高的出错率，而电商机器人操作的正确率接近 100%，极大地保障了财务工作质量。其次，电商机器人运作的是基于明确规则的流程和任务，这在一定程度上消除了输出的不一致性；明确的规则也使得操作无差别，避免了人为因素的影响。此外，自动化处理的每一步操作都具有可追溯性，这使系统错误可以被准确地发现。

成本节约：电商机器人可以帮助企业有效降低人力成本。一个全职员工一天工作8 个小时，但一个电商机器人可以 24 小时无休工作。根据机器人流程自动化与人工智能学会的调研数据，电商机器人可以节约 25% ～ 50% 的成本，创建和维护机器人的平均成本仅为承担相同工作的全职员工的 1/3。传统电商模式下，大量简单、重复的工作往往需要投入较多的人力去处理，而电商机器人上线后，企业将大幅度减少人力成本，如支出薪酬、福利、津贴及人力管理等。

响应及时：电商机器人的工作量和工作时间可以随需而变，及时响应业务需求。在服务质量和问题响应速率方面，当业务数量级发生变化时，只需要进行简单的机器人配置操作，即可增加或减少电商机器人的部署数量。此外，电商机器人的工作伸缩能力强，可以随时加速、减速，以匹配业务量峰谷值，适应不同的业务，便于更加及时地响应业务需求。

安全可控：电商机器人按照明确的规则执行脚本，不侵入原有的信息系统。它的一切操作都能够通过控制器进行追踪，实现随时调阅工作路径，及时发现业务故障，保障信息系统和企业数据的安全。此外，电商机器人可自动执行业务流程，减少了人工干预的因素，一定程度上降低了人为操纵的风险。

价值增值：传统电商模式下，运营人员需投入一半以上的精力在简单、重复的工作上，而这些工作既无法创造更多价值，也不利于电商运营人员发挥个人价值。电商机器人的应用能够改变传统电商运营部门的人员结构，运营人员有时间、精力去做高附加值的工作，工作积极性得到有效调动，实现对其他业务的有效支撑，并使部门增值。

数据可得：电商机器人在运行过程中，能对每一个机器行为匹配对应标签和元数据，使企业能够根据对应标签和元数据随时调取数据，对生产经营活动进行筹划安排，乃至预测公司未来的发展。

2. 电商机器人的局限性

相比传统人工操作，电商机器人自身具备特别的优势，为企业带来了众多收益，但也存在固有的局限性，具体如下。

无法处理异常事件：由于电商机器人是基于明确规则进行操作的，因此，当业务场景发生较大变化时，无法判断与规则不符的情况。

运营保障要求高：运营人员需了解一定的计算机知识，才能胜任电商机器人的日常运营和维护工作，这对人员素质提出了更高的要求。

需要跟踪优化机制：规则明确的流程为电商机器人的应用提供了可能性，但电商运营流程不是一成不变的。当业务流程有变动时，就需要重新部署和设计电商机器人。为保障电商机器人正常有序运行，快速、高质量地响应多变的业务需求，企业需要针对电商机器人设计完整、详细的跟踪优化机制。

3.3　AI＋RPA 的具体应用

3.3.1　知识图谱

1. 知识图谱的定义和特点

知识图谱（knowledge graph），是结构化的语义知识库，用于以符号形式描述物理世界中的概念及其相互关系。其基本组成单位是"实体—关系—实体"三元组，以及实体及其相关属性—值对，实体间通过关系相互联结，构成网状的知识结构。通过知识图谱，可以实现 Web 从网页链接向概念链接转变，支持用户按主题而不是字符串检索，从而真正实现语义检索。基于知识图谱的搜索引擎，能够以图形方式向用户反馈结构化的知识，用户不必浏览大量网页，就可以准确定位和深度获取知识。

知识图谱具有如下三个特点。

（1）数据及知识的存储结构为有向图结构。有向图结构允许知识图谱有效地存储数据和知识之间的关联关系。

（2）具备高效的数据和知识检索能力。知识图谱可以通过图匹配算法，实现高效的数据和知识访问。

（3）具备智能化的数据和知识推理能力。知识图谱可以自动化、智能化地从已有的知识中发现和推理多角度的隐含知识。

2. 知识图谱的应用

就覆盖范围而言，知识图谱可分为通用知识图谱和行业知识图谱。通用知识图谱注重广度，强调融合更多的实体，较行业知识图谱而言，其准确度不够高，并且受概念范围的影响，很难借助本体库对公理、规则以及约束条件的支持能力规范其实体、属性、实体间的关系等。通用知识图谱主要应用于智能搜索等领域。行业知识图谱通常需要依靠特定行业的数据来构建，具有特定的行业意义。行业知识图谱中，实体的属性与数据模式往往比较丰富，需要考虑到不同的业务场景与使用人员。

目前，知识图谱技术已经在互联网领域如搜索引擎、智能问答等发挥重要作用，同时也已经在多个领域进行初步应用，如金融、电商、医疗等。许多国际著名企业也已经开始探索知识图谱的应用，如谷歌、微软、IBM、苹果等。当我们进行搜索时，搜索结果右侧的联想，就来自知识图谱技术的应用。我们几乎每天都会接收到各种各样的推荐信息，从新闻、购物到吃饭、娱乐。个性化推荐作为一种信息过滤的重要手段，可以依据我们的习惯和爱好推荐合适的服务，也来自知识图谱技术的应用。搜索、地图、个性化推荐、智能问答、分析与决策、金融风控等越来越多的应用场景，都越来越依赖知识图谱。

3. 知识图谱在电商领域的应用

在目前电商的交易场景中，交易规模巨大，不仅涉及线上、线下交易场景，还有新零售、多语言平台、线上线下相结合的各种复杂的购物场景，企业对数据的联通需求越来越强烈，因此电商的知识图谱对于行业而言变得很重要。

电商的知识图谱主要是围绕商品构建的，基于人、货、场的主要框架进行拆解。在电商这个领域下进行知识表示时，首先需要确认共涉及多少个一级本体、二级本体，电商知识主要的获取来源是知识众包，核心涉及本体的设计，围绕商品本身的属性、消费者的需求、平台运营管理的机制。

在不同平台和渠道的数据采集工具不一样，采集的数据的存储形式也会略有差异；例如电商的卖点、详情、图片、评价，舆情信息中的品牌和口碑，涉及大量的文本数据、图像数据。在进行知识表示时涉及各种 NLP、CNN（卷积神经网络）技术，要求知识命名识别系统具有大规模实体类型识别的能力，并且把识别出的主体与知识图谱进行连接。

以阿里电商认知图谱的示例，主要包括以下几种。

商品域：型号、尺码、大小、颜色、口感、材质等。

用户域：性别、年龄、风格、品牌、购买力等。

LBS（基于位置的服务）域：购物场景、群体、泛品类等。

然后需要对实体进行描述，除了基础的属性及属性值以外，还要通过实体标签来实现，大部分实体标签变化比较快，通常是通过知识推理获取的。例如商品的标签中，可以通过材料的配比或者国家行业标准进行处理。

例如，低糖，指食品每 100 克或 100 毫升的糖含量不超过 5 克；无糖，指食品每 100 克或 100 毫升糖含量不超过 0.5 克。

通过知识推理，可以根据商品配料表中的数据转化为无糖、低糖的知识点，从而将数据转化为知识标签；大部分信息在提取之后会比较零散，需要将已建立好关系的知识库中或者第三方的知识库来源的信息做融合，以及进行实体对齐、实体消歧的技术操作。

实体对齐：例如迪奥是一个品牌名，DIOR 为同一个品牌的英文名，虽然是同一个品牌，但由于文本不一样，会被计算机识别为两个实体，因此我们需要将类似的内容对齐和统一化。

实体消歧：例如苹果是一种水果，在某些上下文中它可能表达苹果手机，这时需要根据上下文进行实体消歧。完成上述操作后，才会进行实体的抽取，实体抽取的过程中会利用算法进行实体间的相似性计算，主要依赖于本体库中建立的本体之间的关系，进行推理和补齐。例如，不同人买了同一件商品，或买了相似商品，该以怎样的节点进行知识图谱的关联？可以采用自动化抽取或者人工抽取的方式来实现，自动化抽取可以大批量抽取任务，在多源异构的数据处理中具有极大优势。

对于复杂场景的抽取和识别依旧需要人工的介入。在初步的知识图谱构建成功之后，需要进行知识库的质量评估，当部分关系无法通过知识库进行抽取时，需要通过知识推理算法及知识图谱补全算法进行关系链路的优化。

3.3.2　商业智能

商业智能（business intelligence，BI），又称商业智慧或商务智能，指用现代数据仓库技术、线上分析处理技术、数据挖掘和数据展现技术进行数据分析以实现商业价值。

1. 智能对话

对于今天的企业来说，良好的客户服务代表着公司和品牌的第一形象，涵盖了整个客户生命周期中每个接触点的体验和互动，包括客户需求、偏好和痛点。优秀的客户服务甚至可以成为企业的无形资产。越来越多的企业正在使用 RPA 技术。通过 RPA 技术，客户服务团队可以集成系统，从而简化最终客户体验和团队的后端工作流。

客服作为公司与客户沟通的第一线，对公司的形象有重要作用。随着时代变化，企业对于客服的要求也逐渐增加，企业的业务也更加多元，这就要求客服具有更高的职业素养来满足企业需求。然而，传统的客服往往存在以下痛点：①客服行业的整体水平参差不齐，培训成本高，人员流动性高；②客服中存在大量日常重复问题，占用大量时间，人工接待效率低，员工工作成就感也较低；③公司对外往往有多个询问渠道和系统，这就要求客服在不同的系统中获取信息，既烦琐又耗时；④许多公司的客户服务中心负责营销任务。他们需要处理服务中的各种专业知识，对人工客服有很高的要求。如一个高新技术产业的客服，可能需要他对公司的产品技术有一定的了解，但对于很多客服来说这都是一种具有挑战性的任务。

智能对话机器人是智能对话与流程自动化的结合。在智能对话的过程中触发 RPA 自动化执行，让数字员工不仅可以智能咨询接待，还能实现业务办理全自动化。其支持无人值守和有人值守服务接待自动化，实现 7×24 小时全天候运营；通过单轮和多轮对话，智能、自动、及时地实现客户问题咨询、业务办理，提高接待能力和服务效率；通过 RPA，将客服系统与其他业务系统以低成本、无侵入的方式连通。客服可以专注于潜在客户营销活动、推动提高销售转化率等更重要的工作。

此外，智能对话还实现了智能化信息提取识别，自动从历史记录中发现和总结知识点，自动挖掘服务中的用户信息形成不同维度的数据。同时，其在服务过程中还自动将用户关心而客服知识库里没有的知识点导入，作为后续市场营销的产品差异化卖点。

2. 智能决策

在权威研究咨询机构爱分析、国内领先的智能决策技术企业杉数科技和工业互联网平台企业卡奥斯联合发布的《2022 工业"智能决策"白皮书》中，明确给出了"智能决策"的定义。智能决策，是指组织或个人综合利用多种智能技术和工具，基于既定目标，对相关数据进行建模、分析并作出决策的过程，用于解决新增长时代日益复杂的生产、生活问题。

经济新常态下，精细化运营成为企业增长的关键动力，对业务决策的质量提出了更高的要求。数据基础建设的逐渐完善，机器学习与运筹优化技术的结合与突破，都为智能决策提供了更加成熟的技术可行性，各行业的头部企业正大步跨入智能决策时代，智能决策将成为赋能企业业绩增长的重要力量。

通过对深度学习、优化技术、预测技术等进行算法设计，目前电商领域在人力调度、货物分配、资源优化等场景上，对精确营销、计算资源、收益管理、风险控制、智慧物流、派送调度、工业制造调度、航空、电力市场等都实现了智能决策。

智能决策基于数据和预测来量化决策相关的成本与收益，确定最优化的决策，从而实现数据再增值，最大限度地降低成本和提高效率。从数据到决策分为两个阶段：第一个阶段是从数据去发现信息；第二个阶段是预测用户的需求，并做最优的决策，最大限度降低成本和提高效率。

面对电商的迅猛发展，商家制订供应链的需求计划（即消费者预计需求量）、库存计划、履约计划都倍感压力，尤其是需求计划。"双十一""618"等大促的新玩法层出不穷，外加越来越多的非计划性促销，如直播带货等，这些都对企业的供应能力提出了挑战。商家电商 SKU（SKU 常常指的是一种产品的独特标识符号，可以根据颜色、尺码、规格等细分不同的产品属性）数量繁多，达到成百上千的级别，总体业务目标往往依靠管理层集体决策，而在实际工作中，整体需求计划会被拆分到产品的 SKU 层级去执行。这就出现了整体需求计划与执行层面的颗粒度（详细程度与精细程度）不一致的情况。整体需求计划落到具体 SKU 层级时，需求计划的准确度往往会出现很大的偏差，因此导致总体目标并不能对各部门起到很好的指导作用，不能有效被执行。管理者该如何科学制订需求计划，以提供基准预测、做好需求端判断并综合考虑供应端能力，是非常困扰的难题。

而智能决策能够为企业解决需求预测、库存管理、仓储优化等一系列场景中的优化问题。智能决策综合考虑活动计划、历史销量、销售目标等因素后，通过大量的数据信息找出具有同一类需求变化特点（时间、空间、产品、需求群体）的组合，进行针对性的建模，提供不同情况下的需求预测结果，保证了需求计划与客户运营、供应计划的数据衔接，为全链路精细化管理提供了协作基础。例如，同样的 SKU 单品，在不同季节或地域的销售特征可能差异很大，如羽绒服，在中国南北方城市、冬夏两季都存在较大销售差异，智能决策会综合考虑各方面特征，对消费者需求进行预测，为管理者科学制定需求预测提供支持。

3. 智能文档

数字化时代早期，文档管理在各项技术的推动下，通过信息化使效率得到了部分提升。但简单的信息化并不能满足文档管理工作跨越式发展的需要。尤其在部分文字密集型行业的日常业务场景中，涉及大量的票据、合同、法务文本等不同类型的文档文件，因信息冗杂、审阅难度大、周期长等难题，制约了业务发展。

由于技术限制和业务要求，文档审核高度依赖人工，然而因为文档烦琐、复杂，人工核查易出错且人员需求量大，投入产出明显不经济。因此，从文档管理信息化到文档管理智能化已成为发展的必然趋势。RPA 机器人重新定义了文档审阅模式，全流程赋能文档智能化管理，有效提升了文档管理的效率及准确性。

企业发展过程中有众多文档等待人的审阅，文档中的文字往往密密麻麻，要想检查出里面的错误之处需要耗费大量的精力，不仔细检查又容易给企业项目带来麻烦。RPA 机器人提供了人工智能在文档分析审阅场景的解决方案，利用强大的预训练模型，实现内容密集、篇幅长、非结构化文档的分析和审阅，广泛适用于合同、文件、文章等审核场景。其智能的关键词 / 要素 / 实体等抽取、多版本文档比对、智能纠错，以及个性化风险识别，结合 RPA 自动化操作，极大地提高了企业文档处理的效率和准确率。依托光学字符识别、自然语言处理、知识图谱等技术，实现文档管理的智能化，可广泛应用于金融、制造、通信、法律、审计、媒体、政府等各个行业的各种文档处理场景，实现全流程赋能文档管理，提供包括文本审核、文本比对、表格识别、关键词抽取、文本纠错、光学字符识别等基础服务，全面提高业务审查效率及准确性。

文本纠错可以准确识别输入文本中出现的拼写错误、错别字及其段落位置信息，并针对性地给出正确的建议文本内容（图 3-5）。通过 RPA 机器人，可以实现：①多种错误类型纠正，支持识别谐音字、混淆音字、顺序颠倒、形似字、语法等多种错误类型，具有字词补全功能；②积累海量数据，基于海量中文互联网数据积累，并有效融合了丰富的各类知识库；③高识别精度，结合了树模型和神经网络模型的优势，既保证了基础效果，又保证了对海量数据的高效利用；④自定义错误词，自定义个性知识库，新增修改符合个性规则的错误类型。

3.3.3　数字孪生

数字孪生（digital twin，DT），最初由迈克尔·格里夫斯（Michael Grieves）于 2003 在美国密歇根大学的产品全生命周期管理课程上提出，并被定义为三维模型，包括实体产品、虚拟产品以及二者间的连接，但由于当时技术和认知上的局限，数字孪生的概念并没有得到重视。直到 2011 年，美国空军研究实验室和 NASA（美国航空航天局）合作提出了构建未来飞行器的数字孪生体，并定义数字孪生为一种面向飞行器或系统的高

图 3-5 智能文档 RPA 机器人

度集成的多物理场、多尺度、多概率的仿真模型，能够利用物理模型、传感器数据和历史数据等反映与该模型对应的实体的功能、实时状态及演变趋势等，随后数字孪生才真正引起关注。数字孪生是在数字世界里建立的与物理实体高度相似的实体，是现实世界的实体在虚拟世界中的映射，物理实体和数字孪生之间存在同步与闭环关系。通过实时感知物理实体的状况和环境，数字孪生体随物理实体而演变，保持高度保真性，同时，在数字孪生上的仿真、推演和预测分析，反过来作用于物理实体。

数字孪生在诸多行业都有广泛的应用前景，例如：医疗部门尝试采用数字孪生技术，为每个病人建立其数字孪生，借此可了解患者的健康状况并预测治疗方案的效果；航空公司正在尝试应用数字孪生技术，提高飞机日常检修维护效率，避免重大事故发生；电力行业，发电企业、电网公司应用数字孪生技术于电网仿真、设备运维等方面，提高电力系统仿真准确度和运维效率。

—— 即测即练 ——

第 4 章

电商 RPA 原理与架构

【本章学习目标】

（1）了解电商 RPA 的技术原理、设计原理和工作原理。

（2）了解电商 RPA 的基本架构和成本控制。

（3）了解电商 RPA 的选型和实施。

多数企业与机构期望通过引入 RPA 来实现业务流程自动化时，会面临不知从何入手或者不清楚关键的考量指标等问题，从而影响了产品选择与实践效率。而对于行业用户来说，如何选择合适的产品，除了技术因素的考量外，同样需要围绕"场景需求、实践前的关键准备与注意事项、组织的资源与能力、供应商评估"等因素展开考量。

3K（Know "Your Requirement"、Know "Yourself&Action"、Know "Vendor Selection"）实践指南是 RPA 中国研发的一项技术实践概述性思路与指导框架。我们将利用 3K 实践指南（2023，RPA，中国企业用户）来帮助企业客户构建完整的任务流程自动化实践框架、解读相关注意事项（图 4-1）。

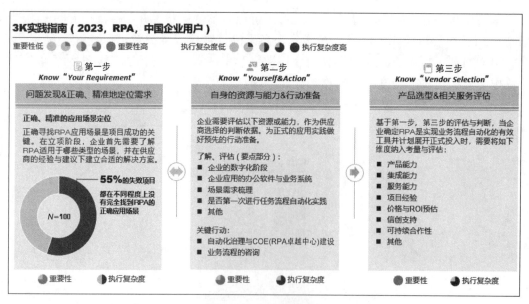

图 4-1 3K 实践指南

Know "Your Requirement" 表示正确、精准的应用场景定位。

Know "Yourself & Action" 表示了解、评估企业的数字化转型阶段以及了解、评估企业应用的办公软件与业务系统。

Know "Vendor Selection" 表示基于企业需求，选择合适的流程自动化供应商。

资料来源：RPA 技术实践要点与建议 [EB/OL].（2023-02-24）. http://www.rpa-cn.com/zixunyuanliku/xingyeyanjiubaogao/2023-02-24/3944.html.

4.1　电商 RPA 原理

4.1.1　电商 RPA 的技术原理

电商 RPA 技术是整个 RPA 技术的一个应用分支，在技术实现上与其他 RPA 基本上没有什么特别不同的地方，主要的区别也就是体现在应用场景上，所以了解了 RPA 的技术原理也就了解了电商 RPA 的技术原理。

传统的 RPA 技术已出现多年，可追溯到 1994 年微软发布 Excel 5.0 中 Macroinstruction（宏指令）功能，早期这类编程工具如批处理脚本和触发器等皆为 RPA 的雏形，微软孕育了大部分底层自动化框架和技术。随着数据库和编程技术的成熟，专业的 RPA 工具从 21 世纪初开始不断建立和发展，国内外诞生 UiPath、Blue Prism、Automation Anywhere、弘玑 Cyclone 等 RPA 企业。关于 RPA 使用到的相关技术：从底层技术看，目前市场上的 RPA 厂商大部分建立于微软 .net Framework 框架，有的利用 WorkflowFoundation（流程软件）开发，可调用 Windows 系统中原生 API；有的基于 .net Framework 的框架，利用开源或其他自研技术从底层自建体系；还有一部分则是在 .net Framework 上利用现代编程如 C++、Python 技术，实现 RPA 的自动化功能。此外，国内还有少部分厂商脱离了微软 .net Framework 框架，利用其他语言 / 框架自行研发，以与国产系统更好地兼容。从业务层面看，RPA 的三个核心技术分别是屏幕抓取、业务流程自动化管理和 AI 能力。各个 RPA 厂商基于这三者，提供不同形态的流程自动化工具，帮助企业各职能部门降本增效。屏幕抓取主要用于选取指定对象后，模拟人的行为进行鼠标点击、键盘输入，而业务流程自动化管理可以将更多其他操作如 Excel 处理、逻辑判断等结合起来，形成可以稳定按照指定规则运行的自动化流程。AI 能力则进一步扩展了 RPA 的能力边界，比如发票 OCR、合同 NLP 语义分析，使 RPA 变得更加智能，能进一步处理一些漫长而复杂的任务。

市场上存在以下三种 RPA 产品形态。

第一种：企业定制化的独立 RPA 软件，打开电脑双击该软件即可使用。

第二种：应用于财会、金融等行业场景的平台化 RPA 产品，其客户端包括图形化设计器、执行环境（机器人），其云端控制台则是基础的 AI 服务和结算系统。

第三种：支持开发者二次开发的 RPA 平台，提供第二种产品形态所有功能的同时还提供对应的开发接口，以便定制化。

第一种产品形态已经在国内外市场存在了近 20 年，是一些劳务外包公司常用的基础工具，金融、财会、电信运营商、呼叫中心等行业领域一直在使用，属于定制化 RPA

服务。这种 RPA 更加精专，服务稳定、价格低廉、合作灵活，适合中小企业、大集团分公司以及外包公司使用。

后两种产品形态在垂直行业的通用性更好，产品灵活性高，可实时升级公司内部业务流程，适合大集团部署，产品技术要求高；但缺陷在于，如果产品技术不达标，便容易沦为 AI 的技术服务商。

RPA 企业也在学习 SaaS、PaaS（平台即服务）模式，将部分功能部署在云端，以出租机器人劳力的方式按时收费——想方设法在交付模式上靠近订阅制。

未来，RPA 企业应找到一条比集成自动化更具优势的上云路径，或者直接在集成自动化上形成强势地位，从而引领企服软件发展，直接将集成自动化合并到 RPA 的概念之中。

4.1.2　电商 RPA 的设计原理

1. 设计与构建

电商 RPA 机器人的设计与构建，主要包括三大步骤：首先，确定流程细节逻辑；其次，确定基于 RPA 模式的电商新业务流程；最后，确定电商 RPA 机器人软件配置与开发工作量。

1）确定流程细节逻辑

RPA 是一种通过执行电脑上大量重复且基于规则的任务，将手动活动自动化的技术。所以，在确定流程细节逻辑之前，首先应该明确 RPA 的基础功能，判断现有业务流程中每一步骤如何运用 RPA 实现替代。

目前市场上的电商 RPA 基础功能通常包括数据采集、订单管理、自动客服、物流跟踪、新品上架、内容核对等。基于电商 RPA 的适用场景，对现有业务流程进行优化再造，需要确定业务流程的每个步骤运用 RPA 进行替换的细节逻辑。

2）确定基于 RPA 模式的电商新业务流程

企业在确定业务流程每个环节的 RPA 替换逻辑后，需对业务环节连点成线，确定新的基于 RPA 模式的电商业务流程。RPA 业务流程无须与人工业务流程环节完全一致，在保证流程完整的基础上，可考虑 RPA 自身优势，进行环节的合并或拆分。

3）确定电商 RPA 机器人软件配置与开发工作量

确定基于 RPA 模式的电商新业务流程之后，需对新流程各环节中的 IT 系统或应用程序进行相应的软件配置，并确定软件开发工作量。

新流程中并非每个环节都需要配置相应的软件系统。通常情况下，多个环节可在同一个 IT 系统或互联网平台上完成，企业需确定 RPA 流程所需的软件配置及各软件的开发工作量。此项工作一般需参考 IT 专家的意见，以此为基础确定由企业 IT 部门配合其他业务部门完成新流程开发工作，或寻求第三方供应商支持。

2. 人员配置

RPA 的实施上线需要业务人员、IT 部门以及供应商协调完成。通常需要的人员包括：基础架构团队，应用开发专家或主管，技术业务分析师，业务分析师，IT 自动化经理，应用合规专家，项目经理。实现 RPA 实施过程中的关键人员优化配置，有利于 RPA 部署的顺利实现。实际上，这一过程也可以通过构建一个跨职能的部门来实现。这个部门即 RPA 卓越中心。

COE 通常在企业早期推出 RPA 时创建，主要用于支持 RPA 的实现和正在进行的部署。这个团队使用 RPA 工具和技术经验来识别和管理正在进行的 RPA 实施。

4.1.3　电商 RPA 的工作原理

电商 RPA 的工作原理与一般 RPA 的工作原理是一致的。基本上所有的 RPA 都包括以下"三件套"：设计器、机器人和控制器。

设计器可以理解成通过拖拉拽的组件和应用市场，能够快速将行业通用流程拼装出来。比如打开网页，只需拖拉拽组件过来配置要访问的网址即可。设计 RPA 机器人与搭积木一样，不需要写代码，上手简单，是可以根据你的业务流程，快速构建标准作业程序（SOP）的工具。

机器人则主要负责流程运行。机器人不需要关心流程怎么实现，只关注任务的执行，且 RPA 机器人可以轻量级地去做横向的复制。设计器设计出来的流程，可以发布到多种机型上执行。流程的编写和运行进行了相对的分离。

控制器主要充当对机器人的运行控制的角色。如果有几十个甚至几百个机器人在运行，不可能在每一台机器或者桌面上配置机器人，还有数据汇总等，这些机器人是怎么协同的呢？这时就需要有控制器，它可以对所有的机器人进行资源管理、任务调度，并且可以将机器人执行过程中所接触的数据汇总，同时又能对权限根据组织架构来进行很好的切分：运营、客服、财务、老板等，都有相应的数据查看权限和调度资源的权限。机器人能够分配任务，使整个组织在不改变现有组织架构的情况下，让每人都能够在他的权限范围之内去控制机器人，来帮助整个组织进行提效。

随着技术的发展，这三个 RPA 的核心部分可能会进行一些补充或者拆分，但是目前所有的 RPA 都是采用了这通用"三件套"的模式。以下就是一个基于"实在智能 RPA"的案例分析：RPA 如何赋能电商数智化高效运营？

电商的高效运营离不开数据分析。其痛点主要在于数据量太大，数据散落在各个运营组、各个店长手里，并且只是看到了当前这一天或者这个阶段的数据，而没有历史数据的沉淀，很难去做历史数据回溯。如果要做，需要大量人力投入，但产出比较低。

例如：使用实在 RPA 来赋能整个运营的高效性、实现数字化（图 4-2），核心点有以下三个。

（1）数据的高效。目前电商环境，各种平台账户、本地数据、第三方数据的自动获取实现后，就解决了数据获取的效率和准确率的问题。

（2）数据加工。其包括流量分析、GMV 分析、转化率分析、客单价渠道，还有就是选品、商品排名、人效分析等。这几大类里面，有三四十个常见的运营分析的模板。

（3）如何高效地展现。有的人可能还是按照以往的习惯出日报或者报表，现在集成了整个在线的展现看板后，可以多端展现，甚至自定义看板展现。

要发挥主观能动性，不只是去做机器能做的简单重复性的工作。对于一线员工来讲，通过 RPA 的工具，线上的服务结合线下的培训，就能掌握最简单、基本的流程开发；对于部门级别的，通过提供行业通用的标准流程也能够快速搭建；而决策层更关心

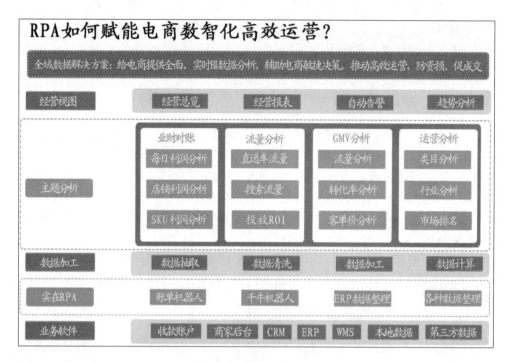

图 4-2　高效运营框架

的是数据维度，数据挖掘出来后如何辅助决策。采用 RPA 的 AI 能力，加上数据中台以及看板的能力，能够为决策层提供更多、更高效、更全面的数据分析。

电商的数据价值在于赋能电商数字化高效运营，这也是电商的全链路解决方案。例如：有一位客户，他有 3 家子公司、7 个子品牌、29 个销售渠道，涉及的各种电商平台有 15 类。小组员工每天分析各种经营数据，使用 RPA 自动获取数据，再进行自动清洗和标准加工，将核心数据自动生成分析报告（图 4-3）。

图 4-3　案例解析

第一，RPA 帮管理层实现经营决策模式的创新。不需要去等待这些数据，因为每天一上班 RPA 自动就把数据同步过来。第二，整个工作效率大幅提升。原来多台机器并行综合下来，每天大概两个小时就能把所有数据处理加工完成。之前需要 16 个人做这个工作，后来减少到了 6 个人去做数据的核对校验，这样就优化了整个人力投入。RPA 不仅仅通过自动化赋能在这些日常工作上，更重要的是将整个店铺生命周期的数据作为一种资产沉淀下来。在数据中台不断沉淀企业的经营数据，有利于后续去做数据回溯，也有利于做趋势分析，真正使关键数据成为一种资产，而不只是表格。

4.2　电商 RPA 架构与成本控制

4.2.1　电商 RPA 的架构

尽管不同的厂商对其称呼不同，但设计器、机器人和控制器这"三件套"如今已成为 RPA 产品的标配，下面我们对"三件套"做更为详细的技术说明。

1. 设计器

设计器是 RPA 的设计生产工具，用于建立软件机器人的配置或设计机器人。通过开发工具，开发者可为机器人执行一系列的指令和决策逻辑进行编程。其具体由以下几部分组成。

1）机器人脚本引擎

机器人脚本引擎（BotScript）内建脚本语言 BotScript 执行引擎，具备词法分析、编译、运行等计算机语言的标准组成组件。内置 C++、Python、Lua，外置 .net 适配器，实现其他语言与 BotScript 数据类型的双向自动转换。

2）RPA 核心架构

RPA 核心架构（RPA core）是 RPA 产品的界面识别器，能识别 Desktop Application、Web、SAP（思爱普）、Java 等各种界面元素；能动态加载自定义识别器，配合抓取工具，可快速实现目标应用的选择与抓取。

3）图形用户界面

图形用户界面是一种用户接口，通过 IPC（inter-process communication，进程间通信）与相应的引擎进行通信。在 RPA 产品中，GUI 承担流程的编写、开发、调试工作。另外，通过 GUI 与控制中心进行通信，结合 HTTP（超文本传输协议）与 FTP（文件传输协议）实现流程的发布与上传。

4）记录仪

记录仪（recorder）也称为"录屏"，用以配置软件机器人。就像 Excel 中的宏功能，记录仪可以记录用户界面（UI）里发生的每一次鼠标动作和键盘输入。

5）插件 / 扩展

为了让配置的运行软件机器人变得简单，大多数平台提供了许多插件和扩展应用。

2. 机器人

开发者首先需要在设计器中完成开发任务，生成机器人文件，之后将其放置在执行器中执行。

为了保证开发与执行的高度统一，机器人与设计器一般采用类似的架构。以机器人脚本引擎与 RPA 核心架构为基础，辅以不同的 GUI 交互，实现终端执行器常见的交互控制功能。

机器人可与控制中心通过 Socket 接口方式建立长连接，接受控制中心下发的流程执行、状态查看等指令。

在执行完成时，进程将运行的结果、日志与录制视频通过指定通信协议，上报到控制中心，确保流程执行的完整性。

3. 控制器

控制器主要用于软件机器人的部署与管理，包括：开始/停止机器人的运行，为机器人制作日程表，维护和发布代码，重新部署机器人的不同任务，管理许可证和凭证等。

1）管理调度

控制器本质上是一个管理平台，可以管控和调度无数个 RPA 执行器；同时，设计完成的流程也可从 RPA 控制中心管理平台下派至各个局域网内有权限的单机上执行。

当需要在多台 PC（个人计算机）上运行机器人时，也可用控制器对这些机器人进行集中控制，如统一分发流程、统一设定启动条件等。

2）用户管理

用户可通过用户名和密码登录 RPA 控制中心。一般的控制中心会提供完备的用户管理功能，可对每个用户进行权限设定，保证数据安全。

另外，控制中心还提供了类似于组织架构的功能，用户可以利用该功能定义 RPA 机器人的使用权限。

3）流程管理

控制器会提供"流程管理"界面，用户可以查看已有流程被哪些任务使用，以及流程的激活状况等，同时也可以新建流程。

4）机器人视图

机器人视图功能，可以帮助用户查看所有的或某一部门下的 RPA 机器人流程，具体包括查看这些机器人是否在线以及到期时间，有权限的用户还可对相关机器人流程进行编辑或删除。

4.2.2　电商 RPA 的成本控制

常见的 RPA 部署成本包括人工费、软硬件成本以及其他费用（咨询/服务等），这几项基础成本会贯穿在 RPA 部署四阶段（开发、测试、运行、维护）中，交叉形成开发、实施、运维三大成本。如何较好地控制 RPA 的部署成本？

1. 降低成本不是目的，关键要看 ROI

一味压低 RPA 部署成本，未必是明智的选择。例如，所要应用 RPA 的业务流程本身就比较复杂的话，RPA 实施成本也会相应提高，二者呈正相关，即业务流程越复杂，RPA 项目的开发测试周期就越长，开发难度就越大，成本自然也就越高。所以，单纯降低成本不是目的，关键还是通过合理的计划与成本收益估算，确保机器人实施和上线时间能够被预计，资源利用率和代码复用度能最大化提高，实施风险最大限度降低，从而确保整个 RPA 项目获得最大化投资回报率。

2. 构建开发规范有利于成本控制

RPA 实施规范与标准的构建，对于成本的控制有着重要作用。

为确保 RPA 项目顺利落地，实施方应具备一套严格的开发规范与实施标准。当整个项目都处在统一、标准化的要求下，项目部署的各阶段都会从中受益：从开发阶段的效率提升，到测试阶段的异常解决，再到运维阶段的代码易读等。同时，相关代码的质量及友好性也相应提升，便于交付后客户自身进行代码管理。

通过遵循统一的开发规范，RPA 项目的各方面都会被快速推进、高质量完成，从而降低成本。

3. 合理的计划有利于控制成本

RPA 项目从一开始就需要积累机器人实施的各阶段时间周期、资源投入。制订相应的一系列计划，对节省成本尤为重要。

例如，资源配备计划，包括项目组各类资源投入和退出时间点。机器人实施计划，包括设计、开发、测试、部署和上线计划。成本和收益估算计划，包括 RPA 软件投入、实施开发投入、硬件和维护投入与流程收益的评估分析。运维迭代估算计划，RPA 软件的更新迭代速度较快，部署好的机器人通常不会"一劳永逸"，需要在一定时期内对其进行优化升级。

4. 提升项目综合治理能力

利用 RPA 项目执行中的管控机制，对机器人开发效率、可复用组件数量、模板和标准化程度等不断优化，对任何执行风险和制约加以说明，并提出解决方案。标准化交付件模板，让需求、设计、开发和测试人员之间形成敏捷互动关系，使需求的调整能够及时传递给设计和测试人员。

业务和 IT 高层每月或每季度参与到 RPA 项目中，了解当前的问题和可能的风险，从宏观层面和跨团队协作层面给予项目组指导。

5. 组织和团队的完善与进化

RPA 项目的架构、团队、人员的部署和进化对于部署成本的控制也有一定影响。

预计流程所需人工：通过对原业务流程进行工时和操作研究以及预测其工作量，就能计算出流程所需要的工时。

团队技能协同提升：项目组成员（开发、项目经理、架构师等）应取得相应的 RPA 培训认证，还应学习同行业其他 RPA 项目的经验教训，从而提升开发者的单兵作战能力，并在整个 RPA 项目组形成共同的思维概念与行动方法，降低项目成员之间的沟通成本，使团队技能协同提升。

4.3　电商 RPA 的选型及实施

4.3.1　电商 RPA 的选型

目前，面向桌面自动化、流程自动化的软件工具大致可以分为消费级和企业级两大类，在本书的第 2 章中也对目前主流的 RPA 平台做了简要说明，有关详细信息读者可以查阅其官方网站。

RPA 的实施通常不涉及企业现有 IT 架构的调整，但现有的 RPA 平台和平台之间多数是无法兼容的，一旦选择某平台，随着其上运行的应用场景的增多，未来可能在相对长的一段时间内较难进行平台的迁移，因此在平台选型时需要综合考虑各自平台的优缺点，充分比较用户易用性、系统集成性以及平台收费模式等。

一旦确定 RPA 平台，企业就需要面对纷至沓来的各类 RPA 需求，因此良好的需求与实施管理同样非常重要。

在已确定的 RPA 平台上进行流程自动化的实施，多数是场景式、相对短流程的流程节点优化，总体目标是消除流程中需要广泛人工处理但逻辑清晰的业务步骤，但其改善需求是否与 RPA 平台匹配则需要进行一定的评估，诸如预计收益、预计 RPA 初始化投入等，确认后即进入设计、实施环节，多数轻量的 RPA 场景实施能够保证在一周之内完成设计和落地，而后则是结合运营反馈的改善。

4.3.2　电商 RPA 的实施

在选择合适的 RPA 平台之后，我们可以利用 ADII（评估、设计、实施、改进）方法进入具体实施环节。

1. 评估

评估（assess）阶段工作主要包括：①制定 RPA 方案策略与指导原则；②针对需求梳理、评估作业流程；③明确机器人方案适配性；④投入产出评估与实施优先级排序。

2. 设计

设计（design）阶段工作主要包括：①确定流程细节逻辑；②确定基于 RPA 模式的新的业务流程；③确定机器人软件配置与开发工作量。

3. 实施

实施（implement）阶段工作主要包括：①完成机器人软件的配置与开发工作；②协调组织流程测试；③机器人自动化的流程上线。

4. 改进

改进（improve）阶段工作主要包括：①机器人软件工具的日常维护；②收集运营阶段的反馈；③根据运营反馈调整 RPA 配置。

即测即练

第 5 章

电商机器人开发工具

【本章学习目标】
（1）了解电商机器人的产品矩阵组成部分。
（2）了解实在智能机器人的各类产品。
（3）掌握 RPA 设计器的基本用法。

 引导案例

　　杭州实在智能科技有限公司是一家人工智能科技公司，聚焦 AI＋RPA 赛道，打造各类智能软件机器人，即"章鱼·数字员工"。公司为金融、运营商、能源、交通、电商等领域企业和政府提供数智化转型（智能化＋自动化）解决方案。对于 80% 以上的计算机各类应用软件操作场景，"章鱼·数字员工"可替代人工。举例如下。

　　直播热环境下，"章鱼·数字员工"如何赋能电商？杭州实在智能科技有限公司围绕运营、客服、供应链这个铁三角，通过 AI＋RPA 技术为热直播环境下的电商行业带来智能自动化的创新变革。"章鱼·数字员工"在电商场景下主要应用模式为：①经营数据可视化，智能分析投入产出比；②供应链管理智能自动化，各个接口高效反馈；③用户精准画像对接产品信息指标，实现智能匹配推送；④线上流程自动化，极大地降低运营成本。

　　章鱼 RPA 机器人化身"钢铁侠"保障电商物流准时到达。其主要应用场景为：①订单批量处理自动化；②跨系统物流订单核对自动化；③店侦探数据处理自动化；④章鱼电商 RPA 机器人助力"618"。

　　资料来源：618 就靠他！章鱼 RPA 机器人化身"钢铁侠"保障电商物流准时送达 [EB/OL]. （2021-06-17）. https://mp.weixin.qq.com/s/Dy0az4SvpqQzNRD2mvuEMQ.

5.1　开发工具概述

5.1.1　产品矩阵

　　本书在 2.4 节已经对目前主流的 RPA 开发工具做了较为全面的介绍，这里重点对"实在数字员工 AI＋RPA 产品"进行介绍。

　　实在数字员工 AI＋RPA 产品是第四代智能 RPA。其基于流程自动化，集合强大且先进的智能化技术，实现以智能为特色的机器人流程自动化。

　　整个产品系统包括以下工具。

1. 实在 RPA 设计器

RPA 对于企业的业务流程完全是陌生的，类似于雇用一个新员工，我们需要设计出

可以让机器人理解的流程来完成相应的工作，而实在 RPA 设计器就是这样一个流程编辑工具。其便于用户快速上手、轻松设计自动化业务流程。

实在 RPA 设计器具备以下优点：开箱即用的流程化模板；友好体验的可视化界面；强大丰富的组件库。

2. 实在 RPA 控制器

当企业中有多个机器人需要调度时，中央控制台是不可或缺的角色。它是管理数字员工的机器人管家，以及自动化流程中的轻量数据中台。

（1）中央控制台是管理人员最常用的 RPA 产品之一，是管理人员与机器人对话的重要窗口。

（2）中央控制台可以进行机器人的授权、任务的分发、可视化监控、日志审查，以及业务数据集中处理、分析和报表呈现等。

3. 实在 RPA 机器人

当流程编辑完成后，需要一个执行对象去执行该流程，实在 RPA 机器人就是承担这个重要任务的对象，而且效率更高、无出错率。

（1）机器人会按照设置要求，存储和处理数据，同时支持自动录屏和回溯场景，使得数据丢失风险更低、安全性更高。

（2）机器人的数量拓展更方便，无须像人类员工需要很长时间才能培训上岗，机器人直接导入或分配流程后即可上岗。

4. 实在云脑

人类是具有分析决策能力的，但基础 RPA 机器人只能执行具体操作指令，不能作出分析、决策行为。而智能云脑的加入，为机器人提供了智能化组件，赋予机器人智能处理的能力；同时，机器人在执行过程中反馈数据，帮助云脑进行自动学习和智能决策。

因此，在智能云脑的辅助下，RPA 机器人建立了认知能力，在持续的模型训练、矫正和优化下，机器人在流程自动化过程中具备了一定的决策能力，可以满足更多业务场景的需求。

在日常使用中，如果是简单基于规则的场景，那么通过前三个工具即可快速实现自动化；如果是大规模、复杂且基于经验的场景，则可通过四个工具的配合，快速生成智能解决方案。

实在数字员工 AI+RPA 产品，通过流程应用包进行串联，流程应用包是各个平台的连接介质，实现系统间的相互配置。通过实在智能的账号，可实现几个平台和系统数据同步。

实在智能产品矩阵如图 5-1 所示。

5.1.2　安装与使用

实在 RPA 包含两种形态的产品。

客户端软件：包括实在 RPA 设计器和实在 RPA 机器人，需在电脑或设备上进行安装。

Web 应用：包括实在 RPA 控制器和实在 RPA 云脑，需用浏览器访问指定链接进行使用。

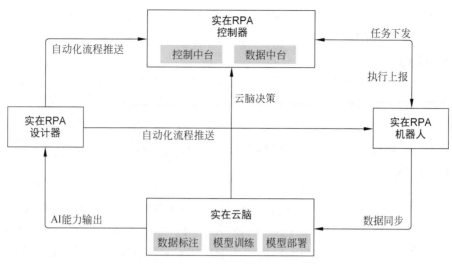

图 5-1　实在智能产品矩阵

说明：对于私有化部署的实在 RPA 设计器，首次使用时需进行激活，激活后方可使用。激活后通过实在 RPA 控制器，添加分配的账号，可直接登录使用客户端软件，无须再次激活。

1. 客户端安装

实在 RPA 设计器和实在 PRA 机器人需要进行软件安装，二者的安装步骤一致。下面以"实在 RPA 设计器"为例，介绍安装的具体操作步骤。

（1）选择安装路径。按照系统设定的默认路径，点击"立即安装"按钮。

（2）安装过程进度展示。此过程中，系统会进行环境检测和软件安装。在安装进度页面，用户可实时查看安装进度百分比。

（3）安装完成。安装完成后，可单击"立即体验"按钮开启软件，或单击窗口右上角，关闭提示框。

2. 激活实在 RPA 控制器

（1）默认的 SaaS 登录模式下，实在 RPA 控制器只需登录账号，经过权限验证即可正常使用产品。

（2）私有化部署情况下，实在 RPA 控制器在使用前需要进行激活，上传正确的激活文件后，方可登录并进行后续操作。

① 如已获得激活码，直接上传激活码文件即可。

② 如未获得激活码，可使用手机扫描下方二维码进行申请。

（3）操作步骤。

① 使用手机扫描二维码，输入需要激活的产品账号和密码。

② 提交系统申请。申请成功后，激活码将以短信的方式发送到用户指定的手机号码。

③ 接收到激活码后，回到激活界面，输入激活码，即可进行激活。

注意：申请并获取激活码的前提条件为，企业已购买授权，且激活数量未超过购买的数量，若无资格，则发送失败短信通知。

实在 RPA 设计器、实在 RPA 机器人的离线激活方式与实在 RPA 控制器的激活申请操作过程一样。账号可通过实在统一用户中心进行自主注册，或联系实在智能的工作人员，进行人工手动创建和分配。

3. 产品登录

实在 RPA 产品矩阵（实在 RPA 设计器、实在 RPA 控制器、实在 RPA 机器人）之间，通过实在 RPA 的统一账号进行打通。即同一账号登录各产品，自动进行内容的同步和互联互通，加上设备的关联匹配，形成流程应用和数据之间的相互连接。

实在 RPA 设计器、实在 RPA 机器人支持两种登录方式：账号登录（包含 SaaS 模式和私有化模式）和激活码激活。

1）账号登录

（1）SaaS 模式。通过账号直接在线登录，SaaS 用户直接输入账号密码即可登录。建议采用此模式，其具备以下优点：灵活轻便，即开即用；便于多个产品的数据连通；方便扩展，业务和功能申请后自动开通，无须任何安装配置调整等；功能全面，以及新功能第一时间体验；账号授权，使用同一个账号登录，可灵活切换电脑设备等。

在线 SaaS 模式下的账号登录，也支持使用微信、支付宝等第三方登录方式，需在账号登录之后，在【个人中心】进行第三方账号的绑定。

（2）私有化模式。需要切换服务器为"私有化服务器"选项，并正确填写服务器地址。

2）激活码激活

通过手机申请激活文件，后续在本地上传激活文件，激活绑定该设备，不支持设备切换。

5.2　实在 RPA 设计器

实在 RPA 设计器是实在智能 RPA 重要的流程编辑工具。它为用户提供丰富的组件库和可视化视图，帮助用户构建所需的业务流程，以满足业务需求。

通过设计器提供的流程图设计、流程动作编辑和组件等功能，用户可轻松满足业务的自动化处理需求，省时省力且能精确地执行并完成流程任务。

本书所使用的设计器为 V6.5.0 社区版，后续章节中所涉及的 RPA 流程设计均在该版本下完成，如有更新请查看官网说明。

1. 设计器主页

用户成功登录实在 RPA 设计器后，自动进入设计器首页，首页是用户开启智能自动化的开始，如图 5-2 所示。首页的结构布局分为顶部操作栏、左侧菜单栏和右侧内容区三个区域模块。在页面的右侧边栏，有视频介绍指引，单击"观看指引"，可查看设计器的相关说明。

单击图 5-2 中"新建流程"处的第一个区块"打开 / 导入流程"，弹出如图 5-3 所示窗口，询问用户是创建"电脑流程"还是"模拟手机流程"，选择当前需要的模式后即可进入流程设计界面。

2. 流程图设计

流程模块是构建项目的最基本元素。复杂的业务均可抽象为多个流程模块的组合。系统默认提供以下几类流程模块：开始、流程块、判断、完成。

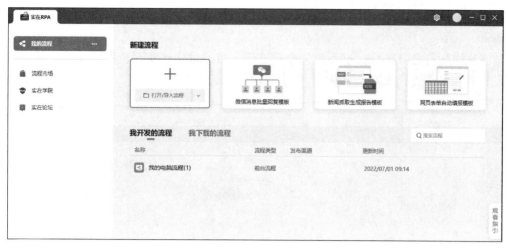

图 5-2　实在智能设计器主页

图 5-3　流程类型选择界面

（1）开始。开始表示一个流程的起点，即项目开始执行的位置，无须进行参数的设置。

新建项目后，开始模块和流程块默认已添加，如图 5-4 所示。

图 5-4　默认流程及开始模块

每个应用流程，必须有且只有一个开始起点。

单击选中图 5-4 所示开始模块后，在右侧的属性框中，可设置全局配置。全局配置是流程执行中可以调用的配置信息，在流程中静默调用。

（2）流程块。流程块是处理具体某业务流程的模块。流程块是业务流程的核心模块，业务中的执行动作、流转、数据处理，以及逻辑判断等，均可在流程块中进行构建和编辑。

流程块具有自身属性，也可定义全局变量。可通过连线实现流程的流转，并支持多输入和多输出连线，如图 5-5 所示。

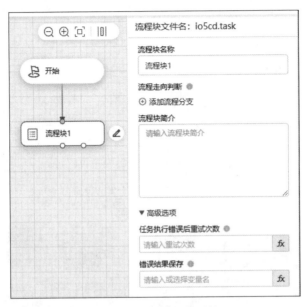

图 5-5　流程块及其属性

（3）判断。判断是在业务流程中，实现是否的判断分流。在实际业务中，可通过多个判断模块的组合，实现复杂业务的判断分流。

该模块包括一个输入、两个输出，用于业务逻辑节点的是非判断。在中间编辑区选中该流程块，在右侧会展示该模块的属性框。属性字段包括流程块名称和判断条件。单击流程块右侧的浮标，可删除该流程模块，如图 5-6 所示。

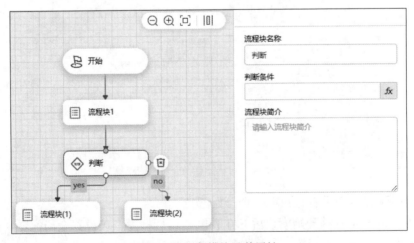

图 5-6　判断模块及其属性

（4）完成。完成是业务流程的结束模块，执行到此表示流程结束。其可有多个输入，无输出。该节点无须属性设置。

一个简单的整体流程如图 5-7 所示。

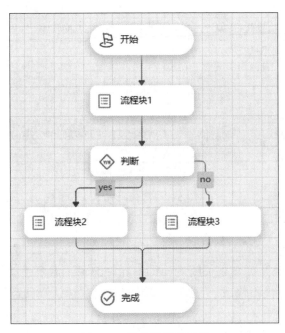

图 5-7　简单的流程示例

3. 流程设计

双击图 5-7 中的某个流程块后即可进入流程设计主界面，如图 5-8 所示。

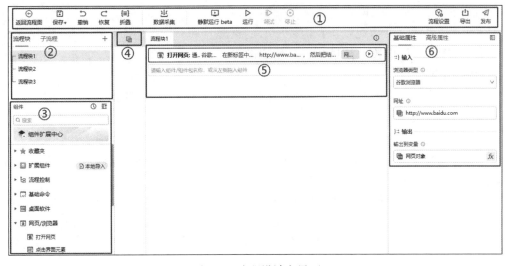

图 5-8　流程设计主界面

图中各标号说明：

①顶部的工具栏；②当前的流程块列表；③当前可用的组件库列表；④源代码视图与可视化设计视图切换图标；⑤组件编辑工作区；⑥组件的属性区。

流程块中主要通过合理地使用组件来实现最终的目的。其基本操作就是从左侧的"组件库"中找到合适的组件，然后将该组件拖拽至"组件编辑工作区"，并设置该组件的"基础属性"和"高级属性"来实现既定功能。

4. 源代码编辑

单击图 5-8 中的"源代码视图与可视化设计视图切换图标"即可切换可视化设计视图到源代码视图，如图 5-9 所示。

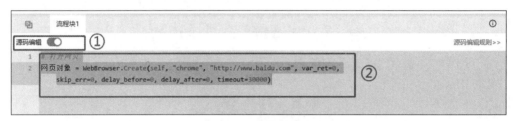

图 5-9   源代码视图

图中各标号说明：

①编辑开关；②源代码编辑区。

初始状态下"编辑开关"是关闭的，即不允许编辑，需要手动打开，然后就可以在"源代码编辑区"进行代码修改。注意：编辑前单击"请认真阅读"右上角的"源码编辑规则"。

更加详细的流程设计请参照后面章节。

5.3   实在 RPA 控制器

实在 RPA 控制器的控制中台，是控制机器人和流程的管家，帮助用户进行多维度的业务监控和管理。

控制中台包含以下功能模块：监控中心、资源管理、任务中心、市场管理、数据服务、用户管理、基础设置、消息中心、用户设置。

1. 监控中心

监控中心主要用来对 RPA 在企业中运行的各种情况以及使用 RPA 所带来的效益和成本上的优化效果进行监控。

该功能模块主要包括以下部分。

（1）数据驾驶舱：全方位展示了企业的 RPA 使用情况，包括机器人的使用情况、任务的运行情况、故障情况和效益情况等。

（2）机器人实时监控：实时获取所有实在 RPA 机器人情况，包括以下几方面：①实在 RPA 机器人的登录账号、IP（网际互连协议）；②设备的 CPU（中央处理器）、内存、硬盘资源使用情况；③正在执行任务的节点和执行进度；④历史已执行的记录和后续待运行的任务。

（3）机器人分析看板：综合了解整体和各部门的机器人运行与故障情况。从总运行时长、平均运行时长和运行时长趋势的数据可以直观地看出机器人是否够用，并直观地看出整体的增长趋势。针对运行和故障情况的排行，可帮助用户及时了解机器人状况，并针对性地采取改善措施。

（4）任务分析看板：综合了解整体和各部门的任务运行情况。从运行次数、运行失败次数和运行趋势的数据，可直观地看出各部门使用机器人的情况。针对任务的错误原因进行分析，帮助用户了解任务出错的主要原因；分析任务的运行时长，帮助了解各部门对流程自动化的实际使用情况；分析任务的等待时长，帮助了解各部门的机器人资源是否足够支撑实际流程。

（5）效益分析看板：全面了解使用数字员工给企业带来的效益情况，包括效率的提升和成本的节省。

2. 资源管理

该功能模块主要包括以下部分。

（1）队列管理：对于异步的数据或者不同端生产的数据，可以使用队列进行存储和消费。队列的常用场景如手机收到验证码短信存储到队列中，然后通过具体应用运行从队列中抓取短信进行消费。用户可以对队列进行新建、修改、删除、查看详情。

（2）高密度机器人：通过在 Windows Server 计算机上设置高密度机器人，可以有效提高设备的利用率。

使用高密度机器人需要满足以下条件：①支持 Windows Server，并已在计算机上安装机器人客户端；②每一个机器人都已经创建账号并登录；③安装机器人客户端的操作系统需要配置允许远程访问；④安装的机器人客户端版本在 5.7.2 及以上。

（3）流程管理：用户在实在 RPA 设计器发布的流程，可以在控制器的"流程管理"中进行查看和操作，同时也支持在控制器自行导入外部流程包。

其流程包括以下部分。① PC 流程：设计器创建的电脑流程、后台流程、模拟手机流程均属于 PC 流程。这几类流程可以通过创建 PC 任务的方式，指派给 PC 机器人运行。②手机流程：设计器创建的手机流程，此流程通过手机任务的方式，指派给手机机器人运行。

（4）机器人管理：企业级 RPA 往往会连接多个实在 RPA 机器人（包括 PC 机器人和手机机器人），机器人管理可以让用户直观地了解到各机器人资源的登录基本信息和状态信息等，并且支持通过搜索登录用户和过滤状态来快速定位。通过控制器分配的机器人账号，将会出现在机器人管理列表中。

（5）设计器管理：企业级 RPA 往往会连接多个实在 RPA 设计器，设计器管理可以让用户直观地了解到设计器资源的登录基本信息、使用状态信息等，并且支持通过搜索登录用户和过滤状态来快速定位。通过控制器分配的账号登录设计器，会出现在设计器管理列表中。

（6）变量管理：实际企业管理中存在数据保密诉求，应对其中需要保密的数据做隔离。变量管理的作用就是管理这部分数据，保证流程开发人员在使用设计器设计时能够调用相应的数据，同时满足企业对数据安全的要求。对于安全性要求比较高的变量，通过控制器的变量管理进行创建，然后实际流程设计时调用过程，变量将进行加密展示并使用，从而保证数据安全性。

（7）设备管理：设备管理处展示机器人登录过的所有设备信息，维护设备的账户信息后，可以对设备进行远程监控，帮助用户了解每个设备实时的系统画面，也可以对设备进行远程操作，当机器人运行异常或退出登录时，用户可及时处理并解决问题。需要注意的是，如果操作系统本身不支持远程监控，则使用时会提示连接失败。所以正常使用远程监控功能的前提是设备本身可使用远程监控，且设备信息和设备用户信息维护正确。

3. 任务中心

该功能模块主要包括以下部分。

（1）任务管理：用于帮助用户调度机器人执行流程，用户可以对任务进行新建、修改、执行、停止、删除等操作。可从三个维度对任务进行分类。

① 产品类型。

PC 任务：调度 PC 流程，指派给 PC 机器人进行流程运行。

手机任务：调度手机流程，指派给手机机器人进行流程运行。

② 复杂程度。

单任务：只包含一个流程，运行任务即运行此流程包。

任务组：可包含多个流程，流程的顺序可以自由调整，实际执行时，任务内的多个流程会按照排序，依次在机器人上执行。

③ 触发方式。

立即执行：任务创建后会立即下发给机器人执行。

定时执行：任务创建后会按设置的定时规则下发给机器人执行。

手动执行：任务创建后需要在机器人界面手动单击运行按钮运行任务。

（2）运行记录：运行记录列表展示所有流程运行生成的运行记录，可按照任务名、作业 ID（身份标识号）、运行用户、状态及时间区间，进行搜索和筛选。其支持查看运行记录的详情、日志、视频和参数信息。不同任务在不同的实在 RPA 机器人上运行时，若运行的机器人已设置不上报日志和录屏，则该运行记录无日志和视频生成；若运行的流程未设置全局引用参数配置，则该运行记录亦无法查看参数。

4. 市场管理

该功能模块主要包括以下部分。

（1）流程市场：流程市场为企业内部的私有市场。企业内的开发者所开发的流程发布到私有市场后，其他成员可以在设计器查看并下载此流程进行协同编辑。同时，在流程市场可以看到该上架版本的下载用户量。

（2）流程块管理：流程块管理用于管理同租户下共享的流程块，以便流程块的快速共享。同租户下的开发者所开发的流程，发布到共享库后，其他成员可以在设计器流程图页面查看并下载此流程块进行再次开发和编辑。

5. 数据服务

该功能模块主要用于收集和整理从各个业务部门反馈的业务流程开发需求，并对各渠道反馈的需求进行审核和控制。最终，通过评估分析该需求是否适合自动化，并开发出一个最佳的自动化流程。

6. 用户管理

该功能模块主要包括以下部分。

（1）组织架构：企业组织架构是进行企业流程运转、部门设置及职能规划等最基本的结构依据。在实际使用过程中，实在 RPA 考虑到不同部门的人员使用的流程和查看的数据会有所不同，因此对组织架构的维护必不可缺。

组织架构模块可以进行如下操作：①查看、修改、添加、删除部门；②在部门下添加员工；③对员工账号进行启用 / 停用、移除和数据交接；④部门支持多级结构，即可以在部门下添加子部门。

（2）角色权限：企业存在不同角色，不同角色对资源有不同粒度的操作权限和数据权限。在权限管理功能模块可以添加、删除、修改角色，为角色设置该角色可以进行的操作和查看的数据范围。同时，也可以查看具有该角色的用户的名单，赋予指定人员该角色或者删除该角色。

7. 基础设置

该功能模块主要包括以下部分。

（1）消息通知：消息通知可以设置需要进行提醒的消息类型和通知方式。消息提示模板支持自定义，消息通知方式支持多选。当前支持"机器人上 / 下线"和"任务运行成功 / 失败"这四类消息的通知。系统已预置对应的消息模板，且支持在模板基础上对文案进行修改。通知方式上提供了"站内通知""钉钉"和"邮箱"三种。

（2）Key 信息：Key 和 Sercet 的应用场景如下。①用于队列管理中，短信连接器连接控制器生产队列消息，需要通过输入 Key 和 Secret 连接和鉴权；②具有开发能力的客户通过调用 OpenAPI 来使用相关功能时，需要通过 Key 和 Secret 连接与鉴权。Key 和 Secret 信息创建后，可通过界面右上角的"更新 Key"进行更新。

（3）授权管理：企业级 RPA 通过授权码向用户授予使用权限，用户需要向实在智能的商务人员购买获取授权码。授权码包含授权的产品和授权时间信息；授权码激活后，企业人员方可使用授权的产品。

（4）版本管理：用于查看所购买的版本以及版本到期时间，针对社区版和个人版用户，支持在此处进行升级 / 续费。

（5）审计日志：审计日志记录用户在实在 RPA 控制器进行的各类操作。如发生业务数据的异常删除、修改等情况，可以在此找到对应的日志记录，方便追踪到具体的责任人员。审计日志展示用户、功能、操作、详细描述、IP、发生时间等信息，支持多条件查询，并下载 Excel 格式的文件进行本地保存。

（6）系统设置：系统设置支持运行相关参数设置、定时清除规则设置。其中，运行设置包括最大作业排队数量、任务超时等待时间。修改后的设置，会作用于新创建的任务，不影响已创建的任务。最大作业排队数量是指单个任务最大的排队数量，一旦超过数量，则该任务不会产生更多待执行的排队作业。任务超时等待时间是指任务每次运行时最大的等待时间，超时则会自动取消该次执行。任务运行录屏和日志由于存储到控制器会占用较大的存储空间，一旦占用过多可能会影响服务器的处理速度，因此建议设置相关的清理规则。开启自动清理后，系统将自动清除对应的数据。

8. 消息中心

该功能模块主要实现了在 RPA 的实际使用过程中，除保障流程任务稳定运行外，对于异常情况以及重要事件，都将会以消息的方式通知到用户。前面的"基础设置"的"消息通知"中有提到，当前通知的消息类型主要是"机器人上/下线"和"任务运行成功/失败"这四类。

9. 用户设置

该功能模块主要实现了用户信息的管理和建议反馈的实现。

5.4 实在 RPA 机器人

实在 RPA 机器人是执行流程的容器，也是客户端软件，应安装在需要执行机器人流程自动化的机器设备上。它为流程的执行提供必需的环境和条件。

表面上，用户可以在机器人上加载各种流程，以及查看流程的执行过程和结果。实质上，在机器人底层，已打包好流程的各种引擎以及所需的插件等，以此实现软件应用和机器硬件的通信和控制。

机器人可以单独使用，即通过机器人自身进行流程的导入、任务执行的管理和设置定时循环任务、任务执行过程日志、录屏的监督查看，以及结果数据统计。该方式适用于终端机器人数量不多的场景，可以采用此轻量化的直接操作模式。

其也可以连接实在 RPA 控制器，由控制器进行统筹管理和调度，即通过控制器下发流程包、设定立即或定时执行任务、查看执行过程日志、录屏以及执行结果情况的统计等。该方式适合具有大量机器人、协作处理大规模复杂场景流程自动化的情况。

机器人作为流程的运行平台，需要配合具体流程，才能使用或发挥其价值作用。可以把机器人比喻成手机硬件，流程包则类似手机里的各种 App（应用程序）。

机器人具有通用性，其稳定性、执行效率是平台的重要指标。而流程基于对客户业务场景的理解、痛点问题的挖掘，其有用性是关键，目标是为客户解决真实问题，实现有价值的智能化和自动化。

在智能化机器人流程自动化解决方案中，机器人在终端进行流程执行的过程中，同时作为终端的观察员，将执行情况以及该业务下所需的信息同步给云脑，给予智能决策系统信息输入。云脑根据反馈数据，进行智能分析和决策，实现方案的智能化、自动化。

机器人主要进行任务执行和监控，其包含任务列表、执行结果、数据统计、流程市场、模式切换等功能模块。这些功能模块可以实现软件的开启激活、流程的导入、过程执行、接收后统计以及流程删除，实现流程的全生命周期管理。

1. 任务列表

任务列表展示该机器人所有已加载的任务。用户可在此查看和管理所有任务的执行情况。例如，查看执行进度、状态和日志；执行、停止或删除任务；设置任务的执行计划；导入新任务等。

任务来源包括以下几种：本地上传流程包生成的任务、设计器发布到机器人生成的任务、流程市场下载流程包生成的任务、实在 RPA 控制器下发的任务。不同的登录方式，其支持的任务会有所不同，如离线激活的版本，不支持从流程市场或控制器下发任务。

2. 执行结果

以执行任务时间的先后顺序，展示该机器人上所有任务执行的历史记录和结果。用户可在此快速了解各个时间点每个任务的执行情况，进而了解该机器人的运行状况。

系统默认展示该机器全部执行记录过程，可通过任务名称或时间进行过滤。每条记录即为一次任务执行结果。列表中展示该任务执行的完成时间、任务名称、执行结果（成功或失败）。执行成功或失败的记录，在视觉上有所区分，用户可一目了然地识别。

可单击查看该执行记录的录屏和日志内容。单击"播放录屏"图标，即可在电脑系统默认的视频播放软件中，打开该任务执行过程的录屏文件。通过查看和分析视频，进行定位并处理问题。单击"查看日志"图标，即可打开系统记事本窗口查看日志内容。该窗口显示该任务的执行日志详情。其可通过两个条件进行过滤，即执行任务的名称和执行时间的日志记录，如果指定时间超出系统设定的保存策略时间，则无日志内容。

3. 数据统计

机器人提供可视化的数据统计报表，以帮助用户了解任务的总体执行情况，主要从关键指标、执行次数趋势和执行时长分布这三个维度进行统计。

4. 流程市场

机器人提供进入流程市场的入口，并且在流程市场下载的流程，将会出现在任务列表中，用户可对该任务进行执行、设置定时、设置触发等多种控制。

5. 模式切换

机器人支持两种模式的切换：控制器调度、单机运行。

控制器调度：所有任务均由实在 RPA 控制器下发。任务需在控制器中创建，不支持在机器人上创建任务。

单机运行：需手动导入本地流程包，导入后生成对应的任务。可对任务进行定时设置或者采用其他触发方式。

6. 其他

用户拥有以下功能：进入实在 RPA 控制器、进入个人中心、查看帮助文档、意见反馈、退出登录、显示当前授权的到期日期。

5.5　实在云脑

实在云脑是实在智能基于自身强大的算法能力，自主研发的一款智能化产品。其方便用户根据自身业务场景，进行数据的标注、模型的构建训练以及模型的发布和部署，一站式打造客户业务场景下的自动智能化能力。部署后的模型能力，可通过账号自动连通实在 RPA 设计器，进行自定义模型的引用。

实在云脑由以下功能模块组成：数据服务、标注服务、模型训练、模型部署、快速训练和用户中心。

1. 数据服务

该功能模块主要进行原始数据集管理。

原始数据集管理是对原始数据集进行处理的模块，支持对原始数据进行增、删、改、查等操作，便于后续流程对原始数据集的调用。单击【数据服务】→【原始数据集管理】，即可进入"原始数据集管理"页面。

2. 标注服务

该功能模块主要包括以下部分。

（1）标注模板管理：标注模板对常见的 AI 模型所需要的训练数据的样式进行归类，可针对特定的任务，选择对应的标注模板，进行数据的快速标注。单击【标注服务】→【标注模板管理】，即可进入标注模板管理页面。

（2）标签组管理：标签组管理实现一组标签的管理功能，针对某一特定的任务或者问题创建一组标签，便于后续标注任务的统一调用。单击【标注服务】→【标签组管理】，进入标签组管理页面。

（3）标注任务管理：标注任务管理面向的是分配标注任务的人员，在此模块中可以对标注任务管理和分发，也可对已标注的数据进行导出。展开标注服务，单击【标注任务管理】即可进入标注任务管理页面。

（4）标注任务中心管理：标注任务中心面向的用户是数据标注人员，对被分配的标注任务进行管理和标注工作。展开标注服务，单击【标注任务中心】即可进入标注任务中心管理页面。

3. 模型训练

该功能模块主要包括以下部分。

（1）项目管理：项目是为解决一个业务问题而需要的训练数据集的集合。项目中管理的数据集是已经标注好的数据集。展开模型训练，单击【项目管理】即可进入项目管理页面。

（2）训练模板管理：训练模板提供了业界常见任务的任务流模板，方便用户快速创建定制化的任务；同时也支持用户在训练过程中保存表现较好的任务流，方便后续参考使用。展开模型训练，单击【训练模板管理】即可进入训练模板管理页面。

（3）训练任务中心管理：训练任务中心提供了任务训练的核心功能，支持训练任务的增删改查、训练执行任务的查看、训练历史的管理以及训练模型的导出等功能。展开模型训练，单击训练任务中心，即可进入训练任务中心页面对训练任务进行管理。

4. 模型部署

该功能模块主要提供部署服务。

部署服务提供了模型在线部署相关的操作，支持对部署服务的禁/启用、回滚和在线 API 测试等功能。展开模型部署，单击部署服务，即可进入部署服务页面对部署服务进行管理。

5. 快速训练

该功能模块主要包括以下部分。

（1）快速训练模型：快速训练是面向业务人员的 AI 定制场景组件开发过程，无 AI 技术背景要求，可根据数据自动学习生成 AI 组件，具有快速、轻量化、易用、准确率高等特性。快速训练可由实在云脑页面进入，也可由设计器跳转到云脑进入。其只需以下步骤，便可实现定制化场景 AI 组件的生成。选择训练模板、上传训练数据、执行训练、配置组件、发布训练模型。生成的 AI 组件可同步到设计器，以供用户对 RPA 流程的调用。

（2）快速训练模板：系统默认提供多个业务模板和通用模板，用户可基于模板快速创建模型。

6. 用户中心

该功能模块主要包括以下部分。

（1）组织架构：组织架构是企业进行流程运转、部门设置及职能规划等最基本的结构依据。在实际使用过程中，不同部门的人员使用的流程和查看的数据会有所不同，因此对组织架构统一进行管理。组织架构支持以下功能。

① 添加、查看、修改、删除部门。

② 在对应部门下添加员工。

③ 对员工账号进行启用 / 停用、查看、编辑、移交和删除。

④ 部门支持多级结构，支持在部门下添加子部门。

建议：将此模块权限赋予管理员角色。

（2）角色权限：企业存在不同角色，各角色对资源的操作权限和数据权限不同。在此可添加、删除或修改角色的权限，并设置角色可查看和操作的数据范围。同时，支持查看具有该角色的用户名单，并将角色赋予指定人员或直接删除。

建议：将此模块权限赋予管理员角色。

第 6 章

店铺运营类电商机器人

【本章学习目标】

（1）了解常见店铺运营机器人的设计思路。

（2）了解常见店铺运营机器人的设计流程。

（3）基本掌握常见店铺运营机器人的具体设计与应用。

 引导案例

店铺中每天要迎来许许多多的订单，尤其是在"大促"的时候，如何高效、不出错地处理好一切订单，核对地址并完成后续的物流工作呢？一般规模稍大的店铺都会雇用专门的人员处理订单发货，小型店铺则是店主亲力亲为，无论是哪一种模式都需要耗费不少的人力、精力。

RPA 智能机器人作为一项可根据已设定的规则自动执行流程任务的技术，能够代替或辅助电商完成各种重复性操作，为商家实现降本增效。对于各种烦琐的订单和后续各种物流操作，RPA 智能机器人都可以一键自动完成，大大减少了商家在这上面所要花费的精力。

同时 RPA 智能机器人能够根据订单编号自动完成店铺重要订单的插旗备注，并读取插旗内容进行编辑修改，以减少业务人员重复操作，避免订单错发、漏发，优化电商运营订单管理以及客户服务接待流程。

除此之外，RPA 智能机器人还能帮助商家完成运营自动化、自动生成日报、自动数据分析等多个场景，大大提高电商运营效率，辅助更好地发展。

资料来源：下单后自动核对订单地址，24h 自动运行——实在智能 RPA[EB/OL].（2022-08-11）. https://zhuanlan.zhihu.com/p/552641510.

6.1　抖店商品库存预警机器人设计与应用

6.1.1　商品库存预警业务分析

库存预警指的是缺货提醒，一般就是卖家根据平时的销量对店铺中的商品设置一个库存警戒线，当实际库存到达库存警戒线的时候就会提醒卖家补货。库存警戒线设置可参照该商品平时销售情况考虑。这样可以避免 SKU 的库存不足，导致店铺流失很多订单，所以这个设置还是非常有必要的。

在日常的操作中，该业务的处理模式一般都是卖家登录管理后台，然后通过手工筛选并导出的模式来进行商品库存量的评估。虽然业务比较简单，但是还是需要耗费不少的时间和精力来处理，同时还容易遗漏。那么这种逻辑简单、手段单一的业务流程就非常适合使用 RPA 机器人来进行自动化处理。

该业务的流程分析如下。

（1）为了避免每次采集都需要去修改机器人流程代码，需要创建一个配置文件，方便机器人读取配置数据，该文件使用 Excel 格式，存放在桌面上，假定文件为"抖店商品库存预警配置文件 .xlsx"。

（2）采集的数据需要保存到一个指定的文件中，这里同样预先创建好一个用于保存采集数据的 Excel 文件，假定存放位置也是在桌面上，假定文件名为"抖店商品库存预警结果 .xlsx"。

（3）记录并指定打开此时已登录的后台首页地址。

（4）在后台页面上找到"商品"菜单下的"商品管理"页，单击并显示。

（5）在商品管理页中单击"仓库中"选项卡，显示当前库存的所有商品。

（6）采集该界面中所有的"商品名称"和"总库存"，此时一般需要采集所有页。

（7）对采集到的结果集合进行遍历循环，在循环时根据（1）处从配置文件中读取到的警戒线数量进行筛选，筛选出符合要求的商品数量，并加上提醒文字。

（8）将最终的结果写入结果文件中供卖家参考。

库存预警流程如图 6-1 所示。

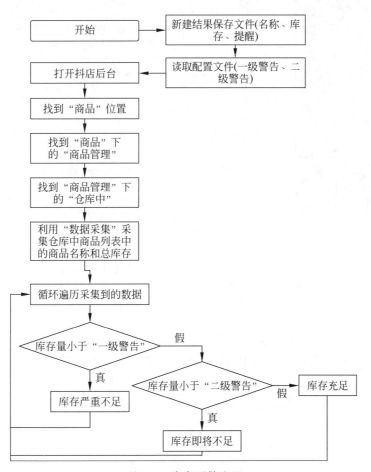

图 6-1　库存预警流程

6.1.2 商品库存预警机器人设计

首先我们需要登录店铺的后台管理页面，这是个前置操作，同时也是卖家必需的日常操作，只有登录后才有权限进行后续的一系列操作。

视频 6-1　抖店商品库存预警

（1）在设计器左侧组件面板中搜索"新建 Excel"组件，并将该组件拖拽到流程中，然后设定如图 6-2 所示的参数，用来指定新建的 Excel 文件存放位置、文件名以及对应的变量名。

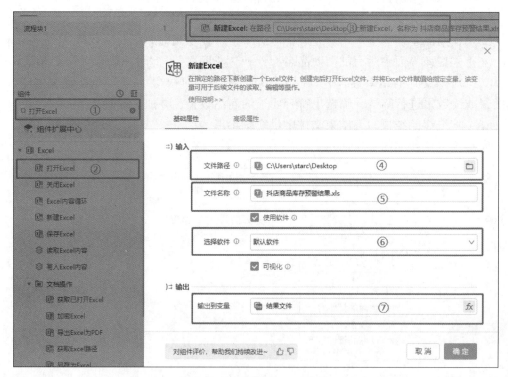

图 6-2　新建结果 Excel 文件

图中各标号说明：

①搜索栏；②找到的"新建 Excel"组件；③将该组件拖拽到流程中；④指定新建的 Excel 文件放在桌面；⑤设置文件名；⑥选择操作 Excel 的软件，默认软件即可；⑦该新建 Excel 文件对应的变量名（自动生成的是"Excel 文件"这个名称，这里已有变动），该变量名在后续步骤会用到。

（2）在设计器左侧组件面板中搜索"插入行"组件，并将该组件拖拽到流程中，然后设定如图 6-3 所示的参数，用来设定插入的位置、方式和内容。

（3）在设计器左侧组件面板中搜索"打开 Excel"组件，并将该组件拖拽到流程中，然后设定如图 6-4 所示的参数。

配置文件内容如图 6-5 所示。

（4）在设计器左侧组件面板中搜索"读取单元格"组件，并将该组件拖拽两次到流程中，读取上一步中创建的"配置文件"中的第二行的 A ~ D 列单元格数据，分别保存到自定义变量"一级警告""二级警告"中。如图 6-6 所示。

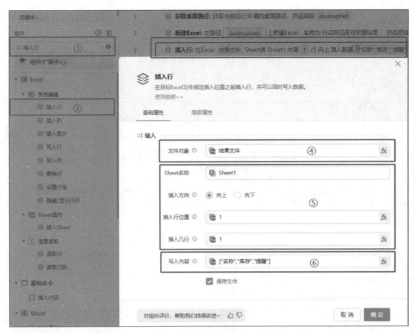

图 6-3　插入行（1）

图中各标号说明：

①搜索栏；②找到的"插入行"组件；③将该组件拖拽到流程中；④根据前一步中设定的"结果文件"变量值指定在哪个文件中插入行；⑤默认；⑥设定要插入的内容，格式如图所示，表示一个列表，列表中有三项，每项都是一个字符串（如果是数字，可以不用双引号）。

图 6-4　打开 Excel

图中各标号说明：

①搜索栏；②找到的"打开 Excel"组件；③将该组件拖拽到流程中；④找到放在桌面上的名为"抖店商品库存预警配置文件 .xlsx"的文件；⑤选择操作 Excel 的软件，默认软件即可；⑥当前打开的 Excel 文件对应的变量名，该变量名在后续步骤会用到。

	A	B
1	一级警告	二级警告
2	50	150

图 6-5   配置文件内容

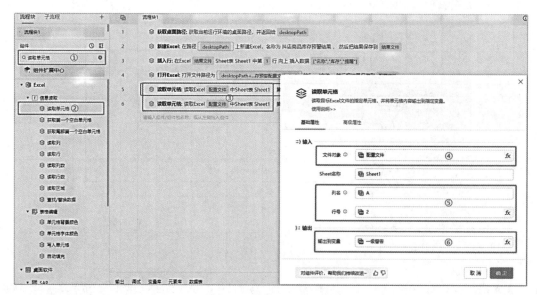

图 6-6   读取单元格数据

图中各标号说明：

①搜索栏；②找到的"读取单元格"组件；③将该组件拖拽到流程中；④根据前一步中设定的"配置文件"变量值，到该配置文件中读取数据；⑤默认，表示读取第一张表中的第 A 列，数据在第二行，所以设定为 2；⑥将读取到的数据存放到自定义的变量名中（这里的一级警告为用户自定义名称），该变量名在后续步骤会用到。

重复该读取操作，读取到 B 列二级警告数据。至此，前期的准备工作已经完成，接下来进入库存预警的主要过程。后续过程中组件搜索和拖拽到流程中的操作就不再标注出来了。

（5）在设计器左侧组件面板中搜索"打开网页"组件，并将该组件拖拽到流程中，设定打开的网页为已登录的抖店后台网址，然后把结果保存到自定义变量"网页对象"中，如图 6-7 所示。

（6）在设计器左侧组件面板中搜索"鼠标移动到元素上"组件，将该组件拖拽到流程中，并在后台首页上采集到左侧一级菜单"商品"所在区域的元素，实现将鼠标移动到"商品"这个文字上，这样就能展开二级菜单，如图 6-8 所示。

（7）在设计器左侧组件面板中搜索"点击界面元素"组件，并将该组件拖拽到流程中，实现在前一步操作后网页上自动展开的二级菜单列表中单击"商品管理"文字的操作。此时右侧会显示商品管理页面，如图 6-9 所示。

（8）再次拖拽"点击界面元素"组件到流程中，实现在前一步操作后右侧显示的商品管理页面上单击"仓库中"这个选项卡的操作。

至此，我们已经成功地进入店铺所有商品库存的列表页。接下来我们就需要进行数

图 6-7　打开网页（1）

图中各标号说明：

①设定要打开的网址；②将打开的网页存放到一个变量名中，该变量名在后续步骤会用到。

图 6-8　鼠标移动到元素上

图中各标号说明：

　　①选择元素；②如果没有满足要求的元素则需要获取新元素，这里就需要获取新元素；单击"获取新元素"后切换到抖店网页，同时按住 Ctrl 键去单击"商品"所在位置即可。

据采集和处理。

（9）单击顶部工具栏中的"数据采集"按钮，如图 6-10 所示。

利用数据采集工具来采集当前库存列表中的"商品信息"列中的商品名称区域和"总库存"列中的数字，并设定好采集的页数，如图 6-11 所示。最后将采集到的数据保存到"批量采集结果"这个自定义名称的变量中。

接下来就需要对采集结果进行处理。

图 6-9 "点击界面元素"(1)

图中各标号说明：
①和上面操作类似，进行新元素选择；②默认。

图 6-10 "数据采集"按钮

图 6-11 "数据采集"界面

图中各标号说明：
①采集规则配置；②采集的网页对象；③采集结果的输出保存变量。

（10）在设计器左侧组件面板中搜索"遍历列表（for-in）"组件，并将该组件拖拽到流程中，然后设定"值"为"value"（这里的 value 是自定义的一个变量名称），"列表"为"批量采集结果 [1:]"（这里的批量采集结果就是上一步中保存采集结果的自定义变量名，后面的 [1:] 表示从这个列表的第 2 项开始处理，第 1 项为标题项），如图 6-12 所示。

图 6-12　遍历列表

图中各标号说明：
①自定义变量 value；②采集结果列表中的每项名称和库存量组合。

以下为循环体过程。

① 在设计器左侧组件面板中搜索"添加条件判断（if）"组件，并将该组件拖拽到流程中，然后设定条件 1 为："value[1]""等于（＝）""一级警告"。说明：这里使用 value[1] 是因为在"遍历列表"中每项的值为 value，其中包含 value[0] 表示名称和 value[1] 表示库存量，如图 6-13 所示。

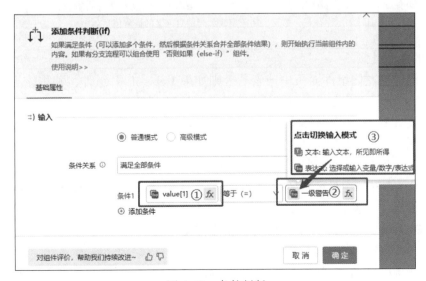

图 6-13　条件判断

图中各标号说明：
①条件变量；②比较值；③因为使用的都是变量，所以需要将输入模式从默认的"文本"切换为表达式。

② 在设计器左侧组件面板中搜索"插入行"组件，并将该组件拖拽到上一步的 if 判断中，同时将当前的插入自定义变量"结果文件"中的第 2 行，写入内容为：[value[0]，value[1]，"库存已严重不足，请立即补货"]，如图 6-14 所示。

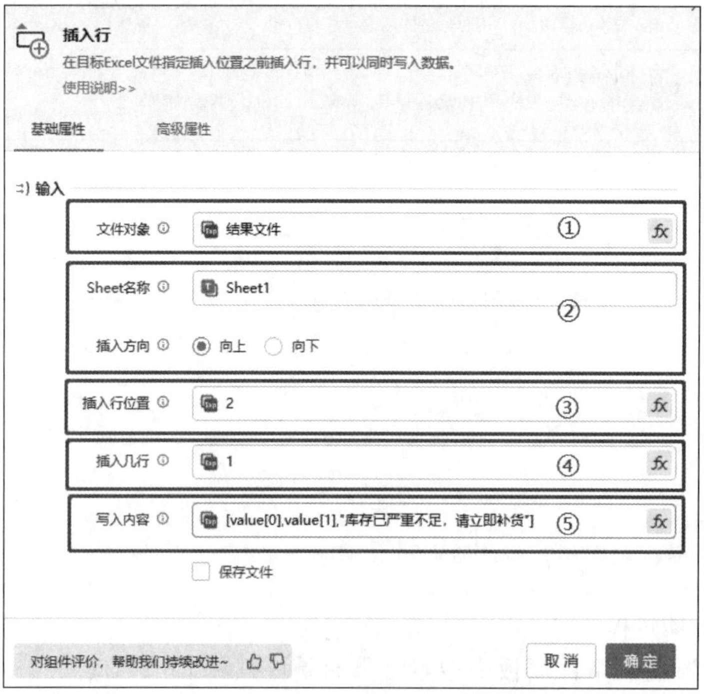

图 6-14 插入行（2）

图中各标号说明：

①前面第一步中新建的 Excel 文件变量；② Excel 文件中的默认第一个工作表名；③第一行是标题行，所以数据从第二行开始，同时每次都是插入在第二行，表示前插操作；④每次插入一行数据；⑤写入的内容，其中 value[0] 表示名称，value[1] 表示库存量，第三个字符串表示当前自定义的提醒信息。

下面的操作类似。

③ 在设计器左侧组件面板中搜索"否则如果（else-if）"组件，并将该组件拖拽到流程中，然后设定条件为："value[1]""等于（＝）""二级警告"。

④ 在设计器左侧组件面板中搜索"插入行"组件，并将该组件拖拽到上一步的 else-if 判断中，同时将当前的插入自定义变量"结果文件"中的第 2 行，写入内容为：[value[0]，value[1]，"库存即将不足，请及时补货"]。

⑤ 在设计器左侧组件面板中搜索"否则（else）"组件，并将该组件拖拽到流程中。

⑥ 在设计器左侧组件面板中搜索"插入行"组件，并将该组件拖拽到上一步的 else 流程中，同时将当前的插入自定义变量"结果文件"中的第 2 行，写入内容为：[value[0]，value[1]，"库存充足"]。

（11）至此，我们就完成了多个级别的商品库存预警处理过程，结果保存在桌面上的"抖店商品库存预警结果 .xlsx"文件中。

6.2　抖音达人自动邀约机器人设计与应用

6.2.1　抖音达人自动邀约业务分析

抖音达人指拥有广大粉丝基础且具有一定影响力的抖音用户。很多商家会选择和抖音达人合作推广商品。

在抖店后台有个"精选联盟"，它是抖音平台给抖音商家和抖音推广达人提供的合作平台。商家可在该功能下的"达人广场"邀约抖音达人商家可以通过类目、带货数据、粉丝数据、达人属性、合作信息等条件筛选出满足要求的抖音达人，向这些达人发出报名招商邀约，然后进行合作洽谈来实现自身产品推广的目的。

该业务的流程相对比较简单，分析如下。

（1）进入抖店后台的"精选联盟"中的"达人广场"。

（2）通过设定特定的条件筛选出满足要求的达人列表。

（3）进入达人页面，然后通过单击"报名招商"进入内容设定界面。

（4）设定好合作商品、联系方式和合作说明，提交报名信息即可。

6.2.2　抖音达人自动邀约机器人设计

首先需要登录店铺的后台管理页面，这是个前置操作，同时也是卖家必需的日常操作，只有登录后才有权限进行后续的一系列操作。

视频 6-2　抖音达人自动邀约

（1）在设计器左侧组件面板中搜索"打开网页"组件，并将该组件拖拽到流程中，设定打开的网页为已登录的抖店后台网址，然后把结果保存到自定义变量"网页对象"中，如图 6-15 所示。

图 6-15　打开网页（2）

图中各标号说明：

①设定要打开的网址；②将打开的网页存放到一个变量名中，该变量名在后续步骤会用到。

（2）在设计器左侧组件面板中搜索"鼠标移动到元素上"组件，并将该组件拖拽到流程中，设定"目标"为"精选联盟"。这样下方就会展开二级菜单，如图 6-16 所示。

图 6-16　找到精选联盟

（3）在设计器左侧组件面板中搜索"点击界面元素"组件，并将该组件拖拽到流程中，设定"目标选择"为"达人广场"，此时就会显示达人列表页，如图 6-17 所示。

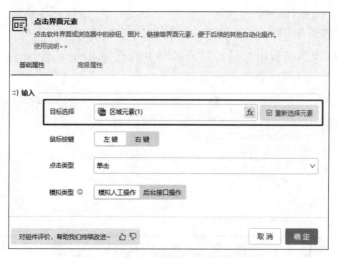

图 6-17　模拟单击界面中的达人广场

利用图 6-17 线框区右侧的"重新选择元素"，在网页中找到"达人广场"。

（4）在设计器左侧组件面板中搜索"点击界面元素"组件，并将该组件多次拖拽到流程中，用来设定筛选达人的条件，这样就能相对准确地筛选出想要邀约的达人列表，与图 6-17 类似。机器人流程如图 6-18 所示。

（5）在设计器左侧组件面板中搜索"循环相似元素"组件，将该组件拖拽到流程中，并将目标设置为每个达人的区域，然后输出当前的循环项到一个自定义变量名中，如"达人项"。

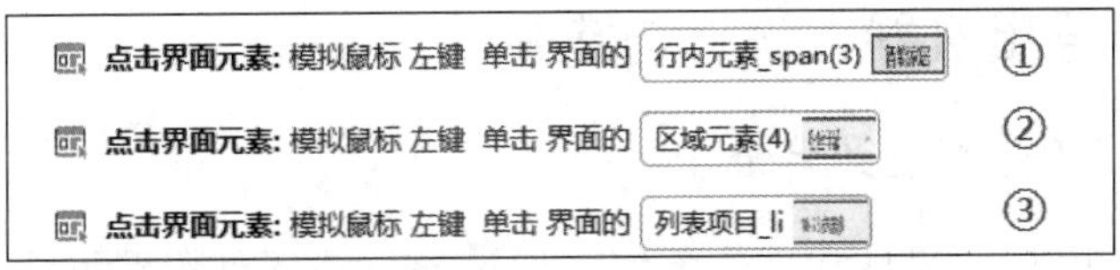

图 6-18　机器人流程

图中各标号说明：

①条件 1：智能家居；②条件 2：粉丝年龄；③条件 2 的值：18 ～ 23 岁居多。

（6）在循环体内进行如下操作。

① 在设计器左侧组件面板中搜索"点击界面元素"组件，并将该组件拖拽到流程中，目标选择为上面的"达人项"变量，表示依次单击每个达人，然后弹出新的达人信息标签页。

② 由于上一步打开达人信息页会有段等待加载时间，所以此时需要在设计器左侧组件面板中搜索"等待元素"组件，并将该组件拖拽到流程中，设定等待到"报名招商"这个元素出现为止。

③ 在设计器左侧组件面板中搜索"点击界面元素"组件，并将该组件拖拽到流程中，目标选择为"招商报名"，这样单击后就会出现邀约信息填写界面。

④ 拖拽"点击界面元素"组件到流程中，目标选择为要报名的商品。

⑤ 在设计器左侧组件面板中搜索"输入文本框"组件，并三次拖拽该组件到流程中，然后分别设定对应的内容填写到"手机"输入框、"姓名"输入框和"合作说明"输入框。

⑥ 在设计器左侧组件面板中搜索"点击界面元素"组件，并将该组件拖拽到流程中，目标选择为"报名"按钮。

⑦ 在设计器左侧组件面板中搜索"键盘模拟按键"组件，并将该组件拖拽到流程中，设定"键盘按键"为"W"，"辅助按键"为"Ctrl"，用于关闭当前弹出的达人标签页，回归达人列表，然后循环下一个"达人项"，重复以上的①～⑦。

循环体机器人流程如图 6-19 所示。

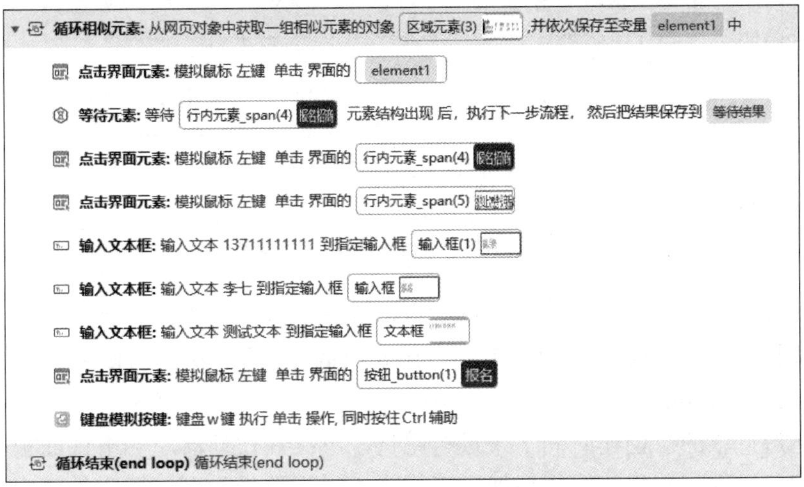

图 6-19　循环体机器人流程

6.3　淘宝订单导出机器人设计与应用

6.3.1　淘宝订单导出业务分析

订单导出是一项常见的日常工作流程。通过导出的订单数据可以对自己的店铺商品进行深入的数据分析和运营管理，从而提高自身店铺的成交率和客户好评度。

该业务的流程比较简单，在淘宝的千牛后台设定好订单的筛选条件，即可通过"搜索订单"的功能找到满足要求的订单列表，最后批量导出。

6.3.2　淘宝订单导出机器人设计

首先需要登录千牛后台管理页面，这是个前置操作，同时也是卖家必需的日常操作，只有登录后才有权限进行后续的一系列操作。

视频 6-3　淘宝订单导出

（1）在设计器左侧组件面板中搜索"打开网页"组件，并将该组件拖拽到流程中，设定打开的网页为已登录的千牛后台网址，把结果存到变量"网页对象"中，如图 6-20 所示。

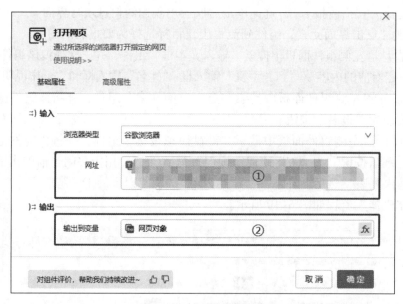

图 6-20　打开网页（3）

图中各标号说明：

①设定要打开的网址；②将打开的网页存放到一个变量名中，该变量名在后续步骤会用到。

（2）在设计器左侧组件面板中搜索"点击界面元素"组件，并将该组件拖拽到流程中，目标选择为左侧"交易管理"下的"已卖出的宝贝"，这时右侧就会显示当前所有的订单列表，如图 6-21 所示。

（3）通过订单的"创建时间"来进行筛选。继续在设计器左侧组件面板中搜索"点击界面元素"组件，并将该组件拖拽到流程中，目标选择为订单搜索条件中的"创建时

图 6-21　"点击界面元素"（2）

图中各标号说明：

①选择元素；②如果没有满足要求的元素则需要获取新元素，这里就需要获取新元素；单击"获取新元素"后切换到抖店网页，同时按住 Ctrl 键单击"商品"所在位置即可。

间"处的第一个文本框（即开始时间）。

（4）在设计器左侧组件面板中搜索"键盘输入"组件，并将该组件拖拽到流程中，设定输入内容为符合格式要求的时间，如 2022-01-01 0:00:00。

（5）在设计器左侧组件面板中搜索"点击界面元素"组件，并将该组件拖拽到流程中，目标选择为时间选择弹窗中右下角的"确定"，表示确定开始时间。

以上三个步骤的机器人流程如图 6-22 所示。

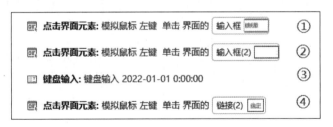

图 6-22　开始时间设定

图中各标号说明：

①单击显示输入框的文字位置，使得文本框显示出来；②单击显示的文本框，使得文本框获取焦点；③在文本框中输入时间内容，这里要注意时间的格式；④单击确定。

（6）再次拖拽"点击界面元素"组件到流程中，目标选择为订单搜索条件中的"创建时间"处的第二个文本框（即结束时间）。

（7）在设计器左侧组件面板中搜索"键盘输入"组件，并将该组件拖拽到流程中，设定输入内容为符合格式要求的时间，如 2022-03-01 0:00:00。

（8）在设计器左侧组件面板中搜索"点击界面元素"组件，并将该组件拖拽到流程中，目标选择为时间选择弹窗中右下角的"确定"，表示确定结束时间。机器人流程设计与前面的开始时间类似。

（9）继续拖拽"点击界面元素"组件到流程中，目标选择为"搜索订单"按钮，表示开始进行搜索。

（10）继续拖拽"点击界面元素"组件到流程中，目标选择为"搜索订单"旁边的"批量导出"按钮，此时会出现导出的弹窗界面。

（11）继续拖拽"点击界面元素"组件到流程中，目标选择为导出弹窗中的"报表类型"中的某类报表，例如目标选择为"订单报表"。

（12）再次拖拽"点击界面元素"组件到流程中，目标选择为弹窗右下角的"生成报表"。此时还会弹出一个"请您注意"的注意事项弹窗，需要单击确定来继续，所以需要再次拖拽"点击界面元素"组件到流程中，目标选择为"确定"。

以上几个步骤均使用了"点击界面元素"，基本操作都类似，重点在于在网页中找到需要的元素，然后利用 Ctrl 键＋单击来进行选择，机器人流程如图 6-23 所示。

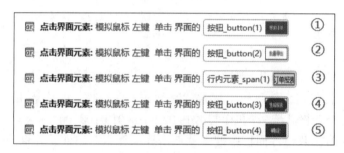

图 6-23　生成报表

图中各标号说明：
①单击"搜索订单"；②单击"批量导出"；③单击"订单报表"；④单击"生成报表"；⑤单击"确定"按钮。

（13）在上一步单击"确定"后会进入结果导出显示界面，但是这里要注意导出并不是立刻就能完成的，需要有个处理过程，时间长短也不是固定的，所以得等待到某个时间点。这个时间点就是第一次等待处理完成后界面上出现"下载订单报表"按钮。

（14）此时需要在设计器左侧组件面板中搜索"等待元素"组件，将该组件拖拽到流程中，并设定等待到"下载订单报表"这个元素出现为止。这里要注意的是：①等待类型要设置为"元素结构出现"；②等待超时时间尽量设得长一点，可以设置为半分钟即 30 秒也就是 30 000 ms；③元素检测时间间隔可以设置为 200 ms，表示每隔 0.2 秒就去检测一次，如图 6-24 所示。

（15）在设计器左侧组件面板中搜索"点击界面元素"组件，并将该组件拖拽到流程中，目标选择为已经出现的"下载订单报表"这个元素。

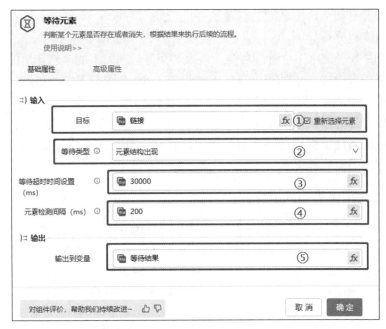

图 6-24 等待下载链接元素显示

图中各标号说明：

①找到要等待显示的元素"下载订单报表"；②设定等待类型；③检测的超时时间；④每隔多长时间去检测一次有没有出现元素"下载订单报表"；⑤默认。

6.4 淘宝插旗机器人设计与应用

6.4.1 淘宝插旗业务分析

淘宝插旗可以简单地理解为卖家或者店铺客服使用系统提供的各种颜色旗帜以及备注设定来对某些订单做标记，方便内部沟通或交流。当客服接受订单后可能客户有一些个性化的需求，或者商品出现了什么情况，需要提醒自己或者同事，如果只是做文字备注有时不够醒目，容易被忽略，淘宝后台提供了不同颜色的旗帜标记让备注信息更加醒目和直观，利用默认的"行规"可以达到一看旗帜颜色就知道大概是什么情况。

旗帜颜色的默认"行规"如下所示。

（1）灰色的旗帜：代表未做备注（注意，订单插旗后就无法恢复回该状态）。

（2）红色的旗帜：代表这个订单有售后问题。

（3）黄色的旗帜：代表订单需要礼物或者仓库发货前尺码、颜色或地址有更改。

（4）绿色的旗帜：代表可以确定退款，或者需要刷信誉。

（5）蓝色的旗帜：代表是指定发货物流或者是同一客户的多笔订单，需要一起发货。

（6）紫色的旗帜：其他情况。

在这个业务过程中，对于那些个性化的备注也没有特别高效的方法，只能手动一一标记出来，但是对于一些比较特别、通用性较强的订单备注就比较适合使用 RPA 机器人来实现自动化管理，如对于某个时间段的订单统一插入某个颜色旗帜，并添加相同的备注文本，或者对某个价格区间的订单统一进行处理。

该业务的流程分析如下。

（1）打开并登录淘宝千牛管理后台，进入"交易管理"下的"已卖出的宝贝"页面。

（2）根据需求设置订单的搜索条件，如设置一个创建时间的时间段，然后搜索出符合要求的订单列表。

（3）循环遍历并单击列表中每个订单右上角的旗帜标志，打开插旗备注页面。

（4）在标记备注页面中选择合适的旗帜，并输入自定义的备注文字信息，最后单击确定完成该订单的插旗标记。

6.4.2　淘宝插旗机器人设计

首先需要登录千牛后台管理页面，这是个前置操作，同时也是卖家必需的日常操作，只有登录后才有权限进行后续的一系列操作。

视频 6-4　淘宝插旗

（1）在设计器左侧组件面板中搜索"打开网页"组件，并将该组件拖拽到流程中，设定打开的网页为已登录的千牛后台网址，然后把结果保存到自定义变量"网页对象"中，如图 6-25 所示。

图 6-25　打开网页（4）

图中各标号说明：
①设定要打开的网址；②将打开的网页存放到一个变量名中，该变量名在后续步骤会用到。

（2）在设计器左侧组件面板中搜索"点击界面元素"组件，并将该组件拖拽到流程中，目标选择为左侧"交易管理"下的"已卖出的宝贝"，这样右侧就会显示当前所有的订单列表。

（3）通过订单的"创建时间"来进行筛选。在设计器左侧组件面板中搜索"点击界面元素"组件，并将该组件拖拽到流程中，目标选择为订单搜索条件中的"创建时间"

处的第一个文本框（即开始时间）。

（4）在设计器左侧组件面板中搜索"键盘输入"组件，并将该组件拖拽到流程中，设定输入内容为符合格式要求的时间，如 2022–01–01 0:00:00。

（5）在设计器左侧组件面板中搜索"点击界面元素"组件，并将该组件拖拽到流程中，目标选择为时间选择弹窗中右下角的"确定"，表示确定开始时间。

以上开始时间的设定机器人流程如图 6-26 所示。

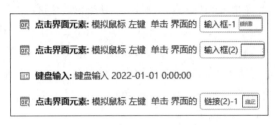

图 6-26　筛选条件之开始时间

（6）再次拖拽"点击界面元素"组件到流程中，目标选择为订单搜索条件中的"创建时间"处的第二个文本框（即结束时间）。

（7）在设计器左侧组件面板中搜索"键盘输入"组件，并将该组件拖拽到流程中，设定输入内容为符合格式要求的时间，如 2022–08–01 0:00:00。

（8）在设计器左侧组件面板中搜索"点击界面元素"组件，并将该组件拖拽到流程中，目标选择为时间选择弹窗中右下角的"确定"，表示确定结束时间。

类似的结束时间设定的机器人流程如图 6-27 所示。

图 6-27　筛选条件之结束时间

（9）继续拖拽"点击界面元素"组件到流程中，目标选择为"搜索订单"按钮，表示开始进行搜索。

（10）在设计器左侧组件面板中搜索"循环相似元素"组件，将该组件拖拽到流程中，并将目标设置为每个订单右侧的旗帜标志，然后输出当前的循环项到一个自定义变量名中，如"订单项"。

（11）在循环体内进行如下操作。

① 在设计器左侧组件面板中搜索"点击界面元素"组件，并将该组件拖拽到流程中，目标选择为上面的"订单项"变量，表示依次单击每个旗帜，然后弹出新的插旗标签页。

② 继续拖拽"点击界面元素"组件到流程中，目标选择为单击订单中的旗帜后出

现的插旗界面中的"标记"处的各色旗帜单选框，例如红色旗帜的单选框。这里要注意的是："模拟类型"要改选为"后台接口操作"而不是默认的"模拟人工操作"。

③ 在设计器左侧组件面板中搜索"输入文本框"组件，并将该组件拖拽到流程中，将"目标输入框"选择到页面中"标记信息"处的文本框，并设定好"输入内容"。

④ 在设计器左侧组件面板中搜索"点击界面元素"组件，并将该组件拖拽到流程中，目标选择为页面中的"确定"按钮。

⑤ 在设计器左侧组件面板中搜索"键盘模拟按键"组件，并将该组件拖拽到流程中，设定"键盘按键"为"W"，"辅助按键"为"Ctrl"，用于关闭当前弹出的插旗标签页，回归到订单列表，然后循环下一个"订单项"，重复以上的①～⑤。

最后循环结束，完成所有操作。在上面循环体的①～④中我们还可以自定义一些不同的条件来设置不同的订单，插不同的标记色旗，填写不同的标记信息，如图 6-28 所示，根据不同的价格插不同的旗子。

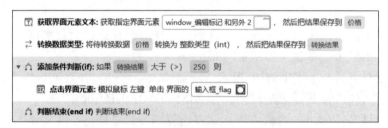

图 6-28　不同条件插不同颜色的旗子

即测即练

第 7 章

数据运营类电商机器人

【本章学习目标】

（1）了解常见数据运营机器人的设计思路。

（2）了解常见数据运营机器人的设计流程。

（3）基本掌握常见数据运营机器人的具体设计与应用。

RPA 自动采集各电商平台商品信息

每逢大热促销季来临，淘宝的订单就会比往常翻几番。也有一大部分人凑单满减后就立马退款，造成商家经常需要手动在订单页面查询数据，处理效率不高，又较为占用人力。

利用 RPA 技术，机器人全程模拟人工操作，高效快速地进行淘宝店铺订单信息的数据采集，包括订单号、日期、商品信息、买家旺旺 ID、订单状态、订单金额以及订单链接。最后，机器人自动把采集的信息数据写入 Excel 中，实现实时值守办公，提高处理效率，节省人力成本。

RPA 可以从淘宝、京东、拼多多等各类电商平台以及生意参谋、京东商智等电商数据平台自动获取多平台数据信息，比如采集商品的图片、标题、链接、价格、尺寸、销量、店铺名、销量。使用 RPA 技术全程模拟人工操作，高效快速地循环进行电商平台众多信息的数据采集，最后记录到 Excel 表中，用以比对支持数据分析，方便进行需求采购以及实时或定期的智能化数据分析，助力高效决策。

伴随经济下行、劳动力成本不断提升，RPA 对电商业务的精细管理成为电商企业越来越重视的手段。

资料来源：RPA 可以做什么？ RPA 在电商平台这 5 个案例应用！解放双手 [EB/OL]. （2022-08-24）.https://baijiahao.baidu.com/s?id=1742039891137509579&wfr=spider&for=pc.

7.1　电商数据运营概述

1.电子商务运营的概念

宏观上，电子商务运营是一切与企业电子商务运营相关活动的总称。其包括平台建设、技术、美工、市场、销售、内容建设等，甚至企业电子商务战略、物流建设等皆属于电子商务运营的范畴。微观上，电子商务运营却是独立于技术、销售、市场、物流等工作内容而存在的。

2. 电子商务运营的基本内容

1）店铺运营

店铺运营包括基本的开店操作，如店铺装修、产品的更新、订单处理等。

2）产品运营

产品运营包括店铺中商品的包装、上下架、价格定位、补货出货等。其中涉及商品的包装文案等内容运营的工作，也有线下渠道以及物流的合作等。

3）流量运营

流量运营是电商运营的核心工作。如果说店铺运营是线下实体店的房子，那么产品运营则是提供销售的物品，流量运营就是拉拢顾客的渠道。

4）活动运营

活动运营是刺激产品销售以及吸引大流量的一种形式，在我们都熟悉的天猫"双十一"、京东"618"等大型的电商活动过程中，很多店铺也会推出自己的活动。

3. 电子商务数据运营的含义

广义的数据运营是一种思维方式，是指通过数据化的工具、技术和方法，对运营过程中的各个环节进行科学分析、引导和应用，从而达到优化运营效果和效率，降低成本、提高效益的目的。

狭义的数据运营指数据运营这个工作岗位，与活动运营、产品运营、用户运营、内容运营等都属于整个运营体系的分支。其主要的工作就是从事数据的采集、分析，提供决策支持，支撑整个公司的运营体系往精细化运营方向发展。一般公司常见的数据运营都属于狭义的数据运营。

4. 电子商务数据运营的工作流程

1）确定运营目标

面向不同的业务人员，需要确定不同的运营目标。这个目标可以是长期的，也可以是短期的，但一定要是具体可实现的。

2）搭建指标体系

根据不同的运营目标，需要搭建有效的数据指标体系，比如活动运营的指标体系是活动参与率、活动转化率、活动 ROI 等。

3）数据采集

目前市场有各种各样的数据采集分析工具，有付费版、免费版，付费版又有按流量收费、按版权收费等不同模式，企业可根据自身情况进行选择。

4）数据分析

通过建立数据监控体系，及时发现运营过程中的问题，迅速定位并分析原因。数据分析中常用的方法很多，其中最重要的，一是对比，二是细分。

5）运营优化

找到问题原因之后就要解决问题。这里更多的是使用一些运营手段，比如利用促销活动提高用户活跃度、购物送优惠券等。

6）持续跟踪

在方案实施后需要对应用的效果持续跟踪，通过用户数据的反馈来验证方案的正确性。

5. 电子商务数据运营的价值

1）洞悉用户

了解用户从哪些渠道进来、这些用户关注什么、这些用户是新关注的还是老用户。

2）数据化管理

监控运营的整个流程，提供相关的 KPI（关键绩效指标）数据、人力管理数据、财务数据等。

3）宏观预测

优化企业原有业务流程，帮助企业发现自身的问题，对于业务运营过程中会出现的问题做预警；更合理地优化、配置企业资源。

7.2　数据采集机器人

7.2.1　数据采集业务流程分析

1. 数据采集的定义

数据采集是进行电子商务数据分析的基础，电子商务数据分析的后续所有工作内容均围绕这一环节所采集的数据展开。

数据采集也称数据获取，是指通过在平台源程序中预设工具或程序代码，获取商品状态变化、资金状态变化、流量状态变化、用户行为和信息等数据内容的过程，为后续进行数据分析提供数据准备。数据伴随消费者和企业的行为实时产生，类型多种多样，既包含消费者交易信息、消费者基本信息、企业的产品信息与交易信息，也包含消费者评论信息、行为信息、社交信息和地理位置信息等。在大数据环境下，电商平台中的数据是公开、共享的，但数据间的各种信息传输和分析需要经过采集与整理。通过采集与整理，可以将大量离散的数据有目的地整合在一起，从而发现隐藏在数据背后的秘密。

2. 数据采集的原则

在进行电子商务数据采集的过程中，只有及时、有效且准确的数据才能分析出对电子商务运营和决策有帮助的结果，它主要遵循以下几个原则。

1）及时性

进行数据采集需要尽可能地获取到电子商务平台的最新数据，只有将最新数据与往期数据对比，才能更好地发现当前的问题并预测变化趋势。

2）有效性

在数据采集过程中，需要注意数值期限的有效性。比如，采集某商品的采购价，由于市场行情变化，供应商的价格都有相应报价时效，一旦超过时效，价格就可能发生变化，从而影响采购预算。

3）准确性

在数据分析过程中，每个指标的数据可能都需要参与各种计算，有些数据的数值本身比较大，一旦出错，参与计算之后就可能出现较大偏差。在进行数据采集时，需要确保所摘录的数据准确无误，避免数据分析时出现较大偏差。

4）合法性

数据采集还需要注意合法性。比如，在进行竞争对手数据采集的过程中，只能采集相关机构已经公布的数据或是在对方同意的情况下获取的数据，而不能采用商业间谍、不正当窃取等非法手段获取数据。

3. 数据采集的方法

根据需求不同，数据采集的方法也多种多样。在电子商务运营领域，数据采集的方法大致可以分为以下几类。

1）网页数据采集

在采集行业及竞争对手的数据时，电商平台上的一些公开数据，诸如商品属性（结构和标题、品牌、价格、销量、评价），可以直接进行摘录或使用火车采集器、八爪鱼采集器等爬虫采集工具进行采集。

对于淘宝、京东等电子商务平台卖家，平台提供类似生意参谋、京东商智等工具，对店铺及平台的市场数据进行网页呈现，同样可以采用上述方法进行采集。

2）系统日志数据采集

网站日志中记录了访客 IP 地址、访问时间、访问次数、停留时间、访客来源等数据。通过对这些日志信息进行采集、分析，可以挖掘电子商务企业业务平台日志数据中的潜在价值。

3）数据库采集

每个电商平台都有自己的数据库，数据库中记录着访客在平台上的注册时间、用户名、联系方式、地址，以及订单的交易时间、购买数量、交易金额、商品加购等信息。通过数据库采集系统直接与企业业务后台服务器连接，将企业业务后台每时每刻产生的大量业务记录到数据库中，最后由特定的处理系统进行数据分析。

4）报表采集

一些独立站点可能没有如每天咨询客户数、订单数等数据指标统计功能，可以通过每日、每周的工作报表进行相应数据采集。

5）调查问卷采集

在对用户需求、习惯、喜好、产品使用反馈等数据进行采集时，常常会用到调查问卷，数据采集人员通过设计具有针对性的问卷，来用实际走访、电话沟通、网络填表等方式进行信息采集。

在以上五种数据采集方法中，网页数据采集是最适合使用 RPA 手段的采集方法，因为所有数据都可以通过简单的重复劳动获取，基本上不存在特别的技术限制和权限限制。

下面就采用网页数据采集模式利用实在智能 RPA 客户端设计一款能够自动采集京东网站指定类目不同排序方式下的不同价格区间的商品数据的 RPA 机器人。

该数据采集业务的流程分析如下。

（1）为了避免每次采集都需要去修改机器人流程代码，需要创建一个配置文件，方便机器人读取配置数据，该文件使用 Excel 格式，存放在桌面上，假定文件为"京东商品采集配置文件 .xlsx"。

（2）采集的数据需要保存到一个指定的文件中，这里利用 RPA 机器人的"新建 Excel"功能，创建一个用于保存采集数据的 Excel 文件，假定存放位置也是在桌面上，假定文件名为"京东商品采集结果.xlsx"，采集的内容为"价格""名称"和"评价数"。

（3）打开京东商城网站，根据配置文件中的设定自动跳转到指定类目的商品列表，并排好序，设定好价格区间。

（4）采集指定页数的数据，这是个循环过程，循环内部的流程如下。

① 模拟鼠标滚动保证每页的数据完全加载。

② 循环获取商品列表页中每个商品元素对象，对每个对象进行以下四步操作。

第一步，从每个商品元素对象中获取该商品的所有描述性文字信息并分割为文字列表。

第二步，根据需求获取列表中的指定项并将这些内容项插入前面创建的用于保存采集数据的 Excel 文件中。

第三步，本页采集完毕后模拟鼠标单击进入下一页。

第四步，循环第一步至第三步，采集完配置文件中设定的总页数。

京东商品数据采集流程如图 7-1 所示。

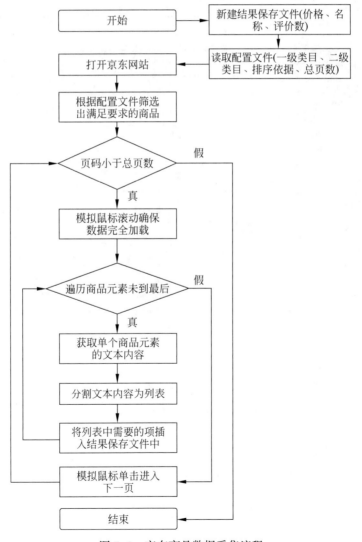

图 7-1　京东商品数据采集流程

7.2.2 数据采集机器人的设计与应用

视频 7-1 京东商品信息爬取

（1）在设计器左侧组件面板中搜索"新建 Excel"组件，并将该组件拖拽到流程中，然后设定图 7-2 所示的参数，用来指定新建的 Excel 文件存放位置、文件名以及对应的变量名。

图 7-2 新建 Excel

图中各标号说明：

①搜索栏；②找到的"新建 Excel"组件；③将该组件拖拽到流程中；④设定新建的 Excel 文件存放路径（这里设置为本机桌面）；⑤设置文件名；⑥默认（也可手动选择本机安装好的 WPS 等）；⑦该新建 Excel 文件对应的变量名（自动生成的是"Excel 文件"这个名称，这里已有变动），该变量名在后续步骤会用到。

（2）在设计器左侧组件面板中搜索"插入行"组件，并将该组件拖拽到流程中，然后设定如图 7-3 所示的参数，用来设定插入的位置、方式和内容。

（3）在设计器左侧组件面板中搜索"打开 Excel"组件，并将该组件拖拽到流程中，然后设定如图 7-4 所示的参数。

配置文件的内容如图 7-5 所示。

（4）在设计器左侧组件面板中搜索"读取单元格"组件，并将该组件拖拽四次到流程中，读取上一步中创建的"配置文件"中的第 2 行的 A ～ D 列单元格数据，分别保存到自定义变量"一级类目""二级类目""排序依据"和"获取页数"中，如图 7-6 所示。

重复上述步骤，分别读取 B 列二级类目、C 列排序依据、D 列获取页数的数据。

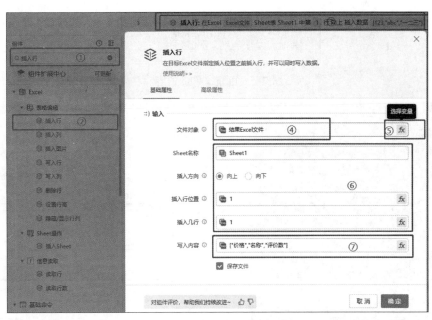

图 7-3 插入行

图中各标号说明：

①搜索栏；②找到的"插入行"组件；③将该组件拖拽到流程中；④根据前一步中设定的"结果 Excel 文件"变量值指定在哪个文件中插入行；⑤单击该 fx 按钮查找所有变量名；⑥默认；⑦设定要插入的内容，格式如图所示，表示一个列表，列表中有三项，每项都是一个字符串（如果是数字，可以不用双引号）。

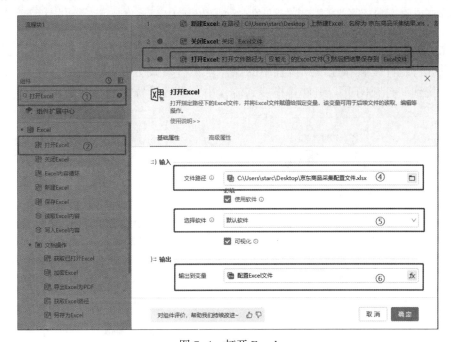

图 7-4 打开 Excel

图中各标号说明：

①搜索栏；②找到的"打开 Excel"组件；③将该组件拖拽到流程中；④找到放在桌面上的名为"京东商品采集配置文件 .xlsx"的文件；⑤默认；⑥当前打开的 Excel 文件对应的变量名，该变量名在后续步骤会用到。

图 7-5　配置文件的内容

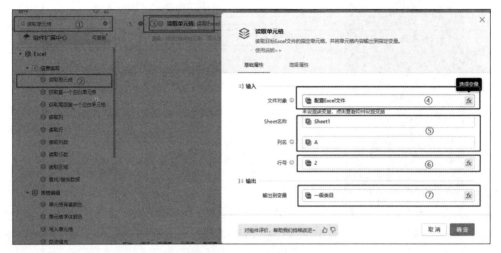

图 7-6　读取单元格数据

图中各标号说明：

①搜索栏；②找到的"读取单元格"组件；③将该组件拖拽到流程中；④根据前一步中设定的"配置 Excel 文件"变量值，到该配置文件中读取数据；⑤默认，表示读取第一张表中的第 A 列；⑥数据在第 2 行，所以设定为 2；⑦将读取到的数据存放到自定义的变量名中（这里的一级类目为用户自定义名称），该变量名在后续步骤会用到。

至此，前期的准备工作已经完成，接下来进入数据采集的主要过程。后续过程中利用搜索栏进行组件搜索和拖拽到流程中的操作就不再在截图中标注出来了。

（5）找到"打开网页"组件并拖拽到流程中，参数设置如图 7-7 所示。

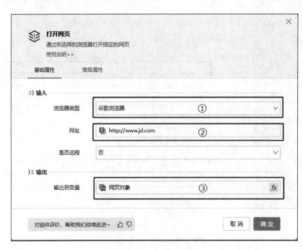

图 7-7　打开网页

图中各标号说明：

①设定浏览器；②设定要打开的网址；③将打开的网页存放到一个变量名中，该变量名在后续步骤会用到。

（6）用户需要手动去打开京东网站，以便后续的操作。

（7）找到"鼠标移动到元素上"组件，并拖拽到流程中，参数设置如图 7-8 所示。

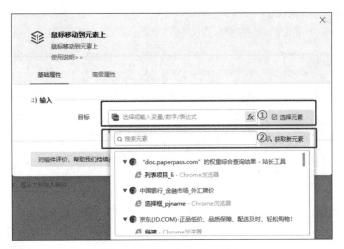

图 7-8　鼠标移动到元素上

图中各标号说明：

①选择元素；②如果没有满足要求的元素则需要获取新元素，这里就需要获取新元素。

单击"获取新元素"后切换到京东的网页，同时按住 Ctrl 键单击"美妆"所在位置，弹出如图 7-9 所示窗口。

图 7-9　一级类目元素定位编辑器

图中各标号说明：

①找到"美妆"文字所在的元素节点；②将固定的文字"美妆"通过一旁的"fx"按钮修改为前面操作的"一级类目"变量名，这样就表示会自动去找配置文件中一级类目所指定的文字。

（8）找到"点击界面元素"组件，并拖拽到流程中，首先出现的界面如图 7–10 所示。

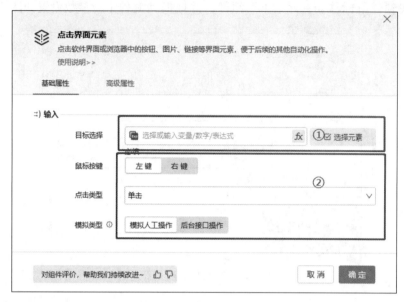

图 7–10 "点击界面元素"

图中各标号说明：

①和上面操作类似，进行新元素选择；②默认。

　　和上一步类似，通过"选择元素"下的"获取新元素"，先找到"美妆"下的"精华"文字所在位置，然后按住 Ctrl 键单击该文字，在出现的界面中找到"精华"文字所在的元素节点，并将"精华"修改为"二级类目"这个变量名，如图 7–11 所示。

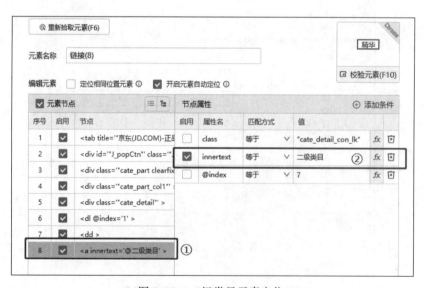

图 7–11 二级类目元素定位

图中各标号说明：

　　①找到"精华"文字所在的元素节点；②将固定的文字"精华"通过一旁的"fx"按钮修改为前面操作的"二级类目"变量名，这样就表示会自动去找配置文件中一级类目所指定的文字。

（9）找到"添加条件判断（if）"组件，并拖拽到流程中，判断配置文件中获取的排序依据是：销量、评论数和新品。如图 7-12 所示，需要进行类似的三次条件判断。

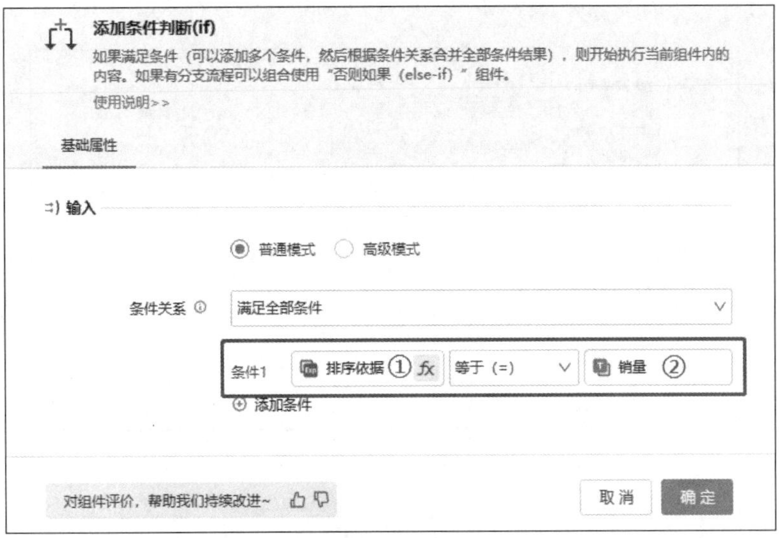

图 7-12　条件判断

图中各标号说明：

①通过右侧的"fx"找到前期准备工作中保存的排序依据变量名；②判断"排序依据"这个变量的值是哪类（目前只有三类：销量、评论数和新品）。

（10）如果当前条件满足，则找到"点击界面元素"组件拖拽到判断流程中，并设定单击的元素为界面中的"销量"元素节点，如图 7-13 所示。

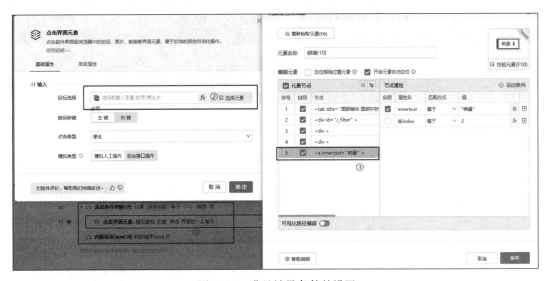

图 7-13　满足销量条件的设置

图中各标号说明：

①将"点击界面元素"组件拖拽至"条件判断"中；②选择要单击的界面元素；③找到"销量"所在的元素节点。

类似地，做好"评论数"和"新品"的条件判断和单击界面元素操作。

（11）找到"计次循环（for）"组件，并拖拽到流程中，计次的次数就是前面获取配置文件中的"获取页数"变量名所保存的值，然后按页数循环采集，如图 7-14 所示。

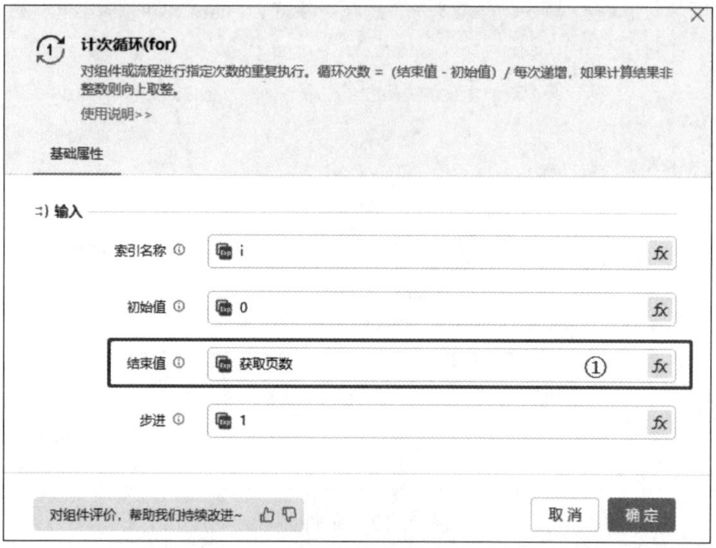

图 7-14　计次循环

图中各标号说明：

①根据前面获取配置文件中的"获取页数"变量值来确定循环结束值。

以下为每页的循环过程。

① 找到"鼠标滚动"组件，并拖拽到流程中，用来模拟鼠标滚动。滚动次数自定义，当前采用 3 组滚动，每组滚动 20 次。本操作的原理是京东商品列表页不会一次性加载所有数据，需要滚动条往下滚动后再逐步加载。每组滚动参数设置如图 7-15 所示。

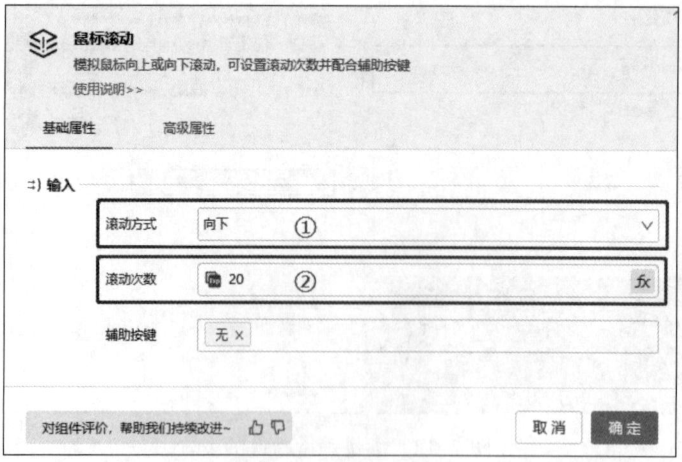

图 7-15　鼠标滚动

图中各标号说明：

①鼠标滚动方向；②鼠标滚动次数。

② 前一步的鼠标滚动保证了当前页数据完全加载后再进行当前页的数据采集，接下来又需要进行一个循环，用来循环读取网页界面中每个商品区域。找到"循环相似元素"组件，并拖拽到流程中。如图 7-16 所示，找到商品元素区域，然后将采集到的单个商品元素的整个区域保存到变量"element1"中。

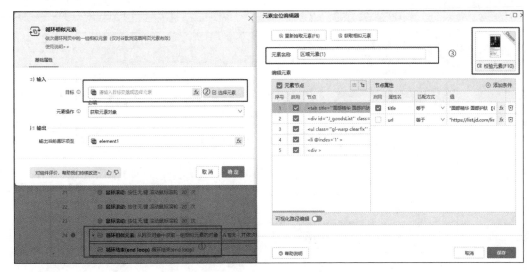

图 7-16　循环相似元素

图中各标号说明：
①放置循环相似元素组件；②选择新的相似元素区域；③找到并确认单个商品区域即为相似元素。

这个相似元素的循环过程主要有以下几步操作。

第一步，找到"获取界面元素文本"组件，并拖拽到流程中，来获取上一步中得到的变量"element1"中的所有文本，如图 7-17 所示。

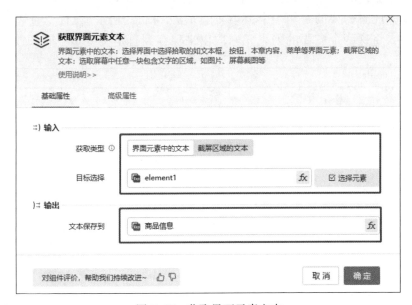

图 7-17　获取界面元素文本

第二步，利用正则表达式对获取到的文本进行分析，可以得出我们想要的文本内容，并可以利用换行符得到对商品的各种描述，所以找到"文本内容提取"组件，并拖拽到流程中，将获取到的单个商品元素的所有文本根据不同的正则表达式来提取需要的内容：价格部分使用"¥\d+"，评论数部分使用"[0-9]+[\u4e00-\u9fa5]?\+?条评价"，如图 7-18 所示。

图 7-18　文本内容提取

这里最重要的就是正则表达式的书写，可能会有点难度。

第三步，此时需要的是第 1 个、第 2 个元素，所以找到"设置变量"组件，并拖拽到流程中，将这两个需要的列表元素取出来保存到自定义变量"插入数据"中，如图 7-19 所示。

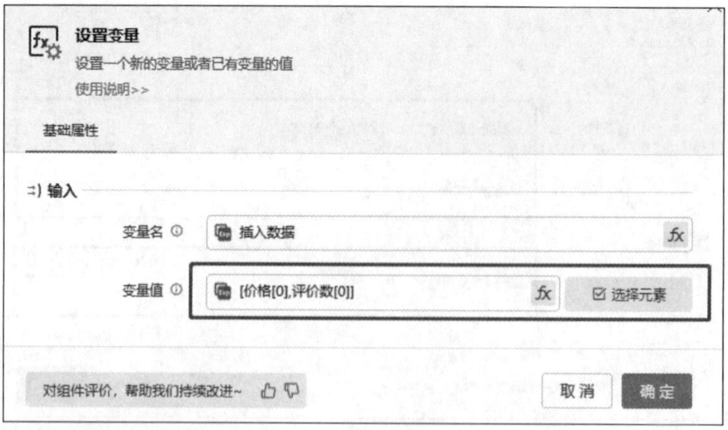

图 7-19　设置变量

　　第四步，找到"插入行"组件，并拖拽到流程中，将上面保存的"插入数据"插入自定义变量"结果 Excel 文件"中的第 2 行。这是一种前插操作，也就是说最新采集到的商品数据放在最前面。

　　③ 由于在循环相似元素的时候，价格、评论数这两个数据和商品名称这个数据不适合在一起处理，所以上面提取出价格和评论数后，再做一个类似②的循环。在做这个相似元素循环时，不像前面一样找区域元素，而是找商品标题所在位置的强调文字，然后在循环过程中利用"获取界面元素文本"组件得到商品标题，最后将商品标题以插入列的形式添加到"结果 Excel 文件"中去。

　　④ 至此，数据采集结束。找到"点击界面元素"组件，并拖拽到流程中，然后去京东商品列表页的底部采集到"下一页"链接，然后模拟鼠标单击该链接进入下一页。

　　⑤ 重复上面的①～④步骤采集新页的数据。

　　（12）完成商品数据采集过程，最后的结果保存在桌面上的"京东商品采集结果 .xlsx"文件中。

即测即练

第 8 章

客服类电商机器人

【本章学习目标】
（1）了解电子商务客户关系管理的概念、特征及流程。
（2）了解售前、售中、售后客服业务流程。
（3）了解售前、售中、售后客服电商机器人的应用场景。

引导案例

某电子商务公司主要经营女装、女鞋、女包、饰品、家具类，在某跨境电商平台上开设了 8 个站点。有一天，客户 A 女士浏览该公司的店铺，对一件刺绣衬衫感兴趣，随即向客服人员询问该产品的制作工艺、付款方式、优惠政策、发货地、物流时长等问题。在得到确切的回复后，A 女士拍下了该商品。过了两天，A 女士收到了该商品，却发现卖家发的衬衫尺寸并非自己原先选择的号码，于是向卖家提出投诉。该公司客服人员在检查仓库时发现，原来客服人员与仓库管理人员之间沟通出现了疏漏，拿错了尺寸，导致发错商品。客服人员第一时间向 A 女士道歉，并主动提供几种解决方案：①无须退货，卖家补发正确尺寸的商品；②无须退货，卖家退款 50%；③ A 女士退回商品，卖家全额退款。A 女士结合自身情况，选择了第一个方案。客服人员及时安排补发，并把单号告知 A 女士，以便查看物流信息。A 女士收到商品后，客服人员主动联系了A 女士，询问对新收到的商品是否满意，并再次为之前的疏忽道歉，同时介绍了老客户的优惠政策，期待 A 女士再次光临。A 女士感受到了卖家的诚意，一扫之前不太好的购物体验，并对客服人员的服务进行了好评。那之后，A 女士时常浏览或者选购该店铺的商品。

8.1 电子商务客户关系管理概述

客户关系管理是一种管理理念与策略，它将管理视野从企业的内部延伸到企业外部，包含营销思想与信息技术两大基石。它是一种专门研究建立、维护和修护与客户关系的学科，是企业管理的新领域。一般来说，客户关系管理的目的就是通过建立、维护与修护客户关系来帮助企业获得忠诚客户，从而获得企业成长。

电子商务客户关系管理是指企业借助网络环境下信息获取和交流的便利，充分利用数据库和数据挖掘等智能化信息处理技术，把客户资料加工成信息和知识，用来辅助企业经营决策，以提高客户满意度和忠诚度的过程。

客户关系管理工作的内容包含客户关系的建立、维护、挽回与升级（图 8-1）。以销售环节为视角，客户关系的建立对应的是售前，客户关系的维护对应的是售中，客户关系的挽回与升级对应的是售后。售前环节包含客户的开发与选择，该阶段是客户关系发展到第二阶段或者夭折的关键；售中环节包含根据不同客户信息进行客户沟通；在销售后，客户在使用产品中获得良好体验，企业从而获得客户满意或者忠诚，或者客户体验不佳向企业投诉，企业需要分析客户的评价或投诉信息，再次与客户沟通。

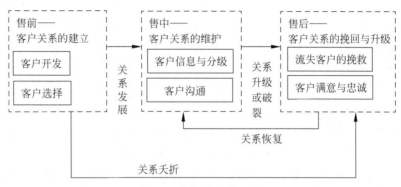

图 8-1　客户关系管理流程

8.1.1　电商客服运营工作概述

电子商务客户关系管理必须以营销思想为基础。无论时代如何发展、科技如何迭代，客户关系管理都必须以客户为中心，倾听客户的声音，通过掌握客户的需求，为客户的个性化需求提供定制化的解决方案，并且以此不断提升客户满意度和忠诚度，企业竞争能力才能增强。

电子商务客户关系管理必须以技术为手段。在信息技术如此发达和重要的当今时代，信息、移动与互联网等现代技术帮助企业构建数据库，挖掘与分析数据，不断优化与客户关系管理相关的业务流程，实现信息化、数字化运营；帮助企业建立、维护和修护客户关系，发现市场机会，规避风险，获得稳定利润。

企业应该积极主动地去建立客户关系。建立客户关系是指使目标消费者产生购买需求并付诸购买行动，成为真实的客户。为了提高建立客户关系的有效性，以及日后的有效维护，企业必须有选择性、有针对性地建立客户关系。

在建立客户关系之后，并不代表一劳永逸。随着科学技术的发展，生产效率和生产技术得到了极大的提高，商品和服务日益丰富，买卖双方之间的信息差被打破，市场由卖方市场转向买方市场。客户的选择范围越来越广，商品转换成本降低，提高了企业的客户留存难度。客户关系的维护是动态发展的过程。企业要努力巩固客户关系，进一步发展与客户长期、稳定的关系，提升优质客户的忠诚度，避免流失。与客户之间的关系也是动态发展的，在其建立和维护阶段随时可能破裂。企业如果没有及时响应这一危机，就会导致客户的永久流失；相反，如果企业能够及时发现问题，采取有效措施，挽回客户关系，便可转危为安，企业和客户之间就能继续互相创造价值。总而言之，客户关系管理是一套系统工程（图 8-2）。

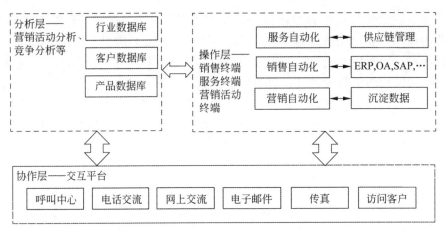

图 8-2   电子商务客户关系管理系统

电子商务客户关系管理是一个将各种信息数据化储存、以数字化技术驱动决策、终端操作自动化的系统工程，该系统包含操作层、分析层和协作层。

操作层电子商务客户关系管理主要是终端操作系统，包含与客户直接接触的服务终端、销售终端和营销活动终端，通过自动化来改善与客户直接接触的体验，提高工作效率，使客户满意。该终端操作系统的自动化可以为各个部门提供资源共享，为客户提供标准化服务流程，对企业内部提高效率，对客户提高服务品质。操作层电子商务客户关系管理主要是以自动化技术解决以客户为中心的问题，比如销售分析与预测，营销活动分析以及客户信息、评价与投诉等。

分析层电子商务客户关系管理是后台系统。该系统不需要与客户直接接触，其主要职能是理解和分析与客户直接接触的终端操作系统的活动，从操作层系统中积累的客户数据里提炼出有价值的信息，为企业管理层提供决策依据。分析层电子商务客户关系管理主要针对企业指定的业务，构建相适宜的数据库，然后利用预测模型和数据挖掘技术对交易数据进行分析，以此来总结商业规律，对发展趋势进行预测。

协作层电子商务客户关系管理是一种交互平台。该平台系统将多渠道交流方式融为一体，为客户和企业之间提供多元化沟通方式，提高企业与客户之间的互动能力。该层次电子商务客户关系管理包含呼叫中心、电话交流、网上交流、电子邮件、传真或访问客户等多种线上和线下交流方式。其参与对象有企业员工和客户，当客户通过任何一种渠道找到企业员工时，一项业务的完成需要员工和客户共同参与，因此他们之间是协作关系。而操作层和分析层电子商务客户关系管理是企业员工单方面活动，客户并未参与其中。因此客户与员工共同参与是该层次电子商务客户关系管理的特点，在这里，员工与客户对快速而准确地解决问题有一致性的诉求。员工需要对如何处理客户问题（人工处理、智能化处理，或者转交上级或相关部门）作出判断。

综上所述，操作层和协作层电子商务客户关系管理主要是解决企业内部的工作效率和数据采集等问题，分析层电子商务客户关系管理是探索数据背后的相关关系并指引未来发展的关键层，是整个电子商务客户关系管理系统中最具价值的一环。然而，三个层次的电子商务客户关系管理功能互补，没有操作层和协作层的配合，分析层的价值也无从体现。因此只有将三个层次的电子商务客户关系管理系统有效结合起来，才能实现企业与客户之间的联动，为企业和客户创造可持续的价值。

结合 AI＋RPA 来说，AI 主要的职能就是数据挖掘和数据分析，对应的是分析层电子商务客户关系管理。RPA 主要解决的是机械化、重复性、时间和时空局限性工作，对应的是操作层电子商务客户关系管理。协作层电子商务客户关系管理起的是桥梁和疏导作用，也是唯一具有共同参与特征的运营活动，因此该层次中的人力活动是不能被机器所替代的。

8.1.2　AI＋RPA 客服运营价值分析

随着电子计算机技术和自动化技术的发展，人工智能越来越多地应用在客户关系管理领域。

越来越多的企业积极利用电子自助设备、自动回复、语音系统等人工智能技术来降低运营成本。随着互联网的普及，以网络为基础的人工智能已经成为电子商务的重要组成部分。

人工智能可以智慧化地服务客户。语音识别、人脸识别和情感感知等人工智能技术能够识别客户、熟悉客户、回答客户问题、介绍产品详情、指导客户办理业务。人工智能技术可以通过在后台分析客户办理业务时留下的数据，了解客户需求，为客户推荐更适合的产品。

人工智能可以实现与客户进行智慧化沟通。当客户提出的问题比较简单时，智能客服可识别语音或者文字数据，直接回答问题。人工客服只负责回答比较复杂的问题。文字客服会记录客户在办理业务时的操作过程，识别客户遇到的问题，并总结热点问题，建立 FAQ（常见问题解答），便于以后自动回答相似问题。

随着大数据、云计算、物联网等人工智能技术的发展，以及新兴客户群体的涌现，以客户为中心的新零售业态应运而生。在新零售商业模式下，人工智能技术在分析和挖掘客户需求、搜寻目标客户以及精准推送等方面发挥了至关重要的作用。

RPA 机器人最初是基于流程的自动化工具，遵循固定的规则进行操作，并且智能处理标准化格式。因此，RPA 要成为高级连接器，必须解决如何掌控非标准化，即非结构化数据。不同业务模块之间的数据，通常只有 20% 是可以直接利用的结构化数据，其他 80% 的非结构化数据则需要借助 AI 来增强。

如果将头脑能力比喻成 AI，RPA 就是手脚能力。由 AI 驱动的 RPA 机器人可以读取和处理复杂的非结构化数据（如图片、声音、文档等）。借助自然语言处理技术，RPA 机器人可以理解人类语言的情感和情景。通过纠正学习，机器人可以随着实践的推移而改进，从而提高整体效率。

AI 对 RPA 的赋能突破自动化的场景壁垒，有力地促进了 RPA 场景的延伸，实现对业务场景更广泛的支持。另外，AI 对 RPA 产品自身的能力提升也是非常显著的，有利于打通产业价值链的各个环节，形成产业流程闭环优化，可以说 RPA 解决了 AI 的"最后一公里"问题，为整体产业变革带来更深远的意义。

8.2 售前客服电商机器人

8.2.1 售前客服业务流程分析

如前文所述，客户关系的售前环节包含客户的开发与选择。换句话说，在整个客户服务的工作流程中，售前客户服务的工作内容主要是从事引导性服务，如迎接客户、推荐产品、回答客户、下单指引等。从客户开始咨询到拍下产品付款的整个工作环节都属于售前客户服务的业务范畴。售前客服业务完成的质量取决于售前准备工作，一个合格的客户服务人员必然拥有充分的售前准备，包含灵活的沟通技巧、专业的平台规则和产品信息知识等。综上，售前客服电商业务范围及工作流程如图 8-3 所示。

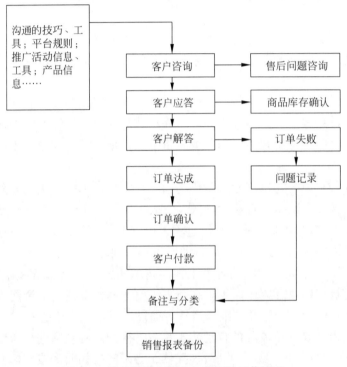

图 8-3　售前客服电商业务范围及工作流程

机器人可解决的售前客服业务包括微信加粉和精准信息推送。社会发展越来越快，科技日益强大，随着互联网的普及，社交电商得到快速发展，社交电商以其黏性强、互动程度高、用户细分精确以及时间成本和营销成本低等优势成为当前电商售前客户必不可少的领域。社交电商有效运行的前提是建立私域流量，私域流量是相对于公域流量而言（公域流量是指公共区域的流量，可供大众共享，不属于任何机构或个人）。私域流量是指品牌、商家或者个人搭建的私人流量池。其本质是免费，可在任意时间直达客户的渠道。淘宝、百度、抖音、小红书等是公域流量的代表平台。私域流量主要有微博、微信等。商家在各大公域流量平台进行搜索、推荐等获取的是公域流量，而通过收藏店铺、小程序、粉丝群等方式获取的是私域流量。相对于日益昂贵的公域流量，私域流量不仅黏度高，而且成本低，便于精准推送。

当前中国十大社交软件排行榜中，微信排首位，其活跃用户高达 12.25 亿。[①] 可见，微信是重要的客户信息之一。拥有客户微信，是对客户进行分级和沟通的基础。当前微信生态矩阵有微信公众号、小程序、粉丝群和视频号。拼多多就是依靠微信社交裂变，吸引一大批客户，从而逆袭成为互联网社交巨头的。

客户微信可以从直接渠道和间接渠道来获取。直接渠道有四个：从调查中获取客户微信，即调查人员以面谈、问卷或者电话等方法获取；在经营活动中获取客户微信，如客户在加入会员或参加活动时留下的微信信息；在服务过程中收集客户微信；在销售终端获取客户微信。间接渠道是指企业的公开信息，或者通过购买获得客户信息，如从各种媒体，或从已建立数据库的企业租用或购买。

一般情况下，在获得客户微信信息以后，客服人员需要手动逐一将客户信息汇总成表格，再添加客户微信，然后将添加结果记录在原始表格。其具体流程如下（图 8-4）。

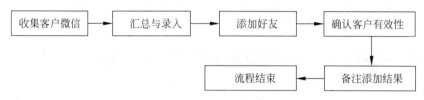

图 8-4　添加客户微信好友流程

（1）收集客户微信信息。

（2）客户微信汇总、录入。

（3）逐一添加客户微信好友。

（4）确认客户微信是否有效。

（5）在原始表格中备注添加结果。

（6）流程结束。

在获得客户微信之后，应对客户进行分级。由于客户的购买能力、欲望、需求不同，不同客户给企业带来的价值也会不同。而企业资源有限，不可能对所有客户平均分配资源，同时，对不同客户提供针对性服务是获得客户满意的基础。在售前客户业务中，精准推送不同信息给客户便是与不同层级客户进行沟通的基本活动之一。其业务流程步骤如下（图 8-5）。

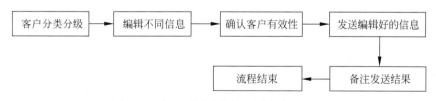

图 8-5　发送不同消息给不同客户的流程

---

① 根据艾媒咨询发布的《2022 年度中国通讯社交类 APP 月活排行榜 TOP10》，微信以超过 10 亿的月活位居榜首。

（1）根据客户画像进行客户分级分类。

（2）针对不同层级客户，编辑针对性信息（文字、图片、短视频）。

（3）确认客户信息是否有效。

（4）发送编辑好的信息。

（5）备注发送结果。

（6）发送完成。

8.2.2　售前机器人设计与应用

售前 RPA 机器人通过手机号码或邮箱等联系方式自动发送添加好友申请的微信加粉业务，其具体操作步骤如下。

视频 8-1　售前——企业微信加粉

（1）为了避免重复性修改机器人流程代码，以及方便机器人读取配置数据，需要首先创建一个 Excel 类型的配置文件。假定命名该文件为"联系人清单 – 模板 .xlsx"（图 8-6）。

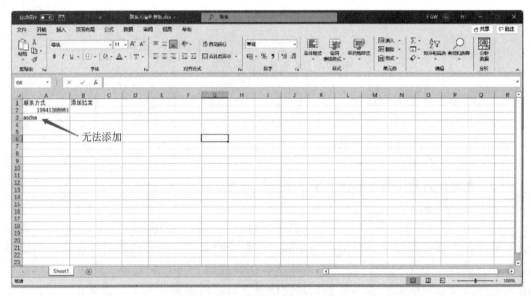

图 8-6　联系人清单 – 模板

（2）创建用于保存加粉结果的 Excel 文件，假定命名该文件为"联系人清单 .xlsx"。

（3）打开 z-factory，单击运行。

（4）弹出流程说明，下载事先创建好的配置文件 ——"联系人清单 – 模板 .xlsx."。

（5）按照模板填写配置信息列表（图 8-7）。

（6）回传到"联系人清单 .xlsx"，单击确认机器人自动运行。

（7）机器人自动打开配置列表，获取配置信息。

（8）机器人自动搜索，发送添加好友信息，并保存添加结果。

（9）运行结束，数据展示。

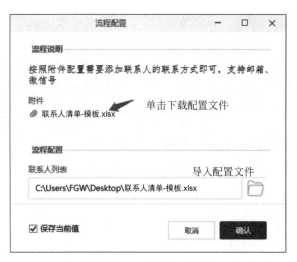

图 8-7 配置信息

在获得客户微信之后，展开针对不同客户精准推送不同信息的业务流程，以京东批量发送不同信息为例，该业务流程适用于实在设计器 6.1.0 及以上版本。机器人运行前需将屏幕缩放比调至 100%，并登录客户端京东商家工作台。

视频 8-2 售前——京东京麦批量发送消息

其具体操作步骤如下。

（1）为了避免重复性修改机器人流程代码，以及方便机器人读取配置数据，需要首先创建一个 Excel 类型的配置文件。假定命名该文件为"京东批量发不同消息 – 配置模板 .xlsx"。

（2）创建输出结果 Excel 文件，假定命名该文件为"京东批量发不同消息 .xlsx"。

（3）打开 z-factory，单击运行，导出"京东批量发不同消息 – 配置模板 .xlsx"，进入表格进行配置（图 8-8）。

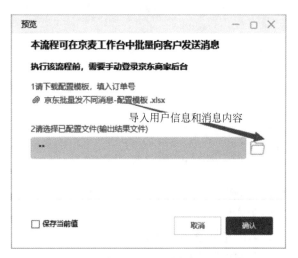

图 8-8 导出"京东批量发不同消息 – 配置模板 .xlsx"

（4）在表格中第 1 列输入"订单号"，第 2 列输入对应"消息内容"（图 8-9）。

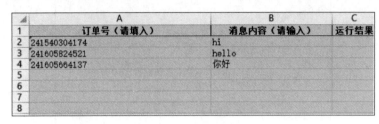

	A	B	C
1	订单号（请填入）	消息内容（请输入）	运行结果
2	241540304174	hi	
3	241605824521	hello	
4	241605664137	你好	
5			
6			
7			
8			

图 8-9　配置消息

（5）将配置模板导入。

（6）确保京东已登录，读取数据。

（7）搜索用户信息，确保用户有效存在。

（8）单击运行，发送消息，弹窗提示：消息已全部完成。

（9）运行结束，展示数据。

除了发送文字信息，RPA 机器人还支持个人群聊及图片等内容发送，高效管理私域流量。以微信群发机器人为例，该业务流程适用于实在 RPA 设计器 5.9.4 及以上版本。

视频 8-3　售前——企业微信消息群发

其具体操作步骤如下。

（1）确保微信在电脑菜单栏上，不要遮挡微信窗（图 8-10）。

图 8-10　微信对话框界面

（2）创建 Excel 类型配置模板，配置好所需发送的用户列表。

（3）在群发好友列表文件导入配置好的文件（图 8-11）。

（4）在需要发送的文本信息框里写入所需发送的内容消息。

（5）在群发附带文件里添加所需附带的图片文件（图 8-12）。

图 8-11　配置文件导入　　　　　　　图 8-12　企业微信群发消息配置

（6）单击"确认"，机器人开始运行。

（7）运行结束，展示数据。

8.3　售中客服电商机器人

8.3.1　售中客服业务流程分析

售中环节是指从客户下单后到客户签收货物这个阶段，该阶段的业务范围包含订单处理、物流跟踪、关联产品定向推荐、特殊订单处理等。这些业务主要是企业与客户之间的信息交流，拉近与客户的距离，加深感情。在该阶段，卖家的服务质量是决定客户是否购买的重要因素。信息交流的内容主要是企业的产品或服务的详情。售中环节的客户沟通是促成最终交易的基础，是获得客户满意和忠诚的前提。因此，提高服务质量对售中客户服务来说至关重要，卖家应该实行售中客户服务规范化，对具体内容和要求分别制定规则。目前手机是大部分客户沟通的载体，摆脱了空间束缚，使原本需要客服人员上门的服务，通过手机就能完成，同时也使复杂的沟通变得简单。这一切都源自移动互联网终端的优势，为客户带来了便捷，同时也对电子客服提出了更高要求，电子商务客户服务需要快速响应能力，以及提出有效解决方案的能力。售中客服电商业务范围及工作流程如图 8-13 所示。

RPA 机器人可以解决的售中客服业务主要是询盘，其主要业务步骤如下（图 8-14）。

（1）确认客户是否在线。

（2）识别客户提出的问题，并分类。

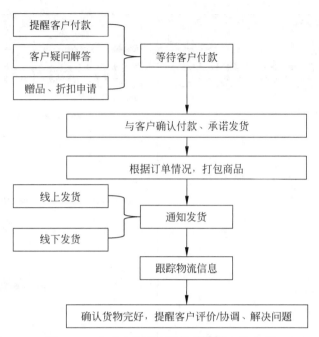

图 8-13　售中客服电商业务范围及工作流程

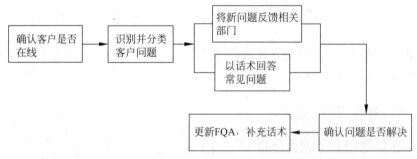

图 8-14　询盘流程

（3）若是常见问题，按规定话术回答。

（4）若是新问题，立刻反馈相关业务部门，并跟踪回复。

（5）确认客户问题是否解决。

（6）标注新问题，更新 FAQ，补充话术。

8.3.2　售中机器人设计与应用

运行时，请将屏幕缩放比调至 100%，其他屏幕设置可能导致未知错误。如对抖音进行设置，需要提前登录抖音飞鸽，否则获取数据时可能会有弹窗提醒用户登录。

视频 8-4　售中——飞鸽批量发送消息

其具体操作步骤如下（图 8-15）。

（1）开始：导出"常见询盘问题 – 配置文件"，输入对应话术。

（2）配置文件：将话术模板导入 – 运行。

（3）确保打开平台文件：本案例中打开抖音飞鸽后台文件。

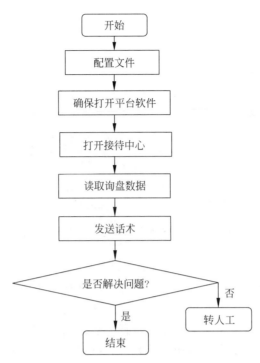

图 8-15　售中询盘自动回复流程

（4）打开接待中心：打开客户对话框。

（5）读取询盘数据：解析客户提出的问题。

（6）发送话术：针对客户提出的问题，发送编辑好的话术。

（7）是否解决问题：确认客户问题是否得到解决。

（8）若解决，则结束流程；若未解决，转人工服务。

8.4　售后客服电商机器人

8.4.1　售后客服业务流程分析

售后客户服务工作主要集中在售后评价的管理和客诉处理两方面。客户服务中的评价管理主要包含好评回复、催促评价和修改评价（图 8-16）。客户的好评能够起到"四两拨千斤"的作用，可促进商品的曝光和二次转化。客户的好评是店铺推广的有力工具之一，但往往有超过 1/3 的客户无论是否满意都不会留下评价，此时向客户发送消息催促评价就尤为重要。一般来说，只要发生交易，客户就会产生意见，因此中差评也是常常存在的。而中差评会对店铺的声誉和销量造成不良影响，因此积极与客户协调沟通，了解原因并促使客户修改评价是客户评价工作的重要部分。纠纷引起的客户投诉直接影响店铺的服务指标、曝光量，导致订单减少，形成恶性循环。在交易过程中应尽力避免纠纷，如果无法避免，应尽可能让客户满意，避免进一步投诉。处理好纠纷和客诉可以为卖家留住客户，并且产生良好的口碑。在解决纠纷和客诉的过程中，客服人员应展现出一定的专业素养和良好的服务态度。

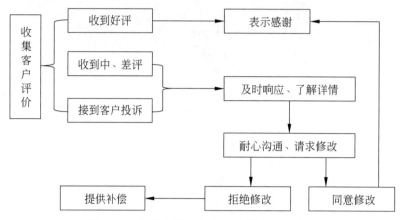

图 8-16　售后客服电商业务范围及工作流程

客户满意是客户得到满足后的一种心理反应，是客户对产品或企业服务是否满足自身需求的一种主观判断。这种心理活动是一种主观感受，如果客户的预期被满足，企业就获得了客户的满意，在多次满意之后，客户的感知超出预期就会上升到客户忠诚。然而客户也可能会不满，当预期低于感知时，有可能造成客户流失。客户对产品或服务的感知可从客户评价和客户投诉中得知，因此，分析客户评价和客户投诉是企业提高产品和服务质量，提高客户满意度，打造品牌声誉，从而提高利润的关键环节。RPA 可解决的售后环节的客户评价管理流程步骤如下（图 8-17）。

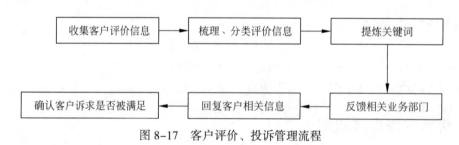

图 8-17　客户评价、投诉管理流程

（1）收集各个销售平台上的客户评价信息。

（2）梳理和分类客户评价信息。

（3）提炼客户评价中的关键词。

（4）根据关键词，将信息反馈给相关业务部门。

（5）回复客户相关信息。

（6）确认客户诉求是否被满足。

8.4.2　售后机器人设计与应用

RPA 机器人在售后环节可解决的业务包含客户对商品的评价和客户投诉的分析，以及对客户评价的回复。以天猫客户之声评价获取流程为例，该流程适用于实在设计器 6.1.0 版本。运行前需要登录并打开天猫商家后台，将屏幕缩放比调至 100%，其他屏幕设置可能导致位置错误，具体操作步骤如下（图 8-18）。

（1）导入模板：A 列填入商品 ID（如果没有填入商品 ID，默认搜索店铺全部商品）。

（2）在弹出框中配置文件。

（3）确认进入天猫后台；进入"客户之声"评价列表。

（4）选择评价时间和情感分类，进行搜索（图 8-19）。

视频 8-5 售后——天猫客户之声批量评价回复

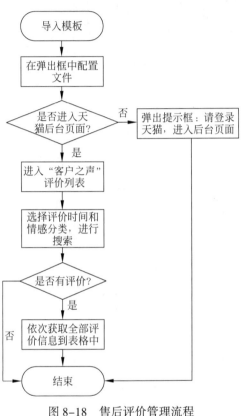

图 8-18 售后评价管理流程

图 8-19 客户评价分类

（5）确认是否有评价。

（6）依次获取全部评价信息到表格中。

（7）流程结束，展示数据。

对客户评价的回复业务流程以抖音评价批量回复为例。该流程适用于实在设计器 6.1.0 版本，在运行前，需提前登录并打开抖店商家后台（Web 端），将屏幕缩放比调至 100%，其他屏幕设置可能导致未知错误，具体操作步骤如下（图 8-20）。

视频 8-6 售后——抖店评价批量回复

（1）在弹出框中配置文件。

（2）确认有商品 ID 的是否配备了对应的话术（图 8-21）。

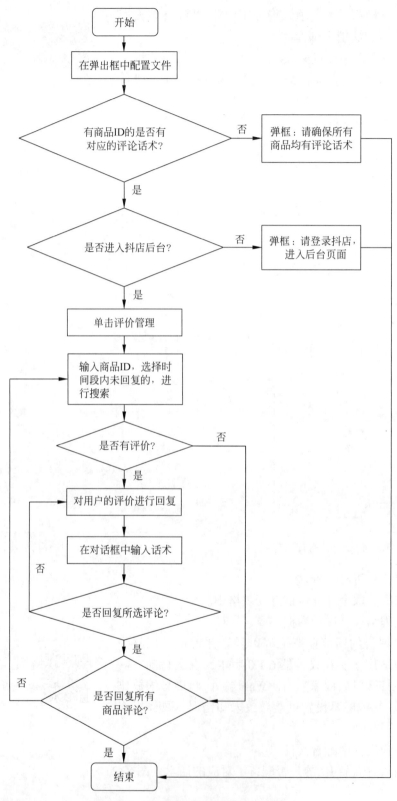

图 8-20　回复客户评价业务流程

	A	B	C	D	E	F	G	H	I
1	商品ID	随机话术1	随机话术2	随机话术3	随机话术4	随机话术5	随机话术6	随机话术7	随机话术8
2									
3									
4									
5									
6									
7									

图 8-21　匹配话术

（3）若无，请配备。

（4）若有，进入抖店后台页面。

（5）单击评价管理。

（6）输入商品 ID，选择时间段内未回复的，进行搜索。

（7）确认是否有评价。

（8）对客户的评价进行回复。

（9）在对话框中输入话术，单击发送。

（10）确认是否已对所选时间段内评价进行回复。

（11）若无，返回步骤（8）。

（12）确认是否已向所有商品 ID 发送评论回复。

（13）结束流程。

即测即练

第 9 章

物流类电商机器人

【本章学习目标】

（1）掌握电商物流的定义、物流与电商物流的关系、电子商务物流模式。

（2）掌握电商物流数字化转型需求与 AI＋RPA 电商物流价值。

（3）掌握电商物流发货的基本工作流程，理解物流发货机器人的应用。

（4）掌握电子商务物流仓储物流流程，理解 RPA 应用。

（5）掌握退货退款物流业务流程，理解电商退货退款物流机器人应用。

引导案例

唯品会多年践行"7 天无理由退货"，早于新版《中华人民共和国消费者权益保护法》（以下简称《消费者权益保护法》）规定。针对网络购物新情况，2014 年 3 月 15 日，新版《消费者权益保护法》正式实施，"7 天无理由退货"正是此次新消法备受关注的一大亮点：经营者采用网络、电视、电话、邮购等方式销售商品，消费者有权自收到商品之日起 7 日内退货，且无须说明理由。

网购虽然方便，"霸王条款"却不少。不少电商为了最大限度地推卸自己的责任，维护自己的商业利益，往往在复杂的购物协议中增加许多"霸王条款"，如"货物出门概不退换""无验收就签收对任何损害概不负责""赔偿额不超过所购商品价值等"，给消费者带来很大困扰。

对于网购"7 天无理由退货"的规定，记者发现一般电商是在新法规出台前夕才正式承诺相应新规定。但其中特卖电商唯品会多年来一直高于其要求，坚持实施"7 天无理由退货"保障，以重视客户体验为核心，从进货到出仓运送全程严格质量把关，力求做好每一个细节，给消费者带来全链条的优质购物体验。

据了解，凡是符合退换货条件的商品，用户如果对收到的商品因不满意或以任何理由想办理退换货，可以通过自助电话退换货、自助网上登记或者拨打客服电话办理。多种退换货方式简单、易操作，完全透明化。并且用户退换货运费唯品会会以礼品卡形式进行补偿，让用户享受贴心的退换货服务，无后顾之忧。

唯品会相关负责人表示："我们多年来自发实施的 7 天无理由退货，如今正式列入新版《消费者权益保护法》的明文规定，我们对此表示支持。客户体验一直是我们最重视的事项之一，新版《消费者权益保护法》的实施，无疑将加强对消费者权益的保护，同时有利于进一步确保网络购物市场的诚信和健康发展。未来唯品会会一如既往地做好各项工作，确保完善的消费者服务。"

资料来源：唯品会多年践行"7 天无理由退货"早于 315 新消法规定 [EB/OL].（2014-03-15）.http://finance.sina.com.cn/roll/20140315/151018518341.shtml.

9.1 电子商务物流概述

电子商务作为一种新的数字化商务方式，它已打破原有工业的传统体系，发展成为以商品代理和配送为主要特征，物流、商流、信息流有机结合的社会化物流配送体系。电子商务物流是伴随电子商务技术和社会需求的发展而出现的，它是电子商务真正的经济价值实现不可或缺的重要组成部分。电子商务物流的发展以技术创新和商业模式创新驱动，实现电商与物流的双赢。

9.1.1 电商物流工作概述

电子商务物流是一般意义上的物流的一个组成部分。认知电子商务物流，首先要熟悉一般意义上的物流的概念、分类、功能等基本知识，在此基础上，正确理解电子商务物流的含义，掌握电子商务物流的一般作业过程：订购（采购）、运输、储存、装卸搬运、流通加工、包装和配送等，同时对电子商务物流模式有一定的认识。

1. 物流概述

1）物流的概念

根据中华人民共和国国家标准《物流术语》（ GB/T 18354—2021 ），物流是物品从供应地向接收地的实体流动过程。在物流过程中，从实际需要出发，将运输、储存、装卸、搬运、包装、流通加工、配送、信息处理等基本功能实施有机结合。随着市场竞争的加剧和企业运营理念的变化，人们对物流的认识不断深入。

2）物流的分类

物流的分类方法很多，按空间，可以分为国际物流、区域物流、国内物流和地区物流；按性质，可以分为社会物流、行业物流和企业物流；按物流在社会再生产中的作用，可以分为宏观物流和微观物流；按物流过程，可以分为供应物流、生产物流、销售物流、回收物流和废弃物物流。

按物流过程分类主要是对企业物流进行分类，企业物流是以购进生产所需的原材料、设备为起点，经过劳动加工，形成新的产品，然后供应给社会需要部门的全过程。在商品社会中，只要有商品和服务的交易，就会有物流存在。因此，物流活动涉及的领域和范围是很广的，包括社会的方方面面、各个行业和各种企业。虽然物流在各个不同领域的功能和作用均是完成商品从生产者或商品的据点向消费者的转移，但是，不同的行业、不同类型的企业所进行的物流活动的运作方法和重点也是不同的。

（1）生产企业物流。生产企业物流是与企业生产经营管理有关的物流活动，这是物流活动的一个具体、微观的典型领域。生产企业物流围绕企业商品生产而展开，包括从原材料和零部件的采购、生产直到所生产的商品销售出厂以及售后服务的一切物流活动。通过对生产企业物流的进一步研究，又可以将其细分为采购物流、生产物流、销售物流、退货物流和废弃物物流等物流活动。

（2）商业企业物流。生产企业所进行的主要是商品的生产，虽然生产企业的物流包含销售物流的内容，而且在市场经济中生产企业也对本企业生产的商品进行销售，但是社会商品的流通主要还是由商业企业来完成的。商业企业的物流活动围绕企业所经营商品的进、销、调、存、退进行，包括从采购所经营的商品、通过营销策划出售商品满足消费者的需求到商品的售后服务等一切物流活动。商业企业的物流活动具体包括采购物流、企业内部物流、销售物流和商品退货物流等。

3）物流的功能

物流的功能是指物流系统所具有的能力，将这些能力有效地组合便能合理地实现物流系统的总目标。物流系统的基本功能包括运输、包装、装卸、储存、流通加工、配送等。

（1）运输。运输是物流的主要功能之一。运输是用设备和工具将物品从一个地点向另一地点运送的物流活动。其中包括集货、分配、搬运、中转、装入、卸下、分散等一系列操作。它是"第三利润"的主要源泉。运输的形式主要有铁路运输、公路运输、水上运输、航空运输和管道运输等。物流的运输功能是为客户选择满足需要的运输方式，然后具体组织网络内部的运输作业，在规定的时间内将客户的商品运抵目的地。

（2）包装。包装功能包括产品的出厂包装、生产过程中制成品和半制成品的包装以及在物流过程中换装、分装盒再包装等活动。物流包装作业的目的不是改变商品的销售包装，而是在于通过对销售包装进行组合、拼配和加固，形成适合物流和配送的组合包装单元。对于包装活动的管理，应根据物流方式和销售要求来确定。

（3）装卸。装卸是为了加快商品在物流过程中的流通速度而必须具备的功能，包括与运输、储存、包装、流通加工等物流活动进行衔接的活动，以及在储存等活动中为检验、维护和保养所进行的装卸和搬运活动。装卸功能是指在指定地点以人力或机械将货品装入运输设备或从运输设备卸下。它是一种以垂直方向移动为主的物流作业。

（4）储存。储存是物流的基本功能之一。储存是指保护、管理、储藏物品，具有时间调整和价格调整的功能。它的重要设施是仓库，是在商品入库信息的基础上进行在库管理。储存功能包括堆放、保管、保养、维护等活动。专业物流中心需要配备高效率的分拣、传送、储存和挑拣设备。

（5）流通加工。流通加工是在从生产地到使用地的过程中，对根据需要施加于物品的包装、分割、计量、分拣、刷标志、系标签、组装等简单作业的总称。

（6）配送。配送功能是以配货、送货、发货等形式最终完成社会物流，并最终实现资源配置的活动。配送作为一种现代流通方式，在电子商务物流中的作用非常突出。

2. 电子商务物流的作业流程

1）电子商务物流的含义

电子商务物流是电子商务环境下的现代物流，是指电子化、网络化后的信息流、商流、资金流下的物资或服务的配送活动，包括无形商品的网络传送和有形商品的物理传送。它包括一系列机械化、自动化工具的应用，利用准确、及时的物流信息对物流过程进行监控，使得电子商务中物流的速度加快、准确率提高，从而有效减少库存、缩短生产周期、提高工作效率，使电子商务的发展突破瓶颈、踏上坦途。

2）电子商务物流流程特点

电子商务下的物流作业流程与传统的物流作业流程在本质上没有区别，所不同的是电子商务物流流程的运作是基于网络信息技术而展开的。

（1）电子商务物流的一般过程。电子商务物流的一般过程包括基本的物流活动，一般包括订购（采购）、运输、储存、装卸搬运、流通加工、包装和配送等基本环节。特别是这些基本环节都是建立在物流信息管理系统之上的。电子商务物流的一般过程如图 9-1 所示。

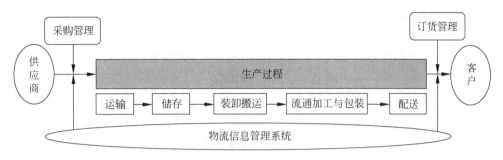

图 9-1　电子商务物流的一般过程

（2）电子商务物流作业流程。电子商务物流作业流程是信息技术在传统物流领域中的应用。电子商务物流的基本业务流程会因电子商务企业性质的不同而有所差异。虽然各种类型的电子商务企业的物流组织过程有所差异，但电子商务的物流作业流程同普通商务一样，目的都是将客户所订货物送到客户手中。电子商务物流的基本作业流程如图 9-2 所示。

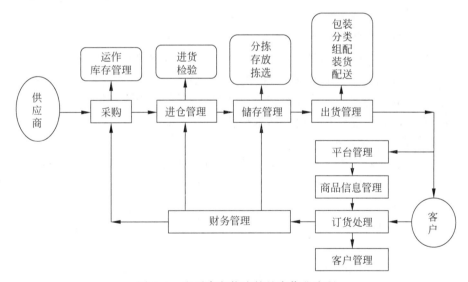

图 9-2　电子商务物流的基本作业流程

3. 电子商务物流模式

物流模式是指企业为得到所需要的物流功能而进行物流体系的组建所选择的模式。电子商务物流模式主要有三种：自营物流、第三方物流和战略联盟。

1）自营物流

物流服务是企业核心竞争力所在，从我国企业的具体情况来看，不少企业在全国范围内经营多年，都已建立起自己的分销渠道，有的企业自身拥有良好的物流网络与相当现代化的物流技术和管理经验。随着网络经济的发展，这些企业在经营电子商务时可通过不断整合自身资源、吸收外界资源、做好自身物流网络建设，形成适合自己的物流配送体系。例如，海尔集团成立的电子商务有限公司，建立了一套相对完善的配送体系，在完成对海尔服务的同时还能为其他企业提供配送服务。

2）第三方物流

近几年，电子商务的高速发展带动了快递物流行业的快速成长，根据物流信息中心官网，90%以上的电商在产品配送上都选择与第三方物流公司合作。第三方物流是独立于供（第一方）需（第二方）双方，为客户提供专项或全面的物流系统设计以及系统运营的物流服务模式。

3）战略联盟

战略联盟是电子商务企业与第三方物流企业由业务伙伴关系向战略伙伴关系转换的模式。电子商务企业要想取得稳定、快速的发展，必须把和第三方配送企业的关系从目前普遍存在的业务伙伴关系转变成战略伙伴关系，建立起适合自己的供应链渠道，并通过供应链上各方的共同努力，增强供应链的竞争能力。

9.1.2 AI＋RPA 电商物流价值分析

随着信息技术和供应链管理的不断发展，电商物流也得到了前所未有的快速发展，电商物流货物运输过程的自动化运行和高效管理已成为电商物流行业的一大趋势，物流数字化转型也成为企业数字化转型的必然趋势。

1. 电商物流数字化转型需求

借助现代物联网、人工智能、云技术、区块链、流程自动化 RPA 和其他重大数据创新，物流业正在进行大范围的数字化转型，当然，电商物流行业非常需要数字化转型。也正是由于电商的发展，最终客户需求越来越多样化和个性化，而且供应商的数量也每年都在增长，因此客户对物流的需求也在增加。

1）物流行业数字化转型需求

随着我国经济规模不断增长，社会物流量迅速膨胀，并且随着电商等各类数字化经济的发展，我国企业、居民对物流的需求日益多样化、复杂化。对于物流行业而言，单纯扩大人力、仓储面积等要素的规模，难以满足行业的新兴需求，只有向自动化、数字化、智能化运营，才有可能具备线上、线下供应链整合能力，提供可靠、可跟踪、按需、一体化端到端运输及全面仓储解决方案和服务。

2022 年，国家提出加快建设全国统一大市场，物流行业作为统一商品市场的核心基础设施，需要向数字化、智能化发展，以满足日益多样化、复杂化的物流需求。建设全国统一大市场的主要目标包括持续推动国内市场高效畅通和规模拓展、进一步降低市场交易成本等，而推进市场基础设施高标准联通则是实现上述目标的重要途径，具体包括建设现代流通网络、完善市场信息交互渠道、推动交易平台优化升级等。

2）电商物流的主要痛点

世界经济论坛（WEF）和埃森哲（Accenture）的分析表明，由于运输业的广泛数字化转型，到2023 年，物流企业的价值将达到 1.5 万亿美元，社会效益将进一步达到

2.4 万亿美元。当前在物流企业数字化转型的过程中，怎么简化运营和强化关键业务，如何降低成本并提高服务水平，将决定企业的未来。从我国电商物流行业的发展现状来看，电商物流行业仍存在以下痛点问题。

（1）多系统交互难。物流企业和其他的合作商之间使用的是不同的系统，如果想要对某些数据进行处理，会存在一定的难度。

（2）数据处理量大。电商物流面向个人消费群体的数量庞大，数据处理量大。像"双十一""618"等购物大促节日，会有海量的订单数据，单纯靠人力处理这些暴增的数据，势必会给物流工作人员带来莫大的压力，并且大量数据操作，难免会出现不可避免的人为失误。京东、抖音平台退货量很大，需要逻辑判断的地方很多，高峰期（直播活动）需要更多的工作人员来处理数据，即使每人每日 12 小时加班加点，有时也不一定能完成任务，员工工作时间一长，还容易出错。

2. AI＋RPA 是实现电商物流数字化转型重要工具

根据 Digital Journal 的说法，RPA 是"使用具有人工智能和机器学习功能的软件来处理以前需要人类执行的大批量、可重复的任务"。这些任务可能包括记录和交易以及计算与查询的维护。RPA 可以节省大量成本和效率，并提高准确性，虽然不一定减少公司的员工人数，但它可以使员工腾出更多精力去做更具创造力、更有趣的工作，从而提高公司价值。

电商物流行业是 RPA 最主要的应用行业之一，在电商物流行业中存在大量后台操作，大量企业仍然采用人工手动执行多种业务流程，包括收件信息录入、预计送达时间更新、订单跟踪、库存管理等。大量的人工操作，不仅带来高额的人工成本，并且存在低效率、高出错率的天然不足，随着订单量的增长，将大大限制物流企业的运营效率及客户体验。RPA 的出现，将为电商物流企业在内部系统与 B2B 门户数据同步、采集非格式化数据、安排和跟踪货件、收集运费账单支付、生成和收集发票等环节实现自动化处理，目前已广泛应用于顺丰、上汽安吉等国内领先物流企业中。

3. AI＋RPA 电商物流价值

AI＋RPA 的技术，能够解决运输和物流行业中存在的大量后台操作，如计划交货及跟踪、订单及库存管理等业务；同时还能帮助物流企业管理错综复杂的客户关系。RPA 机器人流程自动化技术的出现，或将成为交通运输与物流行业数字化转型的加速器。提升任务准确率，RPA 机器人可替代人工重复性的工作，可避免因操作失误带来的问题，确保准确率 100%。24 小时无人值守工作，RPA 机器人可以 24 小时不间断地跟踪查询获取状态并反馈异常。优化业务流程，RPA 机器人可助力企业优化产品组合中的重复流程，提升物流效率，加速关键业务的发展，为产品业务增值。AI＋RPA 电商物流价值如表 9-1 所示。

表 9-1　AI＋RPA 电商物流价值

序号	RPA 能为企业带来的价值
1	减少从内部系统到 B2B 门户的手动数据输入
2	收集来自不同格式和环境的结构化数据与非结构化数据并进行处理
3	安排和跟踪货件

续表

序号	RPA 能为企业带来的价值
4	收集运费账单
5	生成和收集发票
6	确保交付证明
7	自动阅读电子邮件、安排日程

根据目前应用状况，RPA 在物流行业的应用场景有如下的一些情况。

1）自动发货（物流单据制作）

RPA 机器人可以根据预定的时间周期从 ERP 中查询待运货物并自动生成物流订单，然后在物流供应商的系统中自动生成运单或订单。物流操作人员仅需关注异常情况并调整物流订单，极大地减少工作量的同时也确保了数据的准确性。

2）物流状态更新

RPA 机器人会定期根据物流订单的号码自动到物流供应商对外网站或系统中查询物流状态更新，并复制最新信息到指定系统中。大幅减少了工作量并且能够及时、主动地进行数据更新，提升了客户体验。

3）自动订舱机器人

订舱单据有几十个字段信息，由于订舱单来源多样化，无法做到格式上的统一，所以很难自动导入系统。RPA 机器人则可以自动提取订舱信息，并登录内部系统进行填写提交，在异常时引入人工核查与检验，提升客服人员的工作效率。

4）货物状态查询

从内部 SPA（ERP）系统中获取需要的发货信息，然后登录外部船务公司网站查询获取对应货物的当前状态，整理成统一报表，对出现延迟的货物还可以计算出延迟时间。

5）物流信息识别对比

在跨境电商物流运作中，每个发往海外的物流业务都涉及合同、报关单和海外发票三类单据，RPA 机器人可以从这三类单据中自动识别出货物信息并进行对比，找出信息不一致的交易。

9.2 发货物流机器人

一件商品接受顾客的订购之后，即将发生商品所有权的转移，随之就会出现两个重要的流通过程：商品出货与包装。商品出货的主要内容包含：依据客户订单资料印制出货单据，制定出货排程，印制出货批次报表、出货商品上所要的地址标签和出货检核表。由排程人员决定出货方式、选用集货工具、调派集货作业人员，并决定所运送车辆的大小与数量。由仓库管理人员或出货管理人员决定出货区域的规划布置及出货商品的摆放方式。

9.2.1 电商物流发货的基本工作流程

订货是整个电子商务物流开展的依据。从接到客户订单到着手准备拣货之间的作业阶段，称为订货处理。它是电子商务物流顺利实施业务活动的第一步，也是核心业务，通常包括接受订货、订单处理、订单确认等内容。

1. 接受订货

接受订货是订货处理的第一步。随着流通环境的变化和现代科技的发展，现在的客户更趋于高频度的订货，且要求快速配送。因此，接受客户订货的方式也渐渐由传统的人工下单、接单，演变为计算机间直接送收订货资料的电子订货方式。电子订货，即采用电子传送方式取代传统人工书写、输入、传送的订货方式，它将订货资料由书面资料转为电子资料，通过通信网络进行传送。

2. 订单处理

订单处理分人工和计算机两种形式。人工处理具有较大弹性，但只适合少量的订单处理。计算机处理则速度快、效率高、成本低，适合大量的订单处理。目前，大多数电商企业主要采取后一种形式。订单处理的基本内容及步骤如图 9-3 所示。

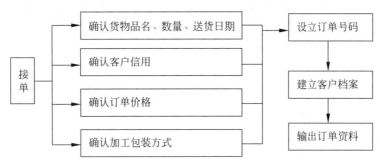

图 9-3　订单处理的基本内容及步骤

3. 订单确认

接单之后，必须对相关事项进行确认。其主要包括以下几方面。

1）货物的确认

货物的确认即检查品名、数量、送货日期等是否有遗漏、笔误或不符合公司要求的情形。尤其当送货时间有问题或出货时间已延迟时，更需要与客户再次确认订单内容或更正运送时间。

2）客户信用的确认

不论订单是通过何种方式传至公司，配送系统都要核查客户的财务状况，以确定其是否有能力支付该订单的账款。通常的做法是检查客户的应收账款是否已超过其信用额度。

3）订单形态的确认

订单形态的确认分为一般交易订单、间接交易订单、现销式交易订单和合约式交易订单等。

（1）一般交易订单。

交易形态：接单后，按正常的作业程序拣货、出货、发送、收款的订单。

处理方式：接单后，将资料输入订单处理系统，按正常的订单处理程序处理，资料处理完后进行拣货、出货、发送、收款等作业。

（2）间接交易订单。

交易形态：客户向配送中心订货，直接由供应商配送给客户的交易订单。

处理方式：接单后，将客户的出货资料传给供应商由其代配。此方式需注意的是，客户的送货单是自行制作或委托供应商制作的，应对出货资料加以核对确认。

（3）现销式交易订单。

交易形态：与客户当场交易、直接给货的交易订单。

处理方式：订单资料输入后，因货物此时已交给客户，故订单资料不再参与拣货、出货、发送等作业，只需记录交易资料即可。

（4）合约式交易订单。

交易形态：与客户签订配送契约的交易，例如，签订某期间内定时配送某数量的商品。

处理方式：在约定的送货日，将配送资料输入系统处理以便出货配送；或一开始便输入合约内容的订货资料并设定各批次送货时间，以便在约定日期系统自动产生所需的订单资料。

4）订单价格的确认

不同的客户（批发商、零售商）、不同的订购批量，可能对应不同的售价，因而输入价格时系统应加以检核。若输入的价格不符（输入错误或业务员降价接受订单等），系统应加以锁定，以便主管审核。

5）加工包装方式的确认

客户订购的商品是否有特殊的包装、分装或贴标等要求，或是有关赠品的包装等资料，系统都需要加以专门的确认记录。

4. 设立订单号码

每份订单都要有单独的订单号码，此号码一般由控制单位或成本单位来指定，它除了便于计算成本外，还有利于制造、配送等一切相关的工作，所有工作的说明及进度报告都应附有此号码。

5. 建立客户档案

将客户状况详细记录，不但有益于此次交易的顺利进行，且有益于以后合作机会的增加。

客户档案，顾名思义就是有关客户情况的档案资料，是反映客户本身及与客户关系有关的商业流程的信息的总和。其包括客户的基本情况、市场潜力、经营发展方向、财务信用能力、产品竞争力等有关客户的方方面面。

建立客户档案的目标是缩短销售周期，降低销售成本，有效规避市场风险，寻求扩展业务所需的新市场和新渠道，并且通过提高客户价值、满意度、盈利能力以及客户的忠诚度来改善企业的经营有效性。那么，如何建立客户档案呢？

1）收集客户档案资料

建立客户档案就是专门收集客户与公司联系的所有信息资料，以及客户本身的内外部环境信息资料。它主要包括以下四个方面。

（1）有关客户最基本的原始资料。其中包括客户的名称、地址、电话以及他们的个人性格、兴趣、爱好、家庭、学历、年龄、能力、经历背景等，这些资料是客户管理的起点和基础，需要通过销售人员对客户的访问来收集并整理归档。

（2）关于客户特征方面的资料。其主要包括所处地区的文化、习俗、发展潜力等。其中对外向型客户，还要特别关注和收集客户市场区域的政府政策动态及信息。

（3）关于客户周边竞争对手的资料。例如，对其他竞争者的关注程度等。对竞争者的关系要有各方面的比较。

（4）关于交易现状的资料。其主要包括客户的销售活动现状、存在的问题、未来的发展潜力、财务状况、信用状况等。

2）客户档案的分类整理

客户信息是不断变化的，客户档案资料需要不断地补充、增加，所以客户档案的整理必须具有管理的动态性。根据营销的运作程序，可以对客户档案资料进行分类、编号定位并活页装卷。

（1）客户基础资料。例如，客户背景资料，包括销售人员对客户的走访、调查的情况报告。

（2）客户购买产品的信誉、财务记录及付款方式等情况。

（3）与客户的交易状况。例如，客户产品进出货的情况登记表，实际进货、出货情况报告，每次购买产品的登记表，具体产品的型号、颜色、款式等。

（4）客户退赔、折价情况。例如，客户历次退赔折价情况登记表，退赔折价原因、责任鉴定表等。

以上每一大类客户资料都必须填写完整的目录并编号，以备查询和资料定位。客户档案分年度清理，按类装订成固定卷保存。

3）建档工作注意事项

（1）档案信息必须全面、详细。客户档案所反映的客户信息，是公司对该客户确定一对一的具体销售政策的重要依据。因此，档案除了客户名称、地址、联系人、电话等最基本的信息之外，还应包括客户的经营特色、行业地位和影响力、分销能力、资金实力、商业信誉、与本公司的合作意向等更为深层次的信息。

（2）档案内容必须真实。这就要求业务人员的调查工作必须深入实际，那些为了应付检查而闭门造车、胡编乱造客户档案的做法是最要不得的。

（3）对已建立的档案要进行动态管理。

6. 订单资料处理输出

订单资料经上述处理后，即可开始印制出货单据，开展后续的物流作业。

资料处理输出后的出货检查，最简单的做法即以人工进行，也就是以人工的方式将货品点数并逐一核对出货单，再查验出货的品质水准及状态情况。就状态及品质检验而言，纯人工方式逐项或抽样检查的确有其必要性，但对于货品号码及数量核对来说，纯人工方式效率较低，也较难将问题找出，即使是采取多次的检查作业，也可能是耗费了许多时间，错误却依然存在。

9.2.2　物流发货机器人设计与应用

RPA 机器人可以根据预定的时间周期从不同系统中查询待运货物并自动生成物流

视频 9-1 抖店异常包裹数据获取

订单，然后在物流供应商的系统中自动生成运单或订单。物流操作人员仅需关注异常情况并调整物流订单，极大地减少工作量的同时也确保了数据的准确性。下面，以某电商公司的任务情景为例，说明物流发货机器人的设计与应用。

1. 物流自动发货任务情景

应用电商物流发货机器人填写物流运单，客服只需要打开订单后台，选择对应运单信息表格。机器人可自动查询表格内手机号的订单详情，输入对应订单号并保存，很短时间内即可完成。机器人自动填写，避免了人为失误，提高了物流运单录入效率。

1）订单管理系统（或多渠道获取订单）

（1）电商平台系统中的订单。如淘宝网、京东、1 号店等平台。

（2）电商 ERP 系统中的订单。

（3）电商公司手工方式输入的订单，保存在相关文件中。

（4）零售 POS（销售点）系统中的订单。

2）对多渠道订单进行管理

（1）订单统一管理。

（2）拆 / 合单管理。

（3）截单管理。

3）自动生成物流订单

根据管理物流渠道系统和订单系统中订单待运信息，在物流供应商的系统中自动生成运单或订单。

2. 需求收集

某电商公司在应用 RPA 机器人前，公司客服根据运单信息表手动将物流运单号填写到物流渠道系统，该业务流程有以下三个方面痛点。

（1）每天需要录入的物流信息比较多，填写数据耗费大量的人力。

（2）业务时效性要求较高，待处理数据庞杂且精准度要求高，容易出错。

（3）工作附加值低，造成员工职业成长缓慢、离职率高。

3. 流程设计与开发

下面基于抖音电商平台，以实在公司开发的机器人为例说明机器人是如何执行发货流程的。需要说明的是，如果需要自己体验，则需要在抖音平台上注册抖音账号。

下面的案例是解释抖店的包裹数据获取这个场景，机器人要获取的字段比较多，一共有 9 个。先运行机器人，看一下运行效果，单击"运行"，如图 9-4 所示。

打开抖店，出现图 9-5 所示的操作界面。

打开 Excel，Excel 是用来存储包裹数据的文档。如图 9-6 所示，Excel 存储包裹数据文档，包括异常总量、不可抗力、揽收超时、发运超时、中转超时、中转异常、派件异常、派签超时、配送超时等信息字段。

然后，单击页面的左边菜单栏，找到"订单"菜单，单击订单，出现订单管理页面，订单页面的左边菜单中"发货管理"模块下，有一个"包裹中心"菜单，要获取的

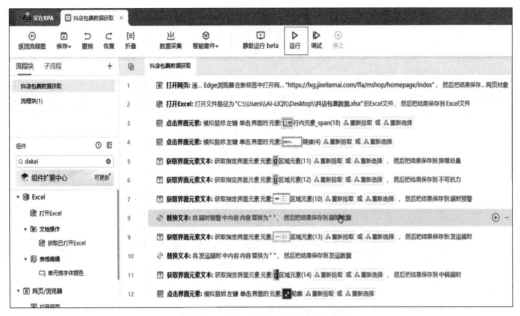

图 9-4　打开实在 RPA 的界面

图 9-5　单击运行后的抖店界面

信息就在这一菜单中，单击"包裹中心"就可以看到"发货包裹"和"退货包裹"两个模块。要获取的"异常总量""不可抗力""接受超时""发运超时"等信息，这些信息就是上面刚刚打开的那张 Excel 表所列示的需要整理的信息数据。如图 9-7 所示，每个指标显示的数据都是零。

接下来打开 Excel 表，就可以看见刚才获取的内容，如异常总量、不可抗力、揽收超时等信息，如图 9-8 所示。

图 9-6　抖店包裹数据表

图 9-7　RPA 打开发货包裹的界面

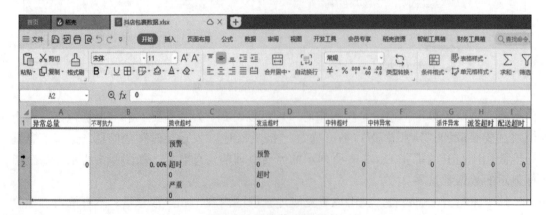

图 9-8　获取信息情况表

当然，上述操作中，在时间的选取上是可以变化的，选择不同时间段，包裹中心的要获取的指标数据可能会发生变化，系统中发货时间默认为 30 天，当然也可以把它改为其他时间，如 10 天、20 天等。这时只需要对时间段进行修改，系统就会显示这个时间段内的数据。

通过这样的简单操作发现，从抖店中以人工方式获取这些数据，要花费很多精力收集并整理到 Excel 表中，如果使用 RPA 来处理和搬迁这些数据，其效率要高出人工很多倍。使用 RPA 来完成这些数据的搬迁和处理的基本操作步骤如下。

第一步，通过 Edge 浏览器在新标签中直接打开抖店的后台，如图 9-9 所示。

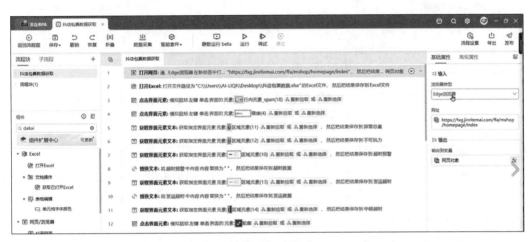

图 9-9　打开抖店后台界面

因为抖店的后台已经登录过一次，近期不需要再登录，所以只需要将这个网址复制到网页页面最右端的"网址"这个地方即可。

第二步，打开抖店包裹数据的 Excel 模板，也就是图 9-10 所示的这个文件。

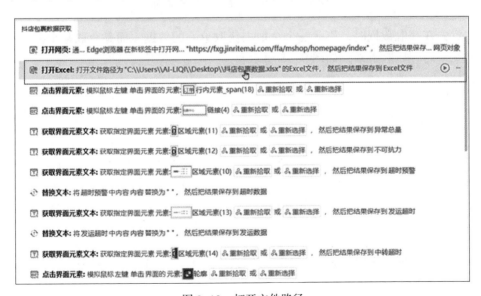

图 9-10　打开文件路径

这两个文件都打开之后，在抖店页面里单击"订单"，单击"包裹中心"，进入包裹中心后，就可以获取想要的内容，选择"全部包裹"这个模块，如图 9-11 所示。

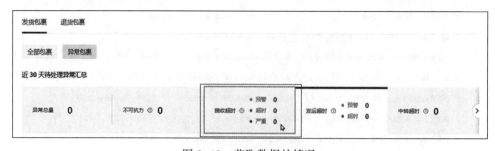

图 9-11   选择全部包裹后的界面

单击"异常包裹"，可以获取异常包裹的信息，在这个地方就可以直接获取界面元素，获取这些包裹。需要去拾取对应的内容，如图 9-12 所示。

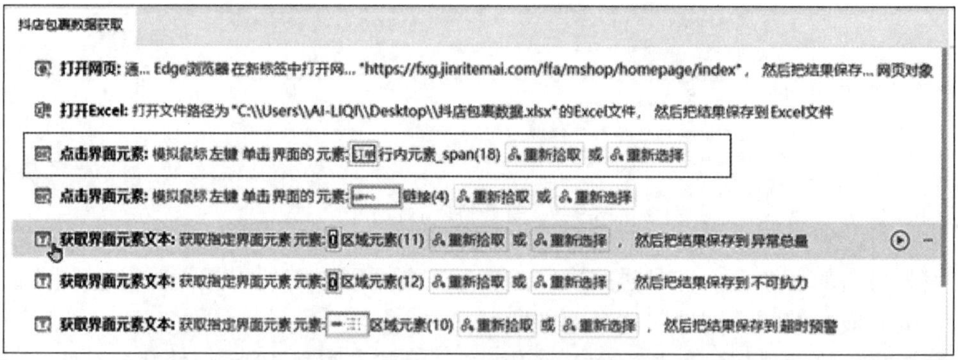

图 9-12   "点击界面元素"的界面

注意，在获取数据时，不是一个个地去获取单一的数据，而是获取整个框。将整个框中的文字内容抓取下来，如图 9-13 所示。

图 9-13   获取数据的情况

文本信息抓取下来以后，在元素定位编辑器里把"输出"勾上之后，就可以看到它的结果，如图 9-14 所示。

图 9-14　数据获取输出的结果

如果只需要预警信息，不需要揽收超时的全部内容，可以这样进行处理：使用替换文本，将超时预警变量文本里的揽收超时替换为空，并把它保存到新的超时数据文件里，那么就顺利地将揽收超时给去掉，写入的时候就可以获取完整的数据，如图 9-15 所示。

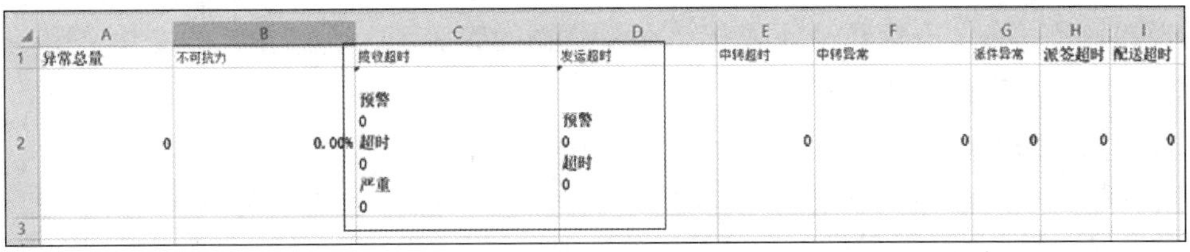

A	B	C	D	E	F	G	H	I
异常总量	不可抗力	揽收超时	发运超时	中转超时	中转异常	派件异常	派签超时	配送超时
0	0.00%	预警 0 超时 0 严重 0	预警 0 超时 0	0	0	0	0	0

图 9-15　获取完整数据情况

对于发运超时的处理，按照揽收超时的处理流程，在获取后也通过替换文本组件对不要的文本进行替换，保存新的变量。

第三步，获取中转超时、中转异常、派件异常等数据的操作。

使用获取界面元素文本进行获取中转超时时，先刷新一下。使用获取元素文本组件，将这些对应的内容数据一个个获取，并且保存到对应的变量里，如图 9-16 所示。

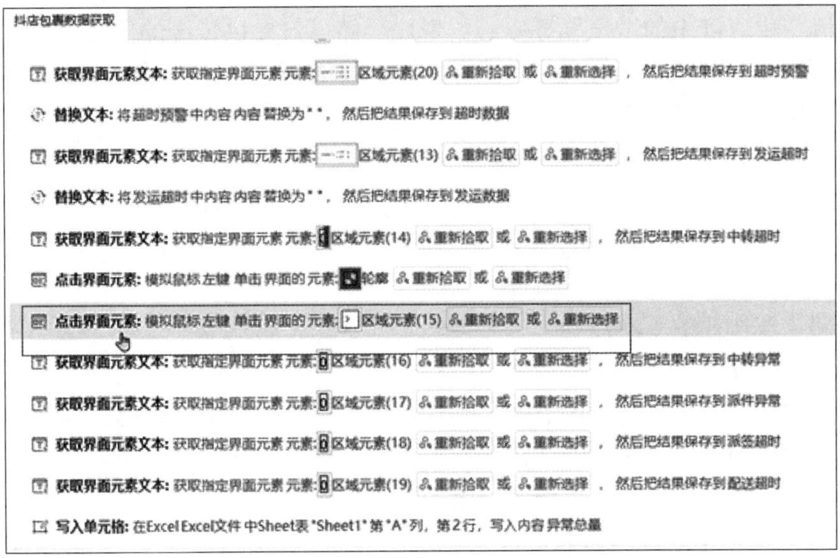

图 9-16　"点击界面元素"情况

采用类似的操作，使用写入单元格组件，写到每一个模板对应的单元格里，就顺利地获取到抖店里的异常包裹数据。按照这样的流程，这些需要获取的数据就能够很快地获取到，并输出到对应的 Excel 表中。

9.3　仓储物流机器人

仓储是电商物流的一个重要组成部分，在电商物流系统中起着至关重要的作用，是电商研究和规划的重点。高效、合理的仓储可以帮助电商加快物资流动的速度，降低成本，保障生产的顺利进行，并可以实现对资源的有效控制和管理。有效开发和使用RPA，实现仓储物流智能化、数字化，可以使电商仓储减少差错、提高利用率。

9.3.1　仓储物流业务流程分析

随着物流向供应链管理的发展，企业越来越多地强调仓储作为供应链中的一个资源提供者的独特角色。仓库再也不仅仅是存储货物的库房了。仓储角色的变化，用一句话概括，就是仓库向配送中心的转化。

1. 仓储物流概述

仓储物流，就是利用自建或租赁的库房、场地，储存、保管、装卸搬运、配送货物。传统的仓储定义是从物资储备的角度给出的。现代"仓储"不是传统意义上的"仓库""仓库管理"，而是在经济全球化与供应链一体化背景下的仓储，是现代物流系统中的仓储。

首先，仓储是电商物流与供应链中的库存控制中心。库存成本是主要的供应链成本之一，管理库存、减少库存、控制库存成本就成为仓储在供应链框架下降低供应链总成本的主要任务。其次，仓储是电商物流与供应链中的调度中心。仓储直接与供应链的效率和反应速度相关。电商企业希望现代仓储处理物品的准确率达到 99% 以上，并能够对特殊需求作出快速反应。当日配送已经成为许多仓库所采用的一种业务方式。客户和仓库管理人员不断提高精确度、及时性、灵活性和对客户需求的反应程度。再次，仓储是电商物流与供应链中的增值服务中心。现代仓储不仅提供传统的储存服务，还提供与制造业的延迟策略相关的后期组装、包装、打码、贴唛等增值服务，提高客户满意度，从而提高供应链上的服务水平。可以说，电商物流与供应链中的绝大部分增值服务都体现在仓储上。最后，仓储还是现代物流设备与技术的主要应用中心。供应链一体化管理，是通过现代管理技术和科技手段的应用而实现的，效率促进了供应链上的一体化运作，而软件、互联网、自动分拣、光导、RFID、声控等先进的科技手段和设备的应用，则为提高仓储效率提供了实现的条件。

2. 仓储物流作业的基本流程

仓储物流的发展经历了不同的历史时期和阶段，从原始的人工仓储到现在的智能仓储，通过各种高新技术对仓储的支持，仓储的效率得到了大幅度提高。但无论物流仓储技术如何革新，物流仓储基本作业流程都离不开以下几个环节：订单处理作业、采购作业、入库作业、盘点作业、拣货作业、出库作业和配送作业等。

现代电子商务仓储管理重在解决"通过"而非"储存"的问题。"快进快出"是电商仓储管理追求的重要目标。电商仓储中心作业流程可以分为收货上架和分拣发货两大部分。如图 9-17 所示，上半部分主要为入库作业流程：供应商收到采购订单后开始备货；备货完成后向仓储中心发送发货通知，预约收货；仓储中心准备卸货验收，无误后，确认收货；最后将商品入库上架。上架后的商品会在仓库内接受一系列的作业，如盘点、移库、库存调整等。图 9-17 下半部分主要为出库作业流程：电商运营经过各种营销推广方式将商品售卖后，仓储中心会收到客户订单，订单经仓储软件系统处理后，由拣货人员依据订单进行货物分拣（如有缺货则进行补货），订单商品经过包装等作业后，按客户区域进行货物配载，准备出库，完成出货确认，此订单处理完毕。

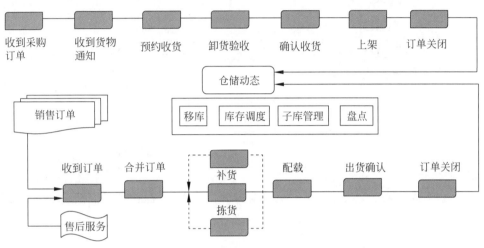

图 9-17　电商仓储中心业务的一般作业流程图

9.3.2　仓储物流机器人设计与应用

下面以快递物流为例，说明快递物流查询机器人的应用。

RPA 机器人运行过程如下。

第一步，如图 9-18 所示，单击"运行"。

视频 9-2　快递批量查询

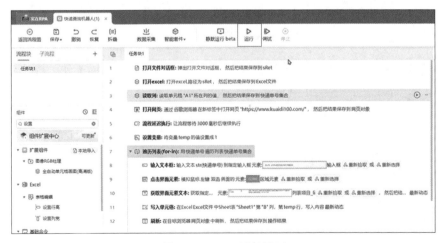

图 9-18　RPA 运行界面

选择一个需要查询的快递单号，将其存储为 Excel 格式，如图 9-19 所示。

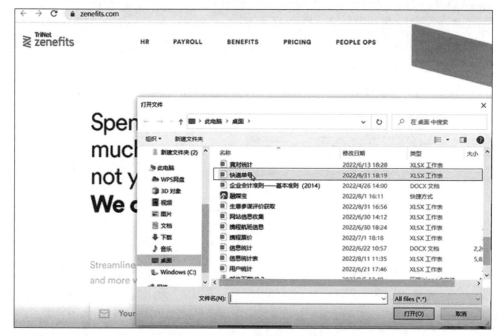

图 9-19　RPA 选择快递单号

这里有两条需要查询的快递，将其作为一个测试用例，如图 9-20 所示。

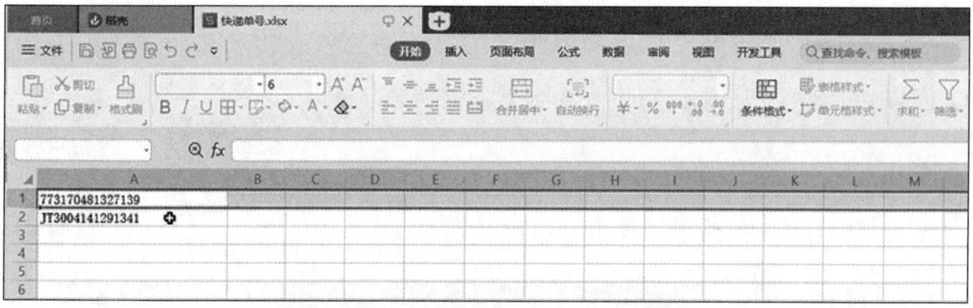

图 9-20　快递单号显示的两条举例数据

打开快递 100，输入读取出来的快递单号，单击"查询"，输入第二个，单击"查询"。这里操作演示的图 9-20 中只显示了两条数据，可以看到刚才获取到的快递的最新情况，这两个单号的签收时间为 7 月 14 日，如果需要查询快递的话，只需要将快递账号放在 A 列就可以。B 列就是获取到的最新的数据情况，如图 9-21 所示。

接下来需要了解 RPA 是如何实现的。

使用打开文件对话框的组件，如图 9-22 所示。

选择打开要查询的快递的 Excel 文件，把路径保存到这个变量里，通过这种方式，手动去选择需要的文件。使用固定打开快递的查询账号方式，操作时不需要打开对话框文件。

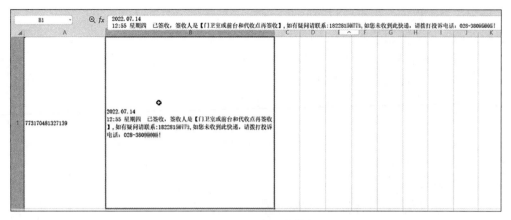

图 9-21　查询后的数据

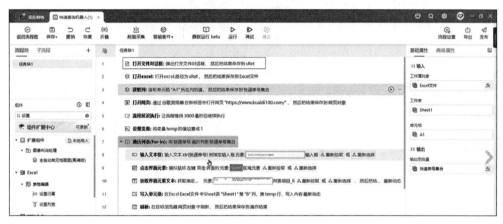

图 9-22　RPA 运行打开文件对话框

第二步，读取数据。这里的操作就是读取 A1 的所有值，把这里 A 列的快递单号全部读出来，这个表里只有两条数据，读出来之后，将其保存到快递单号集合，如图 9-23 所示。

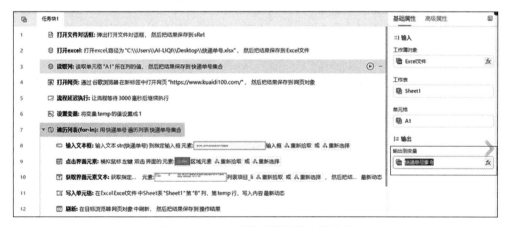

图 9-23　保存到快递单号集合的操作

数据读出来以后，就可以打开网页，通过谷歌浏览器打开快递 100 的官网，一般来说，打开的时候需要加载时间，大约 3 秒钟过后就能再执行。

第三步，设置变量。需要先设置一个变量，将变量 temp 的值设置成 1，然后直接操作循环列表，遍历列表，如图 9-24 所示。

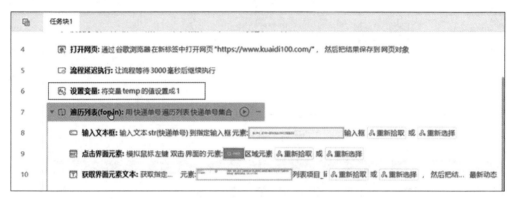

图 9-24　设置变量

遍历列表就是把获取到的数据读取后列示出来，如图 9-25 所示。

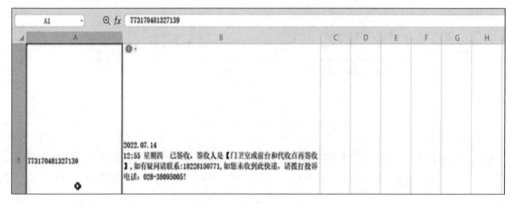

图 9-25　数据读取后列示

这里面有快递账号的集合，对其进行循环、遍历，把数据读取出来，使用输入文本框组件对其进行拾取，如图 9-26 所示。

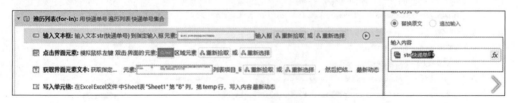

图 9-26　拾取操作

快递账号就是遍历出来的每一个快递账号。对"Str"（快递单号）做一个转换，将它转换成字符串格式，然后进行输入。输入完成后单击"查快递"，如图 9-27 所示。

图 9-27　查询快递操作单号输入界面

如上所述，这里先选一个要查询的快递单号，如 JT3004141291341，单击"查快递"，查出来后，就可以获取文本。获取的整个文本框信息如图 9-28 所示。

图 9-28　获取的整个文本框信息

第四步，保存获取的数据。获取的数据要保存到最新的 Excel 文档中，然后写入单元格，写入的是打开的这个 Excel 文件，即打开的 Excel 文档中的 B 列，如图 9-29 所示。

图 9-29　遍历列表的操作

9.4　退货退款物流机器人

随着运费险、7 天 /30 天无理由退换货的普及以及隔三岔五大促的优化，电商售后退货退款的比例居高不下，因此此类售后的场景也成为供应链链路中必不可少的一个环节。由于售后退货退款业务涉及大量的数据信息流程处理，也有很多场景可以使用 RPA 进行优化业务，提高工作效率和降低运行成本。

9.4.1　电商退货退款物流业务流程分析

一般来说，消费者在线下购买货物很少退货或换货，但是，在线上购物，由于消费者无法现场看见或体验商品，出现退货或者换货的概率较高。

1. 退换货物流概述

电商模式下，退换货物流一般是指因为各种原因而产生的从消费者返回到销售商的退换货以及从零售商手中返回到生产厂家退换货所涉及的运输、验收和保管有关的物流活动。一般来说，电子商务中的退换货物流也称为退换货逆向物流。

1）退换货物流产生的原因

由于电子商务在线经营的特殊性，其退换货的原因和传统经营中产生的原因相似但不相同。电子商务中退换货物流产生的影响因素主要有以下五个方面。

（1）法律法规。为了保护环境、促进资源的循环利用，同时为了规范网站行为和保护消费者的利益，许多国家已经立法，明确规定电子商务网站必须采取退换货政策。

（2）信息不对称。在电子商务模式下，客户往往只能看到商品的电子图片或者电子说明书，从视觉上感知商品，不能全面了解所购商品的特性。当收到商品时发现实物与在网上看到的不一致，就会导致大量退换货物流的产生。

（3）消费者驱动。消费者在线购物时，购买了自己不想购买的商品而引起退换货，或者消费者收到商品后，希望获得更好的产品型号而引起退换货。另外，零售商或者分销商将手中积压、滞销或者过季的商品退还给供应商而引起退换货。

（4）竞争驱动。商家为了在激烈的市场竞争中吸引更多的消费者，往往会竞相推出各种优惠的退换货条件，如"不满意就退换货"等。这些优惠措施在方便消费者的同时，也造成了大量的退换货物流。

（5）商品本身原因。引起这类退换货的原因包括：商品存在瑕疵或者质量问题，商品接近或超过保质期，在配送过程中产生的损伤商品或错配商品等。

2）常见售后退货退款类型

对于现在的主流电商来说，通常支持的售后形式包括仅退款、退货退款、换货、补寄。用户根据实际场景和诉求选择期望的售后方式。此外，对于电商平台来说，不同的运营模式、商品类目等都会有不同的售后策略。如生鲜类目、虚拟商品往往是不支持退换货的，跨境类目是不支持补寄、换货的，特价商品不支持退换。一般来说，电商运营中心会提前针对类目、商家、商品、活动的维度进行售后策略的配置。

3）电商企业退换货物流管理策略

退换货物流面向终端顾客，代表着企业的经营水准和信誉形象。电子商务退换货物流管理需要从事前和事后两个视角，以预防和减少为基础，同时采用合适的方式高效处理不可避免的退换货物流。

（1）优化网上交易环节，预防或减少退换货物流。为有效降低可避免的退换货物流，在线零售商必须完善和优化在线购物环节，减少退换货物流量，从源头减少退换货现象的发生。一是全面展示在线商品的相关信息，克服信息不对称的弊端。除了做到语言描述准确、商品图像清晰、服务项目（标准）完备之外，还应该综合运用平面式、互动式以及360°全景展示等技术，向顾客全面展示商品的性能、外观、特点等相关信息。二是可以采取有效措施，避免顾客一时冲动而购买产品。例如，通过网页或产品包装提供详细的退换货说明和政策；在"购买"键旁边创建"取消"键，允许顾客在一定时间内取消自己的订单；提供商品对比功能，使顾客在充分的对比选择过程中，挑选到最满意的商品。三是提供自助式在线补救措施。当顾客有退换货意愿时，可登录退换货系统。系统根据顾客要退换的商品和原因，为其提供一些解决问题的有效策略，由顾客自行选择。四是增强在线交易的互动性和体验性。对于计算机等特殊的商品，可提供在线自主配置的互动功能；对于服装鞋帽等需要充分体验才能作出购买决定的商品，可创设"网上试衣间"在线体验系统，以帮助顾客挑选自己真正需要的商品。除此之外，还要注意加强逆向物流的起点控制。企业可以通过对其销售人员进行培训以及建立退换货控制系统，在退换货物流流程的入口对有缺陷或无依据的回流商品进行审查，把好退换货物流的入口关。

（2）完善退换货管理体系，提高退换货物流管理效率。对于不可避免的退换货物流，在管理上应实施积极的退换货政策，在操作上要加快退换货的处理速度，并采用合适的返品处理方式。一是实行积极的退换货政策。要制订合理的退货价格，确定最佳的退换货比率，较好地平衡成本和收益。二是建立退换货物流信息系统。一个成功的退换货物流计划在很大程度上取决于收集有意义的信息，这些信息可以在跟踪成本时帮助管理退换货过程。三是建立集中退货中心（centralized return centers，CRCs）。CRCs 是一个退换货物流渠道上所有产品的集中设施，这些退货在 CRCs 进行分类、处理，然后被装运到它们的下一个目的地。CRCs 的运用使快速高效地处理退货成为可能，它不仅有效地改进退货处理，而且降低了库存水平、改进了库存周转，在处理过程中还形成了目标一致、富有经验的专业团队，改善了最终的绩效。四是做好返品的再处理工作。

（3）提高退换货的处理效率。提高退换货的处理效率可以缩短退换货的处理周期，增加退换货再销售的机会，还可以提高顾客的满意度。电商企业可以从以下三个方面着手：一是退换货流程标准化。电商企业制定详细、操作性强的退换货商品标准和规则，有利于提高退换货处理效率。二是提高退换货自动化程度。自动化程度与企业数字化、智能化管理密切相关，AI＋RPA 的应用则可以较好地解决退换货自动化程度问题。三是对退换货需求预测和退换货数据进行分析。电商企业可以通过使用统计分析技术来发现退换货中存在的问题，通过预测技术来预测退换货量并合理安排库存和人力。这样既可以降低退换货成本，又可以提高企业的服务质量，增强企业竞争力。

2. 电商企业退货退款工作流程

电商企业退货退款工作流程受诸多因素影响，不同的电商企业可能设置的退货退款流程不一致，与企业的规模大小、管理经营理念、管理制度设计等多方面因素有关。这里简要介绍一般电商企业售后退货退款的相关流程。

一般而言，在电商交易系统中，从用户下单到购买支付的流程走完后，就有可能涉及售后退款、退货等问题。接下来就简要剖解，作为电商企业可能遇到的一些情境和处理方案。由于实物商品和虚拟商品的退货规则有所不同，所涉及的流程也不一样。

1）实物商品

实物商品退换货物流流程可能与订单处理的结果有关，分为以下三种情况。

（1）用户已付款，订单尚未发货。这种情况在电商系统里面属于比较常见的，用户刚下完单可能就申请取消订单并退款。这种情况因为不涉及退货，所以只需要用户提起退款申请，填写具体原因，由卖家进行审核是否同意退款。

同意退款：卖家审核成功，款项将在指定时间内退还至用户账上。

拒绝退款：卖家需要填写原因告知用户，后续用户可与卖家进行沟通。

（2）订单已发货，用户申请退款。电商企业已发货，用户申请退款，有两种情况。

第一种情况：电商企业在系统填写了该订单物流单号发货，实际商品尚未出库。

在这种情况下，用户提交退款，电商企业确认商品是否尚未出库，同意申请后，撤回物流发送，款项在指定时间内退还至用户账上；若拒绝申请（商品实际已出库，无法撤回），电商企业填写拒绝原因，并与用户协商收到商品后，再申请退货退款流程。

第二种情况：用户已收货，申请退货退款。用户发起退款申请，填写具体退款原因，等待电商企业进行审核。

审核通过：用户根据电商企业提供的退货地址信息等，寄回商品给电商企业后，在系统填写对应的物流单号和快递公司，等待电商企业签收确认，电商企业确认无误后，款项将在指定时间内退还至用户账上。

审核不通过：填写拒绝退货的原因，返回给用户（注：商品被人为因素破坏或不符合退货规则的情况下，卖家有理由拒绝商品的退款申请）。

（3）仅换货，不退款。这个场景一般是商品出现质量问题（非人为损坏）需要进行换货，用户发起换货申请，填写换货原因和上传图片凭证，等待电商企业进行审核。

审核通过：用户将商品寄回电商企业的售后地址，电商企业确认签收商品后，向用户再次发送新的商品。

审核不通过：电商企业确认商品非质量问题或人为损坏，将其原因告知用户。

2）虚拟商品

由于虚拟商品不存在物质性的质量问题，所以不会有换货的功能。虚拟商品使用后（如话费充值、影片购买等），不予退款。若订单商品尚未发货（提供服务），用户可发起退款申请，由电商企业确认审核，审核通过则进行退款；反之将拒绝原因通知用户即可。

9.4.2　电商退货退款物流机器人设计与应用

当用户成功购买商品后，需要申请退款或退货退款。退款或者退货退款，可发生在订单待发货，或是已经完成状态下。这些信息需要花费较多人力去处理。售后退货退款问题处理不当或放任不管会导致差评和纠纷率飙升，同时，还会影响官方活动的报名，所以，妥善处理售后退货退款问题至关重要。针对此业务痛点，RPA 根据平台退货流程为商家实现自动退款，提高退货速度，促进店铺体验综合指数上涨，以此得到平台的更多流量支持。下面通过一个案例来学习退货退款机器人是如何应用到电商物流客服中的。

视频 9-3　淘宝物流体验分析

1. 任务情境描述

假设某电商平台退货退款基本流程如下。

第一步：登录电商系统。

第二步：进入退货退款售后管理页面。

第三步：根据退货退款原因选出指定订单。

第四步：检测物流情况，查看商品是否已经入库。

第五步：进行质量问题的登记操作。

第六步：不符合规则的退货申请，发送消息给顾客。

2. 需求痛点分析

电商退货退款的处理一直是一大难题，根据需求人员对退货退款这个任务情景的描述，可以总结该业务流程有以下三个痛点。

（1）电商退货退款处理要消耗大量的人力、物力。

（2）客户可能随时提出退货退款的申请需求，客服人员难以及时处理。

（3）退货退款服务操作琐碎，容易出现失误，造成损失。

使用 RPA 以后，每小时定时执行，效率高，不易出错，人工 5 分钟完成的工作，RPA 可以两分钟完成，效率提升 150% 以上，而且出现错误的概率低。

3. 流程设计与应用

1）流程设计

（1）在电商平台后台自动筛选出买家已发货的信息，自动筛选退货退款商品，即物流已签收的商品，自动复制该商品退货单号。

（2）自动判断退货商品是否已经入库，并导入 ERP 系统进行查询，自动填写退换货信息。

（3）自动填写退换货信息。

（4）自动判断并处理退换货。自动审核退货商品是否与发出的商品一致，如不一致则将缺少的商品在订单中备注，并拒绝买家退款，同时留言说明拒绝理由，如退货商品与发出商品一致则执行退款。

（5）循环下一件商品，直至循环结束。

2）流程应用

下面以淘宝的物流分析的监控指标为例进行说明，如图 9-30 所示。监控指标里面的主要指标能够反映店铺物流体验。物流是电商的重要支撑，对于消费者而言，网上购物的一个重要的体验便是物流体验，作为商家必须高度关注消费者对购物的物流体验。

图 9-30　物流异常跟踪信息

查阅店铺物流体验的数据，使用 RPA 可以快速获取店铺物流体验。下面使用 RPA 进行简要操作演示。

第一步，打开生意参谋，也就是淘宝的店铺后台页，填写账号、密码，单击"登录"，如图 9-31 所示，进入登录后的页面。

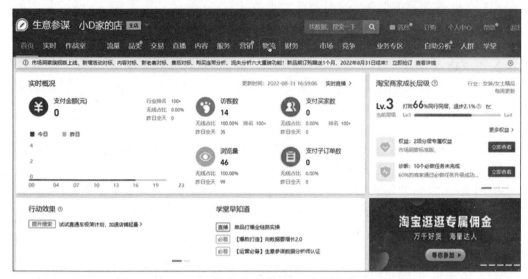

图 9-31　RPA 打开生意参谋后台界面

单击"物流"，单击"指标监控"，如图 9-32 所示。

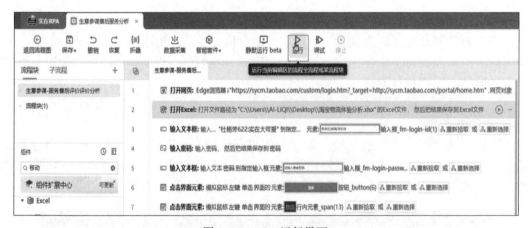

图 9-32　RPA 运行界面

打开登录页面以后，显示的就是关于物流的体验，物流体验的各项指标数据如图 9-33 所示。

如图 9-34 所示，菜单"指标监控"显示没有数据，说明企业运行正常，没有异常数据。除了可以获取物流体验的异常数据外，还可以获取时效考核方面的异常数据。

第二步，获取时效考核异常数据。首先要打开生意参谋的登录界面，打开需要的 Excel 文件，这个文件是放在本地电脑中某一个位置，需要建立一个打开这个文件的路径才能打开这个文件，否则打开文件时系统会报错，如图 9-35 所示。

图 9-33　RPA 获取物流体验数据情况

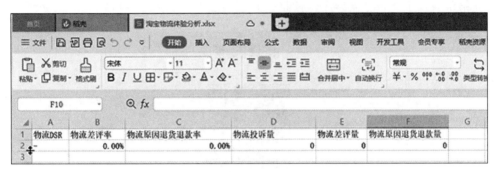

图 9-34　RPA 获取的数据在文档中列示

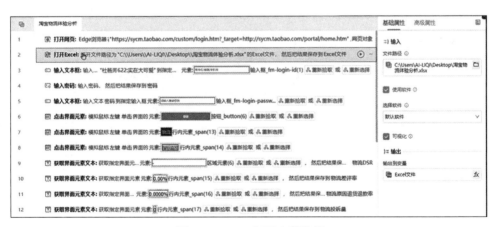

图 9-35　RPA 打开文档路径

第三步，登录系统。输入账号、密码，单击登录，进入系统后，单击"物流"模块按钮，然后单击界面元素的使用组件，单击监控指标。其下面就是常规的使用获取界面元素文本，这样即可把物流体验中的"物流 DSR（卖家服务评级系统）""物流差评率""物流原因退货退款率""物流投诉量""物流差评量""物流原因退货退款量"等内容抓取到 Excel 文档中。获取物流 DSR，按 Ctrl 键＋单击就可以将这个元素抓取下来，元素里面的内容就会保存到"物流 DSR"变量里，如图 9-36 所示。

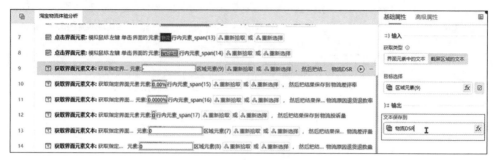

图 9-36 文本保持路径

其他的诸如"物流差评率""物流原因退货退款率"等可以按照同样的处理方式进行，然后再批量使用"写入单元格"组件，将需要写入的内容，使用对应组件写入对应的单元格里，这个流程就做好了，这是最基础的淘宝物流体验分析。

即测即练

第 10 章

财务类机器人

【本章学习目标】

（1）了解电商财务管理概念，理解电商财务 RPA 概念，了解电商财务管理系统架构。

（2）掌握 AI＋RPA 财务管理价值。

（3）掌握电商财务对账业务流程，理解财务对账机器人应用。

（4）掌握电商财务报表业务流程，理解电商财务报表机器人应用。

（5）掌握电商税务管理业务流程，理解电商企业电子报税应用。

K 集团财务共享中心数字员工

数字化浪潮已席卷全球，数字经济已然成为热门话题，技术创新正驱动企业发展，自动化技术日趋走向成熟。在企业业务快速迭代发展变化的过程中、全球经济增速放缓的背景下，企业需要快速、规模化的数字技术组合，以降低企业运营成本。同时，企业能够通过数字技术组合重新划分员工的岗位职责。在企业数字化转型过程中，RPA 技术是一个令人兴奋且可以快速部署的技术。当然，财务共享是 RPA 应用的首选，也是 RPA 业界最为成熟的应用领域之一。

K 集团电商（包括跨境电商）业务量不断攀升，但一些标准、重复、烦琐的工作任务仍然依靠大量的人工操作来完成，占用了大量的人力资源。2018 年，K 集团成立财务共享中心，在集团一体化财务信息的建设过程中，K 集团财务共享中心选择使用 RPA 流程机器人完成一些标准、重复、烦琐的工作任务。K 集团财务共享中心经过几年的财务信息化建设，为 RPA 应用提供了基础条件，也为 RPA 的广泛应用与推广提供了无限的空间。同时，K 集团财务共享中心 RPA 项目，选择使用流程自动化机器人帮助财务共享中心实现了量大且重复的单据打印、汇率导入与审核、资金对账自动化工作。K 集团财务共享中心 RPA 项目应用场景主要有资金对账机器人、财务报表机器人、纳税申报机器人等财务机器人，公司使用 RPA 后能大幅度降低人工成本、提升财务管理效率、减少财务风险。

资料来源：某集团财务共享中心数字员工 [EB/OL]. http://www.homonia.com/informationd_494.html.

10.1 电子商务财务管理

电商企业财务管理的目标是使企业资产所有者的财富最大化。随着信息技术的发展，电商企业财务管理系统在从传统的财务管理系统向数字化、智能化的财务管理系统转型升级，RPA 等正在帮助电商企业优化财务管理，降低管理成本，提升管理效率。

10.1.1　电商财务管理工作概述

在学习了解电商财务管理工作之前，我们了解一些财务及财务管理的基本概念。

1. 财务与企业财务管理

1）企业财务的概念

财务一般是指与钱、物有关的事务。企业财务是指企业在生产经营过程中的财务活动及与有关各方发生的财务关系，包括企业财务活动和企业财务关系两个方面。

企业财务活动：企业的资金运动，企业资金从货币资金形态开始，依序通过供应、生产、销售三个阶段，分别表现为货币资金、生产储备资金、在产品资金、产成品资金等各种不同形态，然后又回到货币资金形态。

企业财务关系：企业财务活动中，企业与有关各方面发生的经济关系，如企业与投资者、企业与债权人、企业与债务人、企业与税务机关、企业与被投资单位、企业内部各部门之间以及企业与员工之间的经济关系。

2）企业财务管理的概念

企业财务管理是组织企业财务活动、处理企业财务关系的一项管理活动。企业的生产经营过程，一方面表现为物资的采购、储备、加工与出售的实物流动；另一方面表现为价值形态的资金流入和流出。以现金收支为主的企业资金收支活动构成了企业的财务活动。具体来说，企业财务活动包括企业筹资引起的财务活动、企业投资引起的财务活动、企业经营引起的财务活动和企业分配引起的财务活动。现代企业生产是一种社会化大生产，需要大量资金，在生产经营过程中，企业与外界发生各种各样的资金往来关系，这就形成了企业的财务关系。企业财务管理就是组织好企业的财务活动、处理好企业的财务关系，为企业的生存和发展提供资金支持的一种综合性的管理活动。

3）企业财务管理的内容

企业财务管理的对象就是企业的资金运动及其所反映的财务关系。企业财务管理的基本内容主要包括资金筹集管理、资金运用管理、资金的回收与分配管理。

（1）资金筹集管理。资金是企业最重要的生产经营条件。企业会根据生产经营的实际需要筹集一定数量的资金，以满足构建固定资产、购买无形资产和流动资产、支付工资费用等方面的需要。国有企业资金主要包括资本金、资本公积金、盈余公积金、未分配利润和借入资金（如长期负债和流动负债等）。

（2）资金运用管理。资金的运用主要涉及生产过程，包括资金的投放、占用和耗费。企业应将筹集到的资金按照合理的结构投放于固定资产和流动资产。供应过程完成从货币资金形态到固定资产和储备资产形态的转化。生产过程则完成将劳动资料和原材料投入生产，以货币支付工资和其他生产费用的资金耗费。生产过程中，资金占用的具体形态是在制品和自制半成品。生产过程完成，生产出合格产成品，形成成品阶段的存货。这时生产资产转化为成品资产。生产过程创造了新的使用价值，也创造了新的价值。企业在生产经营过程中发生的销售费用、管理费用和财务费用，也需用货币支付，作为期间费用处理。企业在资金运用中，既要满足生产经营的需要，又要节约资金占用，以防止资金积压和浪费。

（3）资金的回收与分配管理。在销售过程中，企业的产成品投放市场，取得销售收入，使企业的资金得到回收。这时，企业的资金从产品资产形态又回到了货币形态。企业的资金从货币资金开始，经过供应、生产和销售过程，到取得销售收入，又回到货币资金形态，就实现了资金的一次循环。资金不断变换占用形态周而复始地循环，称为资金的周转。企业要对供、产和销全过程加强管理，采取有效措施加速资金周转，不断提高资金利用效率。

企业销售产品回收的货币要进行合理的分配。首先是用来补偿企业在生产经营过程中的耗费，以保证再生产的持续进行。企业利润按规定缴纳所得税、提取盈余公积金后，在投资者之间进行分配。留存的盈余公积金和未分配的利润是所有者权益的组成部分，留在企业参加生产经营周转。

2. 企业财务管理的原则与目标

1）企业财务管理的原则

在市场经济条件下，工商企业面临日益广泛的资金运动和复杂的财务关系，这就需要企业财务管理人员正确、科学地加以组织和处理。财务管理原则就是组织调节资金运动和协调处理财务关系的基本准则。在企业财务管理工作中应遵循以下原则。

（1）资本金保全。资本金保全原则是指企业要确保投资者投入企业的资本金的完整，确保所有者的权益。企业资本金是企业进行生产经营活动的本钱，是所有者权益的基本部分。企业的经营者可以自主使用投资者依法投资的任何财产，有责任使这些财产在生产经营中得到充分利用，实现其保值和增值。投资者在生产经营期间，除在相应条件和程序下依法转让资本金外，一般不得抽回投资。

（2）价值最大化。企业财务管理的目标是使资产所有者的财富最大化。在企业财务管理中，价值最大化原则应贯彻到财务管理工作的各个环节中。在筹资决策阶段，要根据这一原则，对各种筹资渠道进行分析、比较，选择资金成本最低、风险最小的筹资方案。在进行投资决策时，也要贯彻这一原则，在短期投资和长期投资之间进行选择。短期投资有利于提高企业的变现能力和偿债能力，能减少风险；长期投资会给企业带来高于短期投资的回报，但风险较大。企业应通过对不同投资项目进行可行性研究，选择一个收益最大的方案。

（3）风险与所得均衡。在市场经济条件下，企业的生产经营活动具有不确定性，企业的生产量、销售量都将随着市场需求的变化而变化。因此，企业生产经营的风险是不可避免的，其资金的筹措、运用和分配的风险也是客观存在的，财务管理人员应意识到风险，并通过科学的方法预测各种生产经营活动及资金筹集运用和分配方案的风险大小。风险越大，其预期收益越高，风险越小，其预期收益越低，应做到风险与收益的平衡。

（4）资金合理配置。资金的合理配置是由资源的有限性和企业追求价值最大化所决定的。在企业财务管理中贯彻这一原则体现为合理配置资金，即在筹集资金时，要考虑资产负债的比例（负债总额占资产总额的比例），做到既能举债经营、提高资金利润率，又能防止举债过多、加大企业财务风险；在资金运用时，要考虑资产结构，即各类资产在资产总额中所占比重，防止出现某类资产占用过多，而另一类资产却占用不足的情况。企业要把有限的资金用在刀刃上，并经常考核其资金配置结构的合理性和有效性。

（5）成本—效益。企业在生产经营过程中，为了取得收入，必然会发生相应的成本费用。例如：筹资会发生资金成本；生产产品会有直接材料、直接人工、制造费用的支出；销售商品会有商品购进成本和经营费用支出；从事生产经营管理工作，会发生管理费用；等等。在收入一定的情况下，成本费用越多，企业利润越少。因此，降低成本费用是企业提高经济效益、增加利润的有效途径。但是，企业的收入随着成本的增加而增加，随着成本的减少而减少，此时按成本—效益原则，在充分考核成本的基础上，如收入的增量大于成本的增量，则提高企业的效益；反之则使企业的效益下降。

2）企业财务管理的目标

任何管理都是有目的的行为，企业财务管理也不例外。企业财务管理的目标是企业财务管理工作尤其是财务决策所依据的最高准则，是企业财务活动所要实现的最终目标。目前，人们对企业财务管理目标的认识尚未统一，主要有三种观点：利润最大化、资本利润率最大化（或每股利润最大化）和企业价值最大化。

（1）利润最大化。这种观点认为，利润代表了企业新创造的财富，利润越多则说明企业的财富增加得越多，越接近企业的目标。这种观点的缺陷是：利润最大化是一个绝对指标，没有考虑企业的投入与产出之间的关系，难以在不同资本规模的企业或同一企业的不同期间进行比较；没有区分不同时期的收益，没有考虑资金的时间价值。投资项目收益现值的大小，不仅取决于其收益将来值总额的大小，还要受取得收益时间的制约，因为早取得收益，就能早进行再投资，进而早获得新的收益，利润最大化目标则忽视了这一点。一般而言，收益越高，风险越大。追求最大利润，有时会增加企业风险，但利润最大化的目标不考虑企业风险的大小；利润最大化可能会使企业财务决策带有短期行为，即片面追求利润的增加，不考虑企业长远的发展。

（2）资本利润率最大化。这种观点认为：应该将企业利润与投入的资本相联系，用资本利润率概括企业财务管理目标。此观点本身概念明确，可以对企业实现的利润与投入的资本或股本在不同资本规模的企业或期间进行对比，揭示其盈利水平的差异。但是这种观点仍然存在两个问题：一是没有考虑资金的时间价值；二是没有考虑风险问题。

（3）企业价值最大化。投资者建立企业的重要目的在于创造尽可能多的财富。这种财富首先表现为企业的价值。企业价值的大小取决于企业全部财产的市场价值和企业潜在或预期获利能力。这种观点认为：企业价值最大化可以通过企业的合理经营，采用最优的财务决策，充分考虑资金的时间价值和风险与报酬的关系，在保证企业长期稳定发展的基础上，使企业总价值达到最大。这是现代西方财务管理理论公认的财务目标，其认为这是衡量企业财务行为和财务决策的合理标准。

企业价值最大化是一个抽象的目标，在运用时也存在一些缺陷：非上市企业的价值确定难度较大。虽然通过专门评价（如资产评估）可以确定其价值，但评估过程受评估标准和评估方式的影响使估价不易客观，从而影响企业价值的准确性与客观性；股票价格的变动除受企业经营因素影响之外，还要受到其他企业无法控制的因素影响。

3. 企业财务管理职能与作用

1）企业财务管理的职能

企业财务管理的职能主要包括财务预测、财务决策、财务计划（或预算）、财务控制和财务分析。

（1）财务预测。财务预测就是财务工作者根据企业过去一段时期财务活动的资料，结合企业面临和即将面临的各种变化因素，运用数理统计方法，以及结合主观判断，来预测企业未来的财务状况。预测的目的是体现财务管理的事先性，即帮助财务人员认识和控制未来的不确定性，使其对未来的无知降到最低限度，使财务计划的预期目标与可能变化的周围环境和经济条件保持一致，并对财务计划的实施效果做到心中有数。

（2）财务决策。财务决策是对财务方案、财务政策进行选择和决定的过程，又称为短期财务决策。财务决策的目的在于确定最令人满意的财务方案。只有确定了效果好并切实可行的方案，财务活动才能取得好的效益，实现企业价值最大化的财务管理目标。因此，财务决策是整个财务管理的核心。财务决策需要以财务预测为基础，财务决策是对财务预测结果的分析与选择。

（3）财务计划（或预算）。财务计划（或预算）是指在科学的财务预测的基础上，将财务决策所确定的最佳财务目标和方案全面、系统地规划出来的管理行为。财务计划（或预算）是落实财务目标、组织财务活动的前提和依据，是以货币形式表现的生产经营计划。财务计划（或预算）的内容主要包括资金筹措计划、固定资产与流动资产计划、长期投资计划、成本费用计划、销售收入计划和利润及收益分配计划等。财务计划（或预算）的编制方法主要包括平衡法、余额法和定额法。

（4）财务控制。财务控制就是根据企业财务计划目标、财务制度和国家的财经法规，对实际（或预计）的财务活动开展情况进行对比、检查，发现问题并及时加以纠正，使之符合财务目标与制度要求的管理行为。这是保证财务目标和有关计划指标实现的重要职能。财务控制的方法多种多样，有事前控制、事中控制和事后控制；有定额控制、预算控制和开支标准控制；有绝对数控制和相对数控制等。

（5）财务分析。财务分析是指以企业实际资料为依据，对企业财务活动的过程和结果进行系统的分析与评价，肯定成绩，查明问题，提出改进措施，挖掘财务活动的潜力等管理行为。企业财务分析的形式多种多样，有定期分析与不定期分析、全面分析与专题分析等。

2）企业财务管理的作用

（1）企业经营决策的重要依据。一般情况下，企业经营决策正确与否关系到企业的生存和发展。在决策过程中，要充分发挥财务管理的作用，运用经济评价方法对备选方案进行经济可行性分析，为企业领导正确决策提供依据，当好参谋，保证所选方案具有良好的经济性。

（2）企业聚财生财的有效工具。企业进行生产经营活动必须具备足够的资金。无论是开业前还是在生产经营过程中，筹集资金都是保证生产经营活动的重要前提。企业在财务管理中要依法合理筹集资金，科学而又有效地用好资金，提升资金利用效果，创造更多的利润。

（3）控制和调节企业生产经营活动的必要手段。企业财务管理主要是以价值形式对生产经营活动进行综合管理，及时反映供、产、销过程中出现的问题，通过资金、成本及费用控制等手段，对生产经营活动进行有效的控制和调节，使其按预定的目标进行并取得良好的经济效益。

（4）企业执行财务法规和财经纪律的有力保障。企业在生产经营活动中必须遵守国家政策，执行国家有关财务法规、制度和财经纪律。资金的筹集必须符合国家有关筹资管理的规定，成本及费用开支必须执行规定的开支标准和范围，税金的计算和缴纳及利润的分配都必须严格按税法和财务制度的规定执行。企业财务管理工作在监督企业经营活动、执行财务法规、遵守财经纪律方面应起到保证作用。

4. 电商企业财务管理特点

对于电商企业而言，与一般非电商企业相比较，最典型的特点便是电商企业一定是基于平台系统的企业，正是基于平台系统这一特点，电商企业的组织模式及系统组成便有其特殊性。

1）电商企业的系统架构

一般而言，电商企业模式是 B2C，依赖平台组建，其系统大致由前端、后端、服务及组件、存储层四个部分组成。

（1）前端。前端系统一般是指面向用户的 PC 网站、App、小程序、门店 POS、微信公众号等前端应用系统。这些系统与应用要持续地为用户提供服务，还要兼顾良好的用户体验。所以，电商企业在设计这些系统时不仅要考虑功能的简洁、顺畅，还需要关注高可用及快速响应等性能因素。

（2）后端。后端系统主要是企业内部使用的相关系统，包括商品管理、采购管理、订单管理、运营管理、门店管理、渠道平台及财务系统等。这些系统的组合有时也被称为企业内部 ERP 系统。后端系统主要是针对前端系统产生的业务单据或相关活动的流转进行处理，其涉及的业务流程繁多，逻辑也非常复杂，在系统规划与设计时需要考虑不同的业务场景和异常情况。

（3）服务及组件。服务包括商品服务、库存服务、拆单服务、购物车服务、批次成本计算服务、缓存与搜索服务等。这些具体的服务按其服务对象可以分为基础服务与业务服务。组件是数据和方法的封装，指一组数据可以提供一些操作实现一些简单的功能，比如用户查询组件，可以提供查询操作（方法）对用户数据实现某些数据的查找。

（4）存储层。存储层是电商数据的存储中心，包括数据库、缓存和文件。数据库从结构上可以划分为前端、后端、BI，从类型上又分为关系型和非关系型，如 MySQL、SQL Server、MongoDB。缓存是一种提高数据访问速度的技术，它可以有效地提升系统性能。随着用户访问量的不断攀升，缓存应用尤为广泛，目前使用较多的是 Redis 和 Memecached。文件包括图片和各种资质文件等，有些大型企业自主开发了分布式文件存储系统，如淘宝的 TFS（淘宝分布式文件存储系统）、京东的 JFS（京东文件系统）等。

对于电商企业而言，财务系统一般是基于企业信息管理系统。一般来说，电商财务系统位于后端，处于所有业务系统的后面。所以，我们习惯将前端系统和除了财务系统以外的后端系统称为前端业务系统，如图 10-1 所示。

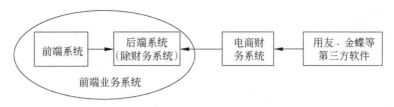

图 10-1　电商财务系统与前端业务系统

前端注重用户体验，如购物流程、订单跟踪与售后服务，后端的重点在于业务流程、逻辑规则和数据处理等。

2）电商企业财务系统架构

财务系统在互联网电商企业中不可或缺，电商财务系统处于内部 ERP 系统的末端。虽然电商财务系统叫财务系统，但我们应该清楚地认识到它与专业财务软件（如用友、金蝶等）的区别。电商企业的特点是业务变化快、需求急，传统的财务软件很难满足这些要求。所以，一般电商企业需要适应电商企业经营模式和业务的财务系统，以适应企业在不同时期的不同业务。一般的电商财务系统实质上是业务管理系统，并不是真正意义上的财务软件（如用友、金蝶等）。但是，它涉及很多财务模块，依赖于企业内其他业务系统（如采购、销售、仓储、促销、商品等），处于电商内部 ERP 系统的末端，是针对财务数据加工处理的数据管理软件，是为专业的财务软件提供财务数据、报表、凭证的中间系统。

电商财务系统的核心模块如图 10-2 所示。

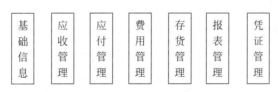

图 10-2　电商财务系统的核心模块

3）电商财务功能模块与数据流

一般而言，电商财务系统并不是真正的财务系统，但它和专业财务软件一样，包括应收、应付、费用、存货、报表等模块。这些模块与专业财务软件是有一定区别的，它们是专业财务软件对应模块的前期业务处理与数据来源，是根据财务的日常工作所进行的系统实现。企业专业财务软件通过财务系统的各个模块进行各类原始凭证的登记、核销处理是财务部日常的主要工作，财务人员有时需要切换不同的业务系统来获取并导出多个 Excel 文件，然后针对这些文件进行合并处理。

互联网电商的业务复杂、变化频繁，财务人员如果总是根据需求进行手动调整，工作量将会非常大，准确性和效率也很难保证。利用电商财务系统中的这些模块来响应前端业务的变化，然后与专业财务软件财务总账模块实现对接，取代财务手工台账的繁杂工作，是电商财务系统的基本目标。

（1）财务应收。财务应收是电商财务系统的主要模块之一，日常的应收对账是资金会计的主要工作。应收数据包括质保金、平台佣金服务费、销售收入及退款数据。这些数据有的来源于销售，有的来源于采购，此外还涉及供应商、商家或第三方支付平台的数据。不同电商企业，电商财务系统设计有差别，有些实现了自动化对账功能。但要明确的是，应收对账的目的是发现并解决问题，减少财务人员的工作量，最重要的是处理异常数据。大型电商企业的资源充足，系统功能强大。中小型电商企业应该以满足业务需求、解决实际问题为目标，优先解决最迫切的问题，后期再不断地迭代完善系统。

（2）财务应付结算。财务应付结算是整个电商财务系统中涉及金额最大、流程最复杂、逻辑最多的模块，它主要有以下特点：一是金额大、风险高。应付是企业按账单把资金支付给供应商或商家的操作，一旦出现错误，会直接影响企业信誉，严重的可能会产生资金损失。二是业务流程复杂。应付结算主流程如图 10-3 所示，它不仅涉及后台应付数据的计算，而且涉及财务部的结算控制过程。从获取合同的结算模式（经销结算、代销结算、联营结算及平台商家佣金收入模式），生成结算单，到结算单的审核、供应商对账、发票管理，再到申请付款及最终付款，业务节点较多，每个流程的审核控制比较严格，涉及的逻辑也比较复杂，受前端业务影响大。财务应付结算依赖于前端业务系统，业务单据的流转、状态变化、异常情况都会影响财务数据。所以，一般来说，电商企业在相关系统设计不成熟、运行不稳定的情况下，结算数据可能需要不断重算或修复。

图 10-3　应付结算主流程

（3）对账平台。对账平台是互联网电商企业提供给供应商或商家使用的外部平台，其数据来源于电商财务系统，功能包括结算单对账、税票维护、付款单及付款进度的查看等。同时，它还具有一些原始业务单据的查询和导出功能。电商企业与供应商、商家的结算可以通过对账平台进行数据的核对与确认，实现线上对账和结算。对账平台消除了邮件、电话等传统方式带来的不便，可以大大提升财务人员的工作效率，也能让财务人员将更多的时间分配在数据分析、管理等工作上，实现财务人员由普通会计向管理会计的角色转换与能力提升。在电商财务系统中，对账是数据流转的一个环节，目的是加快数据传递，提高工作效率，保证数据及时、准确、清晰。对账也正是保证财务数据特性的具体实践。

（4）财务报表。报表数据是电商财务系统管理的基础，财务人员会根据财务报表进行总账处理、财务数据分析，他们通过报表的二次加工，满足财务不同时期的需求。电商财务系统是专业财务软件的数据来源，在实际的工作中，凭证集成往往都是最后才进行，这也是在财务规划时需要考虑的。在系统融合集成前，财务报表的重要性不言而喻，数据及时性、准确性、不可变及持久性是要遵循的设计原则。在实践工作中，电商企业财务数据的错误与异常变化是比较常见的问题。所以，一般电商企业在系统设计时要充分考虑各种影响因素，分析不同的场景，设计不同的方案。

4）电商财务系统的特点

商品经过前期的采购、销售后，需要经过财务系统的核算，进行应收、应付、成本的计算与处理，这是电商财务管理的重要工作内容。电商财务管理与传统企业财务管理虽然没有本质上的区别，但是却有其自身的特点：一是电商财务管理要能够快速地适应业务变化，任何业务上的流程改变或新需求都可能会影响财务部分。二是电商财务管理包括两部分，即业务财务处理与专业财务总账处理，二者通过凭证集成模块完成统一。三是电商财务管理面对的数据体量巨大（每日上万订单或百万订单），财务人员需要抛开传统行业的影响，有选择、有侧重、合理地安排日常工作，有取有舍，有核对、有分析。四是财务人员要充分利用系统工具，与产品研发人员深入协作，针对实际业务，共同制定合理的流程，开发适用的财务系统，提升工作效率和财务管理能力。

通过以上电商企业的系统组成及业务架构的介绍，可以看到，一般来说，电商企业内部存在很多个不同的应用系统，在商品从供应商到最终用户手里的流转过程中，需要这些系统的紧密配合与协作。

10.1.2 AI＋RPA 财务管理价值分析

当前，国内主流的财务软件公司已经研制出自己的财务机器人并投入应用市场，比如金蝶推出了财务机器人小 K、用友推出了财务机器人小友等。除了原有传统的财务软件公司在研究和推广财务机器人之外，国内一些专业开发 RPA 机器人的公司如实在智能科技有限公司等也在大力研究和推广自己的财务机器人。

1. AI＋RPA 财务机器人的概念

简单地说，AI＋RPA 财务机器人就是 AI＋RPA 技术在财务领域的具体应用，它可以协助和代替财务人员完成大量"重复""规则明确"的工作任务和流程，实现数据检索与录入、图像识别与转换、跨平台上传与下载、数据重构与分析、信息监控与流程触发等多种功能，广泛应用于会计核算、跨系统协同、管理决策支持等流程自动化的财务场景，如记账凭证录入、发票管理、资金管理、费用报销审核、采购到付款、销售到收款、资金预算、纳税申报、财务分析等。因此，在许多文献中，"财务机器人"也经常被称为"RPA 财务机器人"。

2. 财税工作中的困局与 AI＋RPA 财务机器人的优势

伴随人工智能等技术的发展，财务与纳税申报领域的自动化、智能化、数字化将为企业经营管理提供新的动力、新的思维、新的方法。科技与财务的融合将重新定义财务的价值，这也正是众多企业推动财务自动化的意义所在。

1）财税工作中的困局

（1）企业财务管理方面的困局。当前，电商企业财务部门面临的问题可概括为以下三种：一是工作琐碎繁重。财务人员面对大量的手动数据导入或票据核对等工作，工作烦琐且效率不高。二是差错率高。在记账到报账的全过程中有多个环节，手动录入数据使得对账的标准化程度低，准确性也缺乏保障。三是系统间信息交互困难。在财务统计工作面对多个单位时，不同单位的数据标准或系统接口往往不一致，跨系统数据积累和使用难以兼容。

（2）企业纳税申报上的困局。纳税申报是指按照税法规定的期限和内容向税务机关提交有关纳税事项书面报告的法律行为，是纳税人履行纳税义务、承担法律责任的主要依据，也是税务机关税收管理信息的主要来源。企业在经营过程中往往会根据相关法律及自身运营情况进行合理、合法的税务筹划，以合法降低税务成本。报税正式开始前，通常需要对企业经营产生的所有税务信息根据税法规则进行核算，具有涉及业务范围广、税务种类多、电子数据多等特点，给企业税务财务人员带来较大的工作量。其主要体现为以下三个方面：一是算税难。企业业务系统多且与财务系统割裂，在计算税务时，需要到不同的业务系统和财务系统中抽取数据，再经过人为的加工才能计算出相应的税务数据，并需要根据分、子公司所在税局模板整理形成最终的报税数据，工作效率低下且容易出错，纠正成本高。二是时效要求高。通常各税务局对报税都有严格的时限要求，企业必须在指定的时间内完成报税任务，对于集团型物企来说，项目分布广、涉及电子税务局多，但通常都是由一个财务人员管理多个纳税主体的报税任务，工作量大，存在超时风险。三是报税烦琐。报税以法人单位为主体，集团型物企纳税主体多，各电子税务局要求可能存在微小差异。在纳税申报时，需要人为地将已计算好的数据表格逐一填报到线上表格中，工作烦琐、极易出错，一旦出错，排查也非常困难。

在算税难、时效要求高、报税烦琐的业务背景下，如何优化报税流程，确保报税数据的准确性，助力财务人员实现快、准、稳报税，提升企业报税人工效能，避免税务风险成为企业不得不去思考的问题。

2）AI＋RPA 财务机器人的优势

AI＋RPA 财务机器人的应用，能有效解决当前电商企业在财务、税务管理上出现的成本高、管理效率低下等问题。具体来说，AI＋RPA 机器人在电商企业财务、税务管理上的价值贡献主要体现在如下几个方面。

（1）解放了劳动力，提高了工作效率。日常财务工作中往往存在大量的重复工作，如审核和输入凭证、开具发票、核对银行对账单等。财务人员在从事这些工作时，由于太过机械、单调，往往容易产生厌烦情绪，工作效率不高。而财务机器人一旦开启，就可以不分昼夜采用 7×24 小时工作模式；此外，财务机器人具有强大的运算和存储记忆能力，可在短时间内快速处理重复性工作，极大地提高了工作效率。在纳税申报上，申报流程端到端自动化，相比传统手工申报，大幅度节省人工时长，释放人力成本，相当于直接或间接对接电子税务局、核心征管接口，RPA 成本较低。

（2）零差错率，提高了工作质量。AI＋RPA 机器人是根据具体的财务工作任务和流程设置好相应的程序，根据设置好的程序进行相关操作。同时，机器人在执行每一次操作时均可实时监控、记录操作过程，事后可以跟踪查询，这样就提高了财务工作的规范性。与财务人员操作相比，机器人消除了人为因素，能够达到零差错率，提高了工作质量。在税务申报上，一键申报不需要再手动登录多地区电子税务局进行填报及结果收集获取。全链条申报流程打通，端到端实现自动化。

（3）具有非侵入性，提高了应用系统的统一性。企业在运营的过程中，往往会使用多个不同的应用系统，如财务管理系统、客户管理系统、OA 系统、报税系统、发票验真系统等。对于企业来说，有些应用系统可以进行改造，如财务管理系统、客户管理系统、OA 系统。机器人对企业原有应用系统没有侵入性，从而提高了应用系统的统一性。

3. RPA 机器人在财务、税务管理上的主要应用

财务领域中，许多业务都具有规则性强、大量重复的特点，RPA 可以代替财务人员的手工操作，帮助其完成基础性工作，通过优化财务流程，提高业务处理效率和质量，降低运营成本，从而让财务人员参与更有价值的工作。

1）资金管理业务

资金管理业务主要包括公司资金的配置、使用效率和安全监管三个方面，所以提升资金的安全性、可用性、使用效率的关键在于提高资金周转率，在此基础上，准确、实时地反映资金数额，这恰好是 RPA 的优势。资金管理业务中适合 RPA 的具体场景如下。

（1）银企对账。人工操作下，财务人员需要登录银行网站下载对账单、流水明细单，并将其整理成统一格式，与企业银行日记账核对。对于中大型企业而言，银行账户交易往来频繁，整个对账环节工作量大且烦琐，为保证安全，往往需要 U 盾等实物进行验证，一旦 U 盾丢失或损坏，会导致业务无法办理，影响资金使用效率。引入 RPA 后，可自动登录网银平台，下载流水单、对账单，将单据数据输入 Excel 标准模板中，与银行日记账核对，如有不符，则立即发出警告，核对无误后，再将这些数据对外公布，全过程高效、准确，不需要人工参与，可大大提高工作效率、降低出错率，也避免了大部分人工操作的风险。

（2）现金管理。历来现金都是企业的核心资产，过多的现金会导致机会成本过高，而过少的现金又无法应对企业日常经营，因此决定最佳现金持有量的关键在于现金管理的灵活性。人工操作下，现金经常缺乏严格的管理，对于支付额度、支付策略等把握不准，对企业管理制度执行不到位，都可能会出现一些异常状况，影响现金的持有量。RPA 可根据现金计划信息、历史数据等，建立业务模型，根据预设的规则、支付方式、支付策略和支付金额等多个因素进行计算分析，得到最优组合，完成资金安排，同时对资金收支进行动态监控，帮助企业实时掌握资金使用状况。

（3）收付款管理。RPA 可根据订单信息自动完成收款业务，根据供应商信息自动完成付款业务，在资金支付的过程中，RPA 可以自动查询银行返回的付款结果，并将结果反馈给财务部。

2）业财共享业务

电商企业数字化转型的基石是建立企业财务共享中心，它通过建立共享池，集中处理业务，具有很强的规则性，业务重复性高且量大，非常适合 RPA 应用场景。由于 RPA 非侵入式的技术特点，企业财务共享中心在引入 RPA 后无须增加负担运行，可以快速访问多个 ERP 系统，方便、快捷地获取数据。

（1）费用报销。费用报销业务占据企业业务的很大一部分，涉及企业的各个部门，费用报销流程是目前财务机器人应用最广泛的任务场景。一般企业费用报销业务流程是经办人员整理纸质单据后，在 OA 系统中填写报销单，再将纸质单据送达财务部，由财务人员整理、审核确认报销单，并在财务系统中完成记账凭证的处理。其中，报销科目的种类多样、数量巨大，给经办人员和财务人员都带来了很大的工作量。引入 RPA 后，

可以实现如下功能。

① 报销单据自动接收：能对各种渠道收集到的各类单据和发票进行自动识别，按种类汇总，将结果分发到各端口，自动生成报销单并发起审批流程。

② 费用报销智能审核：预先设定费用报销审核规则，将其嵌入费用报销系统中。根据设定执行审核操作，如查验发票、进行预算控制、审核报销标准。

③ 记录自动付款：通过审核后，付款单将自动生成；付款单进入待付款中心，财务机器人根据付款计划执行付款操作。

④ 账务自动处理及报告：根据会计记账规则自动生成凭证，过账、提交，最后生成财务报告。

（2）采购到付款。业财一体化可实时反映经济业务本质，业务指导财务，财务反映业务。在财务共享中心，采购业务在企业的经营活动中占有很大的比重，从采购订单到采购合同，采购收货到采购付款，采购分析到对账环节，涉及多个 ERP 系统。引入RPA 后，可实现供应商管理、供应商对账到发票处理和付款全过程的无缝衔接。

① ERP 系统采购业务自动填写：按照采购计划将采购名称、规格、型号、数量、价格、供应商等信息自动录入 ERP 系统。

② 付款申请单处理：通过 OCR 扫描付款申请单并识别相关信息，RPA 在 ERP 系统中录入付款申请单信息，完成采购订单信息、发票信息和采购入库单信息的匹配校验。

③ 采购付款：RPA 从 ERP 系统中自动提取付款申请单的付款信息（如对方的收款银行账号、账户名称、付款金额等），并提交给网银付款系统进行付款操作。

④ 与供应商对账：手动设定好对账触发的时间节点，RPA 定时登录到财务模块获取应付账款明细，然后依次发送对账提醒邮件给对应的供应商。

（3）销售到收款。销售业务、资金收付、回款率等都是公司管理层和销售部门绩效考核的重点，能否获取实时、方便的数据成为 RPA 项目是否被引入的关键。财务共享业务中涉及销售业务的产生、销售发票的开具、销售商品的发出、销售资金的回收以及回款分析等场景。引入 RPA 后，可以实现 ERP 系统自动完成销售业务录入、发票开具、银行电子回单下载、客户画像等工作。

① 销售业务录入：RPA 自动获取销售订单信息，并智能化地录入 ERP 系统。

② 发票开具：根据销售订单信息获取客户信息及销售商品数据，RPA 由此自动开具发票，并发送至客户指定邮箱。

③ 银行电子回单下载：根据收款人的信息，实时获取银行账户数据，自动下载银行电子回单。

④ 客户画像：根据客户的销售订单及回款情况，RPA 自动通过第三方外呼平台拨打催款电话给客户，并根据 NLP 语义分析，进行客户画像、评级等客户管理工作。

（4）总账到报表。从总账、明细账到报表的编制是财务处理标准流程。在信息系统下，有专人负责专门的财务系统，常常集中在期末处理，费时费力，而且不能及时反映企业的财务状况。引入 RPA 后，可实现自动对账和结账、期末会计分录处理和编制财务报表等功能。

① 自动对账和结账：期末时，RPA 自动完成各个项目的对账和结账工作，如现金

盘点、银行对账、销售收入确认、应收账款对账、关联方对账、应付账款对账等。如发现异常，自动发出预警报告；如对账无误，则自动进行结账。

② 期末会计分录处理：RPA 在期末对会计分录自动记录并结转处理。

③ 编制财务报表：RPA 可以实现数据汇总、报表编制，自动生成标准化的对外财务报表，还可以按照合并规则、抵销规则生成合并抵销分录，实现自动编制合并报表。

3）企业纳税申报管理

目前，税务管理已经成为财务机器人应用较为成熟的领域，包括自动纳税申报、涉税信息核对、增值税发票查验等任务场景。

（1）自动纳税申报。RPA 自动登录账务系统，下载导出财务数据、进项税认证数据等，并根据这些信息在电子税务局系统中自动完成纳税申报主表和附表的填报。

（2）涉税信息核对。RPA 基于纳税和缴税信息可自动化完成系统内与涉税有关的会计分录编制工作，并计算递延所得税资产或递延所得税负债，完成相关的账务处理，最后将结果通过邮件发送相关责任人。

（3）增值税发票查验。RPA 根据已有的待开增值税发票信息登录增值税发票开具软件，并根据业务智能识别待开增值税发票的类型，完成开票任务。RPA 自动登录税务机关发票验证平台，通过 OCR 技术获取发票信息填入平台，批量自动校验发票真伪，并可对校验结果进行记录反馈。

4. AI＋RPA 财务机器人的发展趋势

RPA 机器人一般只能根据事先定义好的流程和规则执行，依靠固定脚本执行命令，并且只能进行重复、机械的操作，无法像人类一样，对财务事项进行模糊判断，也不可能对事先没有定义的数据进行关联。因此，现在的 RPA 机器人只能算是人工智能在财务工作应用的初级阶段，属于弱人工智能。但是，随着深度学习、自然语言处理等人工智能技术的不断推广和应用，可以实现非结构化数据的处理、预测规范分析、自动任务接受处理等功能，大部分核算型财务工作将由财务机器人承担，比如会计核算、财务分析、财务监督等。这种财务机器人已经拥有一定的"智能"，也可以称为"智能财务机器人"。今后，开发出更加智能的财务机器人，将是数字财务的发展新趋势。

10.2　财务对账机器人

"资金对账"是企业财务人员每天都会遇到的一个高频场景。RPA 对账机器人可代替人工执行程式化的对账业务，它具有灵活的扩展性，可集成在企业的任何系统上，跨系统自动处理对账业务数据，提高对账处理效率和对账准确率。

10.2.1　财务对账业务流程分析

电商企业财务对账主要包括银企对账、与支付公司对账、与供应商对账等，对账的核心就是明确交易数据。

1. 银企对账

邮寄对账单对账，这是最早使用的对账方法，银行通过快递将本季度或半年度的对账单邮寄给公司，公司核对余额无误后，在回执联上加盖公章，并将对账单寄回银行。柜台对账，这种方式要先查询公司账户期末余额及本期明细，打印后携带公章到银行柜台进行对账，柜员会打印对账通知书。对账确认无误后，加盖公章，将回执联交还给银行柜员即可。网银对账，这种方式是银行目前主推的对账方式，分为有 U 盾对账和无 U 盾对账两种。有 U 盾则直接使用 U 盾登录网银，一般银行到期都会提示对账，在待办事项中会有提醒或直接弹出对账对话框。

对于业务量大、交易笔数多，要求日清日结、不允许未达（银企余额不允许不一致）的企业，财务人员每天进行银企对账和支付对账；对于业务量中等规模或小规模的企业，财务人员进行银企周结月结、支付对账日对账。有时候人力不足，给工作人员带来很大的压力。例如：很多公司会在多家银行开设账户，财务人员每天要进行下载汇总数据、核对金额等工作，可应用软件机器人自动登录网银系统下载和汇总数据，对最后一天数据进行核对，对账号、摘要、金额自动进行判断，自动对账，生成月余额调节表，交由人工复核。软件机器人应用于财务领域以自动化的方式（模拟人工操作）代替手动操作，辅助财务人员完成大量重复、枯燥、单一的基础业务，从而优化财务流程，提高业务处理效率和质量。

银企对账可按照以下步骤操作。

（1）余额对账录入：登录企业网银。

（2）单击账户、银企对账、余额对账录入。

（3）对账单编号、详情。

（4）可查看该账户明细，并支持对账户明细的打印、下载。

（5）核对后可选择"相符"或者"不相符"，选择"不相符"则支持余额调节表录入。

2. 与支付公司对账

现在的电商平台一般会接入多家支付公司的支付产品，如支付宝、微信、银联等，电商企业需要与支付公司核对交易数据。对账其实是对一定周期内的交易进行双方确认的过程，一般都是在第二天第三方支付公司对前一日交易进行清分，生成对账单供电商平台下载，并将应结算款结算给电商平台。对账的主要目的是电商平台通过对账单与自身系统订单比对，确认是否存在异常订单；同时，对账也是电商平台结算金额的依据。对账一方面对信息流，另一方面对资金流，信息流对账主要是确认双方订单金额、状态等是否一致，如果一致，则根据对账单计算出应结算款，与第三方实际结算款进行资金流对账。如果不一致，则要查明原因。

商户与支付公司对账的流程大致为：对账单获取→数据规范→对账核心→结果输出→差错处理。

第一步：对账单获取。对账前要获取对账单，对方一般在第二天提供，提供的方式有接口、邮件、FTP 等。

第二步：数据规范。一般电商平台不会仅对接一家支付公司，不同支付渠道提供的对账单格式、规范不尽相同，因此需要进行转换，最终进行核心对账。

第三步：对账核心。对账单数据整理规范后，进行对账时，需对对账单中订单、金额与电商平台系统订单、金额进行比对。

第四步：结果输出。对账无差异的，显示对账成功，可进行汇总确认。对账存在差异的，进行展示，并提供差错处理方式。

第五步：差错处理。差错处理需达到两个效果：一个是完成对账，另一个是将账务对平，常见的账务处理方式有挂账、登账、调账。

3. 与供应商对账

电商企业与供应商对账主要是为了保证应付、预付账款余额的真实性、准确性和完整性。与供应商对账的工作主要是电商企业因对外采购而发生的应付、预付账款的核对工作，包括余额对账和科目调整。

与供应商对账的基本流程如下。

（1）建立供应商结算账期。

（2）按账期出具每个供应商的可结算金额。

（3）财务人员进行账单核对，审核发票。

（4）根据发票填写结算金额，上级领导审批。

（5）公司财务出纳支付货款给供应商。

线下的一般支付流程如下。

（1）准备对账单。公司对账单由财务部统一制定，由采购部负责将对账单传递给供应商。

（2）供应商传递对账单。每月固定一个起止时间（如每月 1—3 日）作为供应商统一传递对账单的日期，财务记账人员在收到对账单后及时进行核对，并签字确认。对账单必须填写完整，并附有企业收货入库单（供应商联），与对账单内容一致，不完整的对账单，财务人员有权退回或延期对账。

（3）采购负责人回传对账单。财务部会将签字确认的对账单统一递交采购部，采购部将存在疑问的账单回传供应商，无疑问的对账单填写付款申请单，并递交财务部。

（4）财务经理、总经理确认对账结果。每月 7—8 日是财务经理、总经理签字确认对账结果的日期，并安排付款时间。

10.2.2　财务对账机器人设计与应用

下面以实在 RPA 实现银企对账自动化处理为例进行说明。

视频 10-1　银企对账

1. 银企对账业务描述

银企对账是企业财务管理中很重要的工作，通过银企对账，若是发现了不一致的情况，需要进行调节，调节数据的表就是银企对账调节表，当然不会对"银行存款"账户的数据进行调整，只是通过银企对账调节表的调整发现银企之间的数据差异而已，发现是否存在资金管理方面的问题。目前，企业一般是通过企业银行网银方式下载银行存款明细账数据，对比企业"银行存款"账户的明细账数据来实现银企对账。银行一般不再通过传统的纸质方式给企业邮寄纸质银行存款流水明细，对账也基本实现电子数据对账，以及通过企业"银行存款"账户的 Excel 表和银行网络下载的银行系统明细账进行对比，其基本流程如图 10-4 所示。

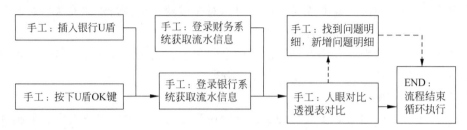

图 10-4　传统手工银企对账流程

手工模式对账面对的主要挑战如下。

（1）发生频率高，下载数据、文件多，时间过长。需要登录财务平台和银行系统，定时对财务平台相关账户的数据和银行系统对应的账户数据进行核对。企业业务越多，产生的账户数据越多，对账的频率就越高，才能在规定的时间内完成对账业务。存在三类对账：一是银行、企业正常报销和薪酬等费用的对账；二是银行总行、分行之间的对账（企业内部总行与分行）；三是银行、企业网银上报对账。

（2）工作重复，花费大量时间，效率低下。例如，某地产公司有 20 个银行约 100 个账户的对账工作，每天需要 6 个员工处理约 4 个小时才能完成。

（3）人工对账可能出现遗漏。

2. 实在 RPA 自动化银企对账

在了解银企对账的基本业务内容之后，可以了解一下实在 RPA 是如何具体地搭建这样一个自动化流程的，其基本的流程图如图 10-5 所示。

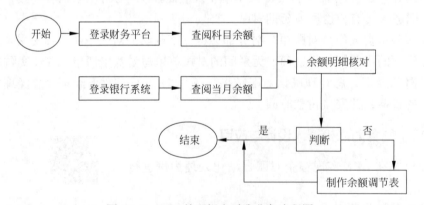

图 10-5　RPA 处理银企对账业务流程图

实在 RPA 财务机器人银企对账，配合实在 USB-HUB（USB 扩展器）自动登录财务平台和银行系统，自动化程度可达到 100%，可定时自动批量银企对账。应用 RPA 之后，仅需要很短的时间即可准确完成全部对账工作，提升效率近 10 倍，出错率为 0。由于登录银行系统需要有网银 U 盾的硬件配合，所以在自动化处理过程中需要专门的硬件配合 RPA。实在 RPA 自动化批量进行银企对账的执行流程如图 10-6 所示。

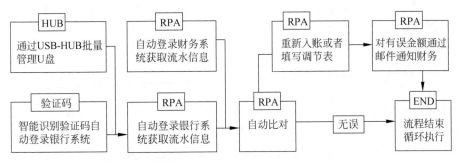

图 10-6　实在 RPA 自动化批量进行银企对账的执行流程

在使用 RPA 设计器之前需要解决两个问题：第一个是关于 U 盾的使用和安全的问题。注意使用 U 盾登录银行系统的安全，U 盾是企业登录银行系统最关键的安全保障工具，如果硬件丢了或密码丢失，会对企业造成一定的损失，所以 U 盾的安全很重要，企业一般都会有专人去保管，为了能使用 RPA 自动登录系统，实在开发设计了一个叫 HUB 的集线器，HUB 集线器能把 U 盾放到一个安全地方，然后 RPA 机器人自己去读数据，这样能保障系统的安全。第二个是关于银企对账业务流程的一些问题，主要是银行存款账户借方、贷方等金额拆分入账的问题。这些是财务人员所熟悉的专业知识，就是如何进行银企对账调整，账户的借方和贷方及其余额一般来说是财务人员均比较熟悉的内容。使用 RPA 设计器进行设置，主要有三个步骤。

第一步，主要是对登录财务系统的自动化设置。设置好了以后，运行 RPA 就会自动从企业的财务系统下载科目余额表，科目余额表详细记录了企业一个核对期间（1 个月）的"银行存款"科目（含明细账科目）的账户变化情况及其余额情况。

登录财务系统，这里以登录"柠檬云财务系统"为例进行简要说明。首先在流程模块里建一个新任务，拖一个新的模块，不在原有的基础上，然后拖一个模块出来，双击一下，它就会进到组件开发页面，如图 10-7 所示。

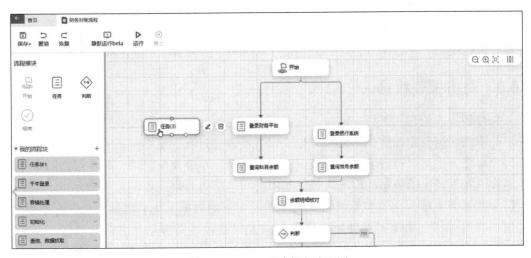

图 10-7　RPA 搭建任务流程图

接下来就是操作让 RPA 自动去打开需要打开的网页，主要就是把需要打开的网址复制到组件模块应用，通过这个组件就可以自动打开一个想打开的网页，这里不需要写代码，只需要填一个网址信息，就跟使用一些工具一样，可视化工具将需要打开的网址复制到保存网址的地方，如图 10-8 所示。

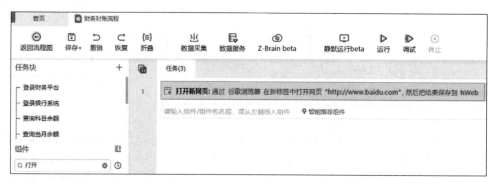

图 10-8　设置让 RPA 打开需要打开网页的操作

只要单击"运行"，RPA 就会自动找到网站，登录系统操作。

第二步，设置登录银行系统的操作。操作的方式类似，这里不再叙述。

第三步，根据从企业财务系统下载的科目余额表和从银行系统下载的各个银行的银行存款流水表，RPA 要执行的事就是去核对它们的余额是否有问题，并且对比一下借方金额和贷方金额，两张表的同一笔数目是否对得上，如有问题，RPA 机器人就会把这个数据给填进去。填好这些不一致的数据后，RPA 的操作就执行完毕。由于数据对比操作方式与上述 RPA 的操作类似，这里就不再叙述操作的过程。

总之，企业在使用 RPA 之后，在银企对账业务方面，至少有以下三个方面的好处。

（1）减少重复劳动。银企对账是规范性、重复性工作，使用实在 RPA 财务机器人可大大降低人力成本，释放人力投入具有更高附加值的工作中。

（2）效率提升大。整个过程做到无人值守，大大提高了银企对账的效率和质量，如企业应收、应付、资金循环周期都变短，客户及员工的满意度得到提高。

（3）降低风险。使用实在 RPA 银企对账机器人后，大幅度降低人工风险，避免对企业造成损失。

10.3　财务报表机器人

总账到报表流程，是指完成整个业务系统、总账的标准化凭证处理后，核对各业务模块的明细数据与总账数据、结账并生成财务报表的过程，主要包括关账、标准分录的处理、对账、出具财务报表、基础数据维护等环节。企业规模越大，财务部门的工作量也越大，尤其是集团公司的财务人员。集团公司总部每月都需要汇总各分公司、子公司的财务数据并上报至国资监管机构，其中涉及大量的数据采集、数据汇总、汇率换算、差额核验等工作，整个过程耗时、费力。RPA 机器人可以自动导出系统数据，发送催收邮件，进行数据汇总及合并抵销，汇总财务报告，极大地提升了财务数据汇总的工作效率。

10.3.1 财务报表业务流程分析

总账到报表流程环节,业务规则明确、自动化程度较高,适于引入财务机器人。RPA 在总账到报表流程的应用如图 10-9 所示。

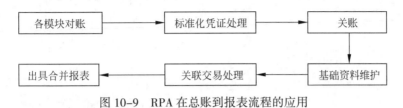

图 10-9 RPA 在总账到报表流程的应用

1. 各模块对账

RPA 财务机器人进行各模块与总账系统的对账工作,如应收系统与总账系统、应付系统与总账系统、供应链系统与总账系统等,并反馈异常信息给负责人。

2. 标准化凭证处理

RPA 财务机器人周期性地对账务分录进行记录和结转,如费用摊销、折旧计提、损益结转等。

3. 关账

RPA 财务机器人自动进行关账前的准备工作,如现金盘点、银行对账、应收款项对账、应付款项对账、存货暂估等,若发现异常,发送预警报告并由人工处理,若对账无误,则自动进行关账处理。

4. 基础资料维护

RPA 财务机器人定期收集信息,对总账中的各项基础资料进行维护。例如,获取最新的外币汇率并自动进行汇率的维护。

5. 关联交易处理

RPA 财务机器人自动处理集团内各子公司的关联交易信息。

6. 出具合并报表

RPA 财务机器人自动完成系统报表的导出及处理,各子公司报表的催收、汇总等工作;根据抵销规则生成合并抵销分录,根据汇率数据和当月境外子公司的报表进行处理和计算。最后,RPA 财务机器人根据生成的数据,形成当月的合并报表。

10.3.2 财务报表机器人的设计与应用

案例:应用实在 RPA 自动编制财务报表。

视频 10-2 财务报表机器人

1. 编制财务报表业务描述

某家企业的管理者想要了解企业经济的运行状况,财务部门需要编制财务报表,财务报表编制是将会计人员编制的记账凭证上记录的数据,根据财务报表编制规则填制到资产负债表、利润表和现金流量表的过程。这个过程可以利用 RPA 来进行自动化处理,减少人工填制的工作量。财务报表编制的基本处理过程有两步:第一步是根据经济业务发生后得到的原始凭证进行记账凭证的处理;第二步是在记账凭证的基础上完成财务报表的编制(调整)。

　　假设这家企业已经有 5 笔经济业务，会计已经完成了记账凭证处理，这 5 张凭证的相关金额、数字摘要和科目已经完成了制作，如图 10-10 所示。

	凭证一	摘要	科目	借方	贷方
2	凭证一	摘要	科目	借方	贷方
3		收到投资	银行存款	100000	
4		收到投资	实收资本		100000
5					
6					
7					
8	凭证二	摘要	科目	借方	贷方
9		实在智能	应收账款	10000	
10		实在智能	主营业务收入		8849.56
11		实在智能	应交增值税		1150.44
12					
13					
14	凭证三	摘要	科目	借方	贷方
15		收实在智	应收账款-2022年		5000
16		收实在智	银行存款	5000	

	凭证四	摘要	科目	借方	贷方
19	凭证四	摘要	科目	借方	贷方
20		采购电脑	固定资产	4424.78	
21		采购电脑	进项税	575.22	
22		采购电脑	应付账款-2022年		5000
23					
24					
25	凭证五	摘要	科目	借方	贷方
26		计提税金	应缴税金-印花税		3
27		计提税金	应缴税金-附加税		69.03
28		计提税金	税金及附	72.03	

图 10-10　会计凭证式样

根据上述 5 张记账凭证编制的 3 张财务报表如图 10-11 所示。

资产负债表
2022年9月

编制单位：实行智能科技（上海）有限公司　　　　　会企01 表　单位：元

资产	期末余额	年初余额	负债和所有者权益（或股东权益）	期末余额	年初余额
流动资产：			流动负债：		
货币资金	105,000.00		短期借款		
交易性金融资产			交易性金融负债		
以公允价值计量且其变动计入当期损益的金融资产			以公允价值计量且其变动计入当期损益的金融负债		
衍生金融资产			衍生金融负债		
应收票据			应付票据		
应收账款	5,000.00		应付账款	5,000.00	
应收款项融资			预收账款		
预付账款			合同负债		
其他应收款			应付职工薪酬		
存货			应交税费	647.25	
合同资产			其他应付款		
持有待售资产			持有待售负债		
一年内到期的非流动资产			一年内到期的非流动负债		
其他流动资产			其他流动负债		
流动资产合计	110,000.00	0.00	流动负债合计	5,647.25	0.00

利 润 表
2022年9月

核算单位：　　　　　会企02 表　单位：元

项目	本月发生	本年金额	上年金额
一、营业收入	8,849.56	8,849.56	
减：营业成本			
税金及附加	72.03	72.03	
销售费用			
管理费用			
研发费用			
财务费用			
其中：利息费用			
加：其他收入			
投资收益（损失以"-"号填列）			
其中：对联营企业和合营企业的投资收益			
以摊余成本计量的金融资产终止确认收益（损失以"-"号填列）			
净敞口套期收益（损失以"-"号填列）			
公允价值变动收益（损失以"-"号填列）			
信用减值损失（损失以"-"号填列）			
资产减值损失（损失以"-"号填列）			
资产处置收益（损失以"-"号填列）			
二、营业利润（亏损以"-"号填列）	8,777.53	8,777.53	

现金流量表
2022年9月

编制单位：实行智能科技（上海）有限公司

项目	本年金额	上年金额
一、经营活动产生的现金流量：		
销售商品、提供劳务收到的现金	5,000.00	
收到的税费返还		
收到其他与经营活动有关的现金		
经营活动现金流入小计	5,000.00	-
购买商品、接受劳务支付的现金		
支付给职工以及为职工支付的现金		
支付的各项税费		
支付其他与经营活动有关的现金		
经营活动现金流出小计	-	-
经营活动产生的现金流量净额	5,000.00	-
二、投资活动产生的现金流量：		

图 10-11　3 张财务报表式样

假定增加了两笔经济业务，会计对这两笔经济业务做了记账凭证处理，如图 10-12 所示。

摘要	科目	借方金额	贷方金额
火车费用	管理费用--差旅费科目	0.00	100.00
火车费用	应付账款-2022年	100.00	0.00
合计		100.00	100.00

2022-07-31T16:00:00.000Z	转账凭证-1	1	未审核	删除

摘要	科目	借方金额	贷方金额
采购电脑-付款	银行存款	0.00	5000.00
采购电脑-付款	应付账款-2022年	5000.00	0.00
合计		5000.00	5000.00

图 10-12　已经处理好的记账凭证式样

把录入的两张凭证在 Excel 表中进行处理，做了如图 10-13 所示的登记。

	A	B	C	D	E
1	凭证六	摘要	科目	借方	贷方
2		采购电脑-	银行存款		5000
3		采购电脑-	应付账款-	5000	
4					
5	凭证七	摘要	科目	借方	贷方
6		火车费用	管理费用-差旅费科		100
7		火车费用	应付账款-	100	

图 10-13　新增两张凭证式样

接下来的任务就是根据这两张增加的记账凭证，把相关账户（科目）的数据填写到对应的资产负债表、利润表及现金流量表中。由于涉及会计财务报表的编制规则，编制也非常简单，具体的数据调整过程这里就不再解释。

2. 实在 RPA 自动化操作

了解了财务报表的处理过程之后，接下来看一下 RPA 操作具体的流程，如图 10-14 所示。首先是在已录入的凭证当中获取它的金额数字文本，然后打开财务报表 Excel 文件，读取凭证需要录入的相关单元格的信息，之后就可以将凭证金额录入财务报表当中，并且进行相应的更改。做好所有的处理之后，需要进行一个判断，报表的填写是否缺失，缺失什么数据，或者金额是否相等，是否录入正确，录入正确就说明 RPA 的流程运行成功了，这样就是一个完整的财务报表处理流程。

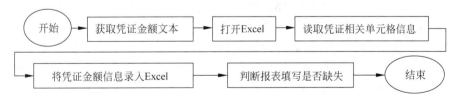

图 10-14　RPA 处理财务报表的流程

了解了基本流程后，接下来看一下 RPA 设计器是如何搭建这样一个流程的。其具体操作步骤如下：第一步，先录入相关所需要测试的凭证，编制财务报表所需的凭证；第二步，使用获取界面元素文本组件来进行凭证金额的获取，这里有两个凭证（凭证六和凭证七），所以用两个获取界面元素文本组件来获取凭证金额，如图 10-15 所示。第三步，打开财务报表文件之后，首先在需要写入的单元格写入相关的金额，比如利润表的管理费用，对于需要写入的单元格，这里使用了一个写入单元格组件，我们来看一下组件相关的一些参数设置，文件对象就是我们打开的 Excel 文件，sheet 名称我们选择相应的要写入的 sheet 表，列名和行号用来确定单元格的位置，写入内容就是我们所获取的金额。这里是一个单元格写入的方法，写入多个单元格的话，其实方法也是一样的，如图 10-16 所示。

图 10-15　设置文件路径

在写入相对应的金额之后，接下来看一下如何修改那些已有数据的单元格。修改这些已有数据的单元格，首先要用到一个读取单元格组件来读取单元格中原本的金额，在参数设置这里进行单元格位置的选择，然后将读取到的数据保存，读取到相关的数据之后，还需要对它进行类型的转换。在参数设置上，选择需要转换的数据类型为浮点型，这样是为了方便数据的计算，转换好数据类型之后，再使用写入单元格子键来写入要调整的数据，录入凭证后，需要将相对应的更改金额填写入对应的单元格中。这里解释的是一个已有数据的单元格的处理方法，如果有多个单元格需要处理数据，方法与它是一样的，如图 10-17 所示。

接下来具体地运行一下流程，以了解自动化的操作过程。如图 10-18 所示，打开实在 RPA 设计器，单击运行，打开财务系统进行两个凭证（凭证六和凭证七）的添加和录入。录好两个相关的凭证后，可以看到 RPA 设计器系统的输出区域输出的内容，这

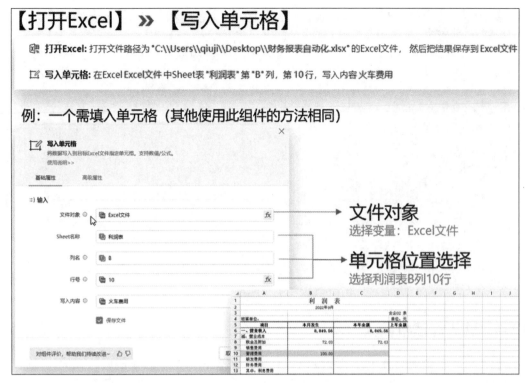

图 10-16　写入单元格的操作

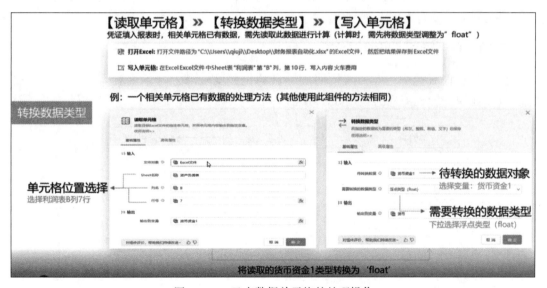

图 10-17　已有数据单元格的处理操作

说明我们的程序已经成功了。

接下来打开财务报表文件来看一下，通过检验发现，RPA 操作和人工操作的结果完全一样，而 RPA 仅需要 1 分钟左右的时间就可以正确完成。

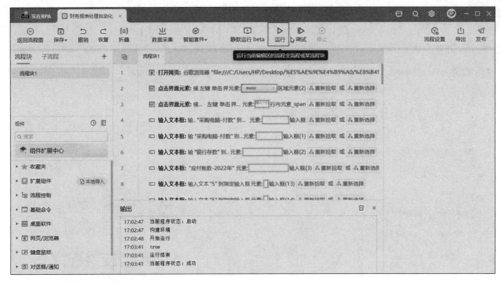

图 10-18　运行 RPA 的操作界面

10.4　税务管理机器人

税务管理是企业财务工作的重要组成部分，主要包括企业涉税信息的维护、税收政策的收集、涉税数据的核对与校验、纳税申报、发票验真、增值税发票开具、税务筹划等。当前，我国企业的税务管理正朝着自动化、共享化、智能化的方向高速发展，为企业管理决策提供强有力的支撑。

10.4.1　税务管理业务流程分析

在税务管理流程中，业务规则明确、自动化程度较高，财务机器人运用也较为成熟。RPA 在税务管理流程的应用如图 10-19 所示。

图 10-19　RPA 在税务管理流程的应用

1. 发票验真

财务机器人利用 OCR 技术对票据进行批量扫描，将其转化为电子数据，然后通过国家税务总局增值税发票查验平台进行统一查询、验证、反馈和记录。财务机器人在发票查验及勾选认证流程中的应用如图 10-20 所示。同时，财务机器人可以与企业管理系统连接，完成三单匹配和自动过账等。

2. 进项认证

RPA 财务机器人定期自动登录国家税务总局系统进行增值税发票勾选认证，定期导出认证结果、开票数据并生成提醒表格，发送给税务管理人员。

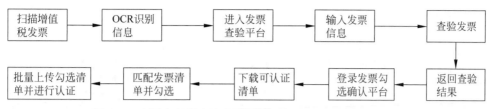

图 10-20 财务机器人在发票查验及勾选认证流程中的应用

3. 增值税发票开具

RPA 财务机器人可根据开票申请单中的信息自动完成增值税发票的申领，客户和商品信息的维护，各种类增值税发票信息的录入，在提高效率的同时避免人为输入错误的发生。

4. 纳税申报准备

RPA 财务机器人自动登录账务系统、国家税务总局系统等，按照税务主体批量导出纳税申报所需要的财务数据、增值税认证数据等基础数据。RPA 财务机器人根据校验公式进行报表的校验，如财务科目与税务科目的数字校验等；将处理好的数据放到统一的文件夹，由税务人员审查。

5. 纳税申报

RPA 财务机器人根据特定逻辑由纳税资料自动生成纳税申报底稿，并登录国家税务总局系统自动填写纳税申报表。

6. 涉税账务处理

RPA 财务机器人可根据纳税、缴税信息，完成财务系统内税务结转、缴税、递延所得税等分录的编制与输入，并发邮件提醒相关负责人。

10.4.2 电子报税机器人设计与应用

在税务系统中进行纳税申报是每一家企业在每月都必须处理的财税业务。由于纳税申报主要是填报财务或税务方面的数据，申报系统中要填写较多较细的数据，如果企业涉税业务数据多的话，申报填写时进行基本信息及项目明细的录入的过程重复、烦琐，财务部经常需要花费大量时间在录入过程上，而这些数据的填写具有很强的规范性和规律性，适合使用 RPA 来进行自动化处理。

视频 10-3 税费申报及缴纳自动化

1. 纳税申报的主要操作介绍

企业的纳税申报是企业的法定义务，纳税申报是在国家税务总局制定的税务信息系统进行，下面简要介绍纳税申报的基本操作过程。首先，打开税务系统网站，用企业账号和密码登录，登录系统以后，一般就可以看到税费申报与缴纳页面，企业的类型及业务不一样，可能涉及的纳税申报表不完全一样，但有部分税是每家公司都会涉及的，如增值税、企业所得税等，有些税可能只有部分企业会涉及。关于纳税申报具体填写哪些报表就不在这里介绍了，有兴趣的同学可以登录涉税相关网站下载纳税申报的相关表格，如增值税纳税申报表、企业所得税纳税申报表，一种税可能涉及好几张表格。

2. 实在 RPA 自动化申报纳税

在了解这些之后，可以了解一下实在 RPA 是如何具体搭建这样一个自动化的流程的，其基本的流程如图 10-21 所示。

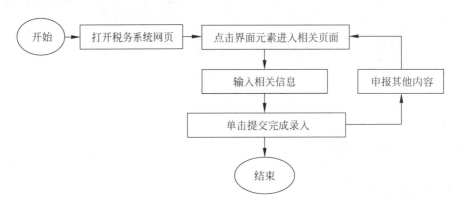

图 10-21　RPA 处理纳税申报的流程

接下来我们以实在公司提供的模拟税务纳税申报进行介绍（真实的纳税系统都是企业真实的数据，不允许进行这样的操作）。其具体的搭建步骤如下。

首先用打开网页组件来打开我们的试用系统网页，然后进行网页的登录操作。登录上去之后，需要单击表格，进入表格填写页面，这时会用到"点击界面元素"组件，在参数设置的目标选择这里单击"重新选择元素"来选择填写的相关区域，就可以完成自动化的点击填写。这里是一个点击元素的使用示例，其他需要点击操作的使用方法也是一样的，如图 10-22 所示。

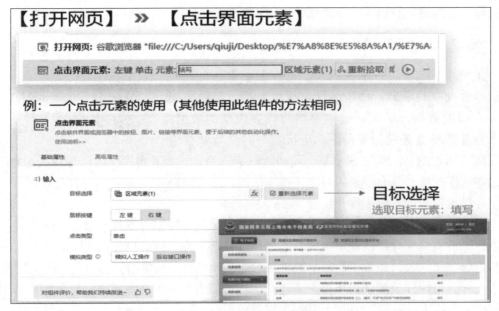

图 10-22　元素使用的操作

进入填写页面之后，我们需要用到输入文本框组件，在输入文本框组件的目标输入框这里，单击"重新选择元素"来选取我们目标输入框，然后输入内容 0，这里就是我们输入的文本，输入 0 是因为假设企业纳税申报是零申报（即不需纳税，但是必须申报），我们以零申报为例，所以 5 张表格里所有的数据都应该是 0，这里是输入文本框组件的使用方法，在表格里其他数据也是这样的。

在完成内容的填写后，还需要单击表格最下方的提交按钮，单击提交就可以回到操作系统的主页面。

以上是一张表格的填写需要的步骤，接下来将这些步骤再搭建，重复多次就可以完成多张表格的搭建，也就是一个完整的流程的搭建。

接下来就可以使用实在设计器来进行操作。打开实在设计器，然后单击运行，如图 10-23 所示。

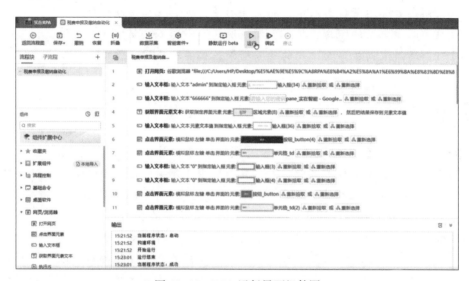

图 10-23　RPA 运行界面组件图

打开网页进行登录，然后进入主页面单击填写表 1，这里就填写了两个输入框，事实上是所有都需要填写的，和上面是一样的，为了简化，主要填写了几个数据，之后是表 3 的填写，然后是主表的填写，最后是表 5 的填写（说明：这里的表 1、表 2、表 3、表 4、表 5 是指税务系统中申报增值税例表）。

运行后，如图 10-23 所示，可以看到流程已经成功地运行了，也就是税务纳税申报系统要填写的增值税的 5 张表格已经成功地填写了。从这些操作可以看出，纳税申报是从企业财税报表中提取数据填写在纳税申报系统中的一个过程，采用人工方式进行填写，要耗费太多的时间，而采用 RPA 则可以快速、准确地纳税申报，为企业节省了人力，提高了工作效率。

───────── **即测即练** ─────────

第 11 章

电子商务新业态新模式

【本章学习目标】
（1）理解新媒体运营的概念、分类和业务流程。
（2）理解新媒体运营机器人适用的业务场景、机器人应用及设计。
（3）理解跨境电商的概念、特征、发展现状、问题、主要模式和运营流程。
（4）理解跨境电商机器人适用的业务场景、机器人应用及设计。

引导案例

　　某跨境电商公司新引入几名 RPA 数字员工，可自动登录 Amazon 后台，按照人工操作步骤访问 Amazon 平台下载数据表；登录到 RN 系统，根据 Amazon 系统获取订单信息进行查询并记录对应信息，对订单进行退款处理；在 NS 系统进行对应更新操作。人工单条处理需 10 分钟，数字员工仅需两分钟，效率提升 5 倍以上。

　　不仅如此，RPA 数字员工还可以实现自动化直播录屏，对品牌直播间的每场直播全程录屏，在直播复盘阶段，根据店铺销售数据，分析成交量峰值的时间段，并对该段视频进行内容分析；达人管理自动化，RPA 数字员工可基于关键词、粉丝量、分类等多维度搜索网红，匹配合适的网红，还可以实现一键邀约，用最快的速度触达网红，帮助团队高效建立合理的网红达人矩阵；商品排名实时更新，RPA 数字员工以非入侵方式接入各大电商渠道平台，获取商品库存、价格及排名数据，并调用 RPA 机器人定时通知指定人员；批量发送旺旺消息、抓取单品客户评价、KOL（关键意见领袖）管理、活动管理（campaign management）等流程工作，7×24 小时为该公司电商运营团队守护业务增长，成为必不可少的运营伙伴！

11.1　新媒体运营机器人

11.1.1　新媒体运营概述

1. 新媒体运营的概念

　　关于新媒体（new media）的确切定义，业界和学界目前尚未达成共识。"新媒体"一词源于美国哥伦比亚广播公司（CBS）技术研究所所长 P. 戈尔德马克（P. Goldmark）的一份商品开发计划（1967 年）。之后，时任美国传播政策总统特别委员会主席 E. 罗斯托（E. Rostow）在向理查德·尼克松（Richard Nixon）总统提交的报告书（1969 年）中也多处使用了"new media"一词。由此，"新媒体"一词开始在美国流行并很快扩展至全世界。

近年来，随着新媒体在我国的迅猛发展，"新媒体"一词也成为国内业界和学界炙手可热的新词汇，越来越多的媒体从业者、IT 人士和学者开始关注、探讨新媒体。尽管如此，关于新媒体的定义，国内外专家仍各执一词。

中国传媒大学宫承波对"新媒体"这一概念做了广义和狭义两种界定。广义上的"新媒体"，是利用数字技术、网络技术、移动通信技术和智能技术，通过互联网、宽带局域网、无线通信网和卫星等渠道，以电视、计算机和移动终端等为主要输出终端，向用户提供视频、音频、语音数据服务、社交服务、休闲游戏、远程办公、在线教育等集成信息和娱乐服务的所有新的传播手段和传播形式的总称，包括"新兴媒体"，也包括"新型媒体"；狭义上的"新媒体"则专指"新兴媒体"。

而新媒体运营，是通过现代化移动互联网手段，以及利用抖音、快手、微信、微博、贴吧等新兴媒体平台工具进行产品宣传、推广、产品营销的一系列运营手段。通过策划品牌相关的优质、高度传播性的内容和线上活动，向客户广泛或者精准推送消息，提升参与度和知名度，从而充分利用"粉丝经济"，达到相应营销目的。

2. 新媒体运营的分类和业务流程

1）用户运营

无论是研发产品、策划活动，还是推送内容，都需要围绕用户有针对性地展开。因此，新媒体运营者要进行用户日常管理，吸引新用户关注、减少用户流失，同时想方设法激活沉寂用户。用户运营业务流程包含但不仅限于：

第一，通过调研、采访等方式收集用户对产品的反馈，细化用户画像；

第二，根据用户画像，有针对性地进行用户分类、拉新、促活与留存等工作。

2）产品运营

狭义的产品运营指的是互联网产品，包括企业手机软件设计与开发、企业网站运营与调试等。广义的产品运营可以把新媒体运营过程中涉及的账号、平台、活动等项目都看作产品，进行策划、运营与调试。例如，一个今日头条账号，其实也可以看作一件产品。一方面，产品运营负责人需要准确识别产品的类型，针对不同的产品采用差异化的运营模式；另一方面，产品运营负责人还需要判断产品的生命周期，及时调整运营策略。产品运营业务流程包括但不仅限于：

第一，在开通后，进行产品调研（如搜索相关今日头条账号，了解其日常内容）；

第二，前期设计（如头像、简介、选题）；

第三，上线调试（如撰写文章并测试阅读数据）、正式发布（如度过新手期后正式撰写）等工作。

3）内容运营

内容用于连接产品与用户，部分内容运营工作者的主要工作是微信公众号、抖音等内容平台的日常运营。运营者需要重点关注内容的定位、设计与传播。内容运营业务流程包括但不仅限于：找到差异化的内容定位、创作走心的内容形式、辅之以较好的内容传播，从而触达更多用户。

4）活动运营

新媒体活动运营人员关注活动的策划与执行。活动开展前需要进行详细策划，明确活动目的并确定活动形式、内容、时间计划等；活动完成后，需要运营人员复盘活动效果。活动效果体现在活动参与度上。

5）社群运营

部分企业会将用户转移到 QQ 群、微信群等社群平台，持续维护。社群维护与管理需要综合用户运营、内容运营、活动运营的能力。社群运营业务流程包含但不仅限于：

第一，借助用户运营的思路，分类维护社群用户；

第二，利用内容运营的知识，于社群内分享优质内容；

第三，借鉴活动运营的方式，策划举办社群活动。

6）店铺运营

对天猫店、京东店、微店等电子商务店铺的管理，需要综合产品运营、用户运营、内容运营、活动运营的能力。店铺运营业务流程包含但不仅限于：

第一，利用产品运营思维，调试与优化店铺销售的产品；

第二，借助用户运营的思路，分类管理购买店铺产品的消费者；

第三，利用内容运营的知识，设计店铺页面、店铺推广文案等；

第四，借鉴活动运营的方式，策划店铺在"618""双十一"等线上购物节日的活动。

11.1.2　新媒体运营机器人设计与应用

视频 11-1　抖音视频
带货排行榜

1. 抖音带货视频排行获取机器人

1）业务流程分析

下面以设计能够自动采集抖店商家网页不同类目的达人相关数据，并按不同方式排序的抖音带货视频排行获取机器人为例。该数据采集业务的流程分析如下。

（1）为了防止机器人运行错误，提前登录抖店商家后台，流程内输入登录过后的抖店网址。

（2）多次设定单击界面元素，跳转到达人数据展示页面。

（3）多次单击界面元素，筛选达人类目，选择排序条件，展现目标页面。

（4）选择目标数据，即可采集同页面同一字段的数据，并保存数据至 Excel 中。

2）设计与应用

（1）在设计器左侧面板搜索"打开网页"组件，并将该组件拖拽到流程中。设定打开的网页为登录后的抖店商家后台，然后把结果保存到自定义变量"网页对象"中，如图 11-1 所示。

（2）在设计器左侧面板搜索"鼠标移动到元素上"组件（图 11-2），并将该组件拖拽到流程中。实现将鼠标移动到抖店商家后台页面"精选联盟"所在区域，如图 11-3 所示。

（3）在设计器左侧面板搜索"点击界面元素"组件（图 11-4），并将该组件拖拽到流程中。实现在前一步操作后网页上自动展开的页面单击"达人广场"，如图 11-3 所示。

（4）在设计器左侧面板搜索"点击界面元素"组件（图 11-4），并将该组件拖拽到流程中。实现在前一步操作后网页上自动展开的页面单击"短视频达人"，如图 11-5 中图标①所示，操作步骤同（3）。

图 11-1　打开抖音商家后台

图中各标号说明：

①搜索栏；②找到的"打开网页"组件；③将设置通过谷歌浏览器，在新标签页中打开特定网址（此处为抖音商家后台）；④把结果保存到自定义变量"网页对象"中。

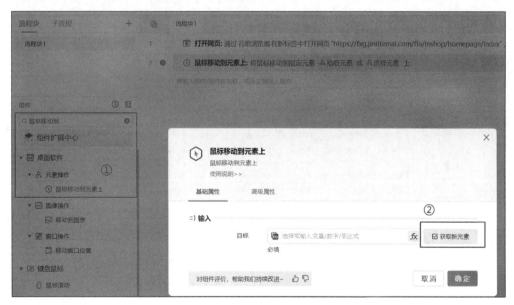

图 11-2　鼠标移动到元素上

图中各标号说明：

①搜索栏及找到的"鼠标移动到元素上"组件；②单击"获取新元素"，将光标置于目标位置，此处选择抖音商家后台页面"精选联盟"所在区域（图 11-3）。

图 11-3　抖音商家后台

图 11-4　点击界面元素

图中各标号说明：

①搜索栏及找到的"点击界面元素"组件；②单击"获取新元素"，将光标置于目标位置，此处选择抖音商家后台页面"达人广场"所在区域（图 11-3）。

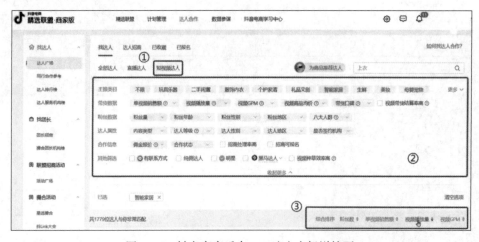

图 11-5　抖音商家后台——达人广场详情页

图中各标号说明：

①电脑端抖音电商短视频联盟后台，短视频达人分区；②筛选区域；③排序方式选择区域。

（5）在设计器左侧面板搜索"点击界面元素"组件（图 11-4），并将该组件拖拽到流程中。在前一步操作后网页上自动展开的页面单击相应筛选条件，如单击主推类目，如图 11-5 中图标②所示，操作步骤同（3）。

（6）在设计器左侧面板搜索"点击界面元素"组件（图 11-4），并将该组件拖拽到流程中。通过单击页面上的排序元素来实现排序，如单击视频播放量，按播放量由高到低展示达人。抖店商家页面上的排序依据有：综合（默认排序）、粉丝数、单视频销售额、视频播放量、视频 GPM（千次观看成交金额），如图 11-5 中图标③所示，操作步骤同（3）。

（7）单击菜单栏上的"数据采集"（图 11-6），选择"采集浏览器网页数据"（图 11-7），弹出"数据采集"界面，鼠标悬停于需要采集的数据上将出现选中框（图 11-8），按下 Ctrl＋鼠标左键，即可实现智能识别该页面同字段数据，并批量抓取，此处可重复多次，选取多个字段，如选择达人昵称、粉丝数、单视频销售额、视频播放量。

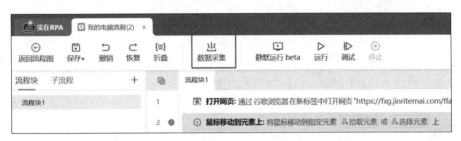

图 11-6　菜单栏

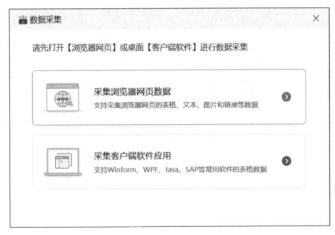

图 11-7　数据采集

（8）将鼠标放置在每个采集的字段上，可选择编辑导出数据的表头，单击"确定"按钮，即可完成商品数据采集过程。

（9）选择"将结果保存至 Excel 中"，即可导出数据采集结果，如图 11-9 所示。

（10）抖音带货视频排行获取机器人流程效果图如图 11-10 所示（注：图中网址和具体文件路径因具体调试环境不同而不同）。

2. 直播分析机器人

1）业务流程分析

下面以设计能够自动采集抖店直播数据的机器人为例，该数据采集业务的流程分析如下。

视频 11-2　直播分析

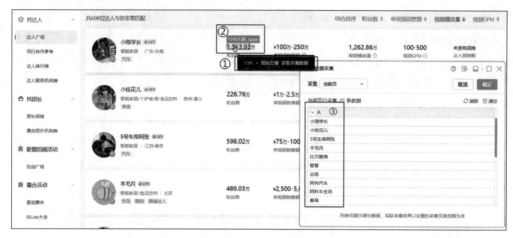

图 11-8 数据采集操作

图中各标号说明:

①数据采集操作提示;②被采集区域;③数据采集结果区域。

图 11-9 保存数据采集结果

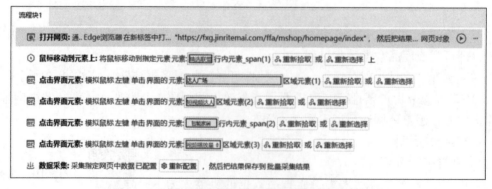

图 11-10 抖音带货视频排行获取机器人流程效果图

（1）为了防止机器人运行错误，提前登录抖店商家后台，流程内输入登录过后的抖店网址。

（2）采集的数据需要保存到一个指定的文件中，这里同样预先创建好一个用于保存采集数据的 Excel 文件，假定存放位置为桌面，假定文件名为"直播分析 .xlsx"。

（3）多次设定单击界面元素，跳转到直播数据展示页面。

（4）拾取界面元素，并把文本对应地保存至相应字段。

（5）将拾取数据写入目标 Excel 的指定单元格。

2）设计与应用

（1）在设计器左侧面板搜索"打开网页"组件，并将该组件拖拽到流程中。设定打开的网页为登录后的抖店商家后台，然后把结果保存到自定义变量"网页对象"中，如图 11-1 所示。

（2）在设计器左侧面板搜索"获取已打开的 Excel"组件，并将该组件拖拽到流程中（图 11-11）。打开预先创建好用于保存采集数据的 Excel 文件，此处假定存放位置为桌面，假定文件名为"直播分析 .xlsx"。

图 11-11　获取已打开的 Excel

图中各标号说明：

①目标组件；②单击打开预先创建好的 Excel 文件；③选择输出变量。

（3）在设计器左侧面板搜索"鼠标移动到元素上"组件，并将该组件拖拽到流程中，如图 11-2 所示。实现将鼠标移动到抖店商家后台页面"电商罗盘"所在区域，如图 11-12 中图标①所示。

图 11-12　抖店商家后台

图中各标号说明：

①抖店后台电商罗盘；②直播分析功能模块。

（4）在设计器左侧面板搜索"点击界面元素"组件，并将该组件拖拽到流程中（图 11-4）。实现在前一步操作后网页上自动展开的页面单击"直播分析"，如图 11-12 中图标②所示。

（5）在设计器左侧面板搜索"点击界面元素"组件，并将该组件拖拽到流程中（图 11-4）。实现在前一步操作后网页上自动展开的页面左侧单击"直播复盘"，如图 11-13 所示。

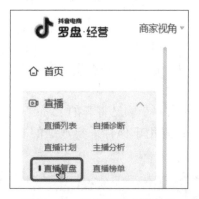

图 11-13　抖店商家直播罗盘

（6）在设计器左侧面板搜索"获取界面元素文本"组件，并将该组件拖拽到流程中。按住 Ctrl ＋鼠标左键拾取界面元素，并把文本对应地保存至相应字段，如图 11-14 所示。

图 11-14　获取界面元素文本

（7）在设计器左侧面板搜索"写入单元格"组件，并将该组件拖曳到流程中，可实现将数据依次写入 Excel 的指定单元格，如图 11-15 所示。

图 11–15 写入单元格

图中各标号说明：
①目标组件；②预先创建好的 Excel 文件；③目标列列名；④目标内容。

（8）直播分析机器人流程效果图如图 11–16 所示（注：图中网址和具体文件路径因具体调试环境不同而不同）。

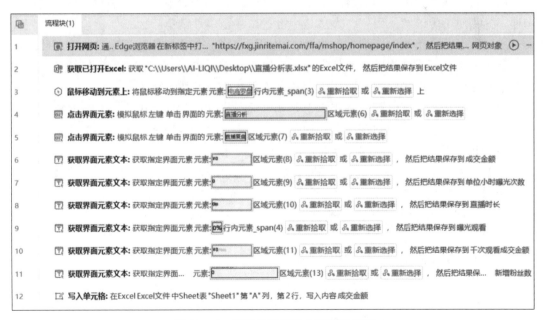

图 11–16 直播分析机器人流程效果图

11.2　跨境电商机器人

11.2.1　跨境电商概述

1. 跨境电商的概念

跨境电商，是指分属不同关境的交易主体，通过电子商务平台达成交易，进行电子支付结算，并通过跨境物流送达商品、完成交易的一种国际商业活动。

跨境电商的本质含义需要从三个方面的要素来理解：交易主体、电子商务平台、跨境物流。跨境电商交易主体不同于境内电子商务，是分属于不同关境的国家和地区；借助电子商务平台进行交易，电子商务平台提供交易所需要的基本网络环境，交易规则、商品展示功能及支付、物流、结算等工具或对接入口；跨境电商物流是商品送达全球的核心要素，它不同于境内物流，其环节和运输要复杂很多，包括境内物流（头程）、国际（地区间）物流、目的地国家或地区物流与配送三段，涉及输出国（地区）关境和输入国（地区）关境，发货路线和模式非常复杂。

2. 跨境电商的特征

跨境电商具有全球性、小批量、数字化、低成本和快速演进五大特征。同时，跨境电商不仅冲破了国家（地区）间的障碍，使国际贸易走向无国界贸易，同时它也正在引起世界经济贸易的巨大变革。

（1）全球性。互联网是一个没有边界的媒介体，具有全球性和非中心化等特征；由于经济全球化的发展趋势，商家依附于网络进行跨境销售，跨境销售也具有全球性和非中心化等特征。

（2）小批量。跨境电商交易商业活动，企业或个人卖家，通过平台和消费者直接交易，甚至通过线上直播、即时客服等形式，即时进行单个企业或单个消费者之间的交流沟通，其相对于传统贸易而言，大多是小批量，甚至单件销售。

（3）数字化。跨境电商卖家通过数据化调研市场、分析数据、选定产品，并将产品以数字化文本、图像、视频、直播等形式在网络平台上展示，买家浏览数字化产品，网上下单并支付，处理最后的发货环节，整个流程几乎都是数字化形式。

（4）低成本。跨境电商交易基本上是卖家通过全球性的跨境电商平台，直接售卖到买家手里，省去了很多中间环节。相比传统的销售、分销等形式，跨境电商是一种去除中间环节并趋于扁平化的过程，因此产品的中间成本非常低，甚至为零。

（5）快速演进。跨境电商是一种新的模式，现阶段尚处于发展阶段，其网络设施和相应协议软件的发展具有很大的不确定性。但是政策制定者需考虑电子商务是在网络上交易，就像新生儿一样，势必会以前所未有的速度和无法预知的方式进行不断的演进。

3. 中国跨境电商的发展现状和发展趋势

1）中国跨境电商发展现状

（1）跨境电商政策环境不断改善和规范。中国跨境电商近几年迅速发展，除了消费升级、行业创新和各大电商平台的推动与引领外，在很大程度上得益于政策环境的改善和规范。全球金融危机发生前，中国跨境电商才初显端倪，政府对新生事物采取了肯定和鼓励发展的态度，出台了一些促进电子商务健康发展、防范网上交易风险的指导意见，并没有出台针对跨境电商的相应政策。2013 年之后，中国跨境电商 B2C 出口势头较猛，相关政策已经不适应以邮寄、快件等形式开展业务的跨境电商零售出口企业的需求，企业在海关、检验、收付汇、税收等方面面临诸多不便。政府延续鼓励的态度，加大对该行业的支持力度，营造良好的税收政策环境，鼓励社会资金投入平台建设。上海自贸区成立，以及前两批 13 个跨境电商综试区的成立，通过制度创新、管理创新、服务创新和协同发展，打造跨境电商完整的产业链和生态链，逐步形成一套适应和引领全球跨境电子商务发展的管理制度与规则。2018 年 11 月，财政部、海关总署等部门联合发布了《财政部　海关总署　税务总局关于完善跨境电子商务零售进口税收政策的通知》，在税收和商品清单方面做了很多调整，包括提高个人年度购买额，对跨境电商商品继续按照个人物品监管，扩大跨境电商进口种类等政策措施，进一步促进跨境电商健康可持续发展。

（2）跨境电商运营模式不断丰富。随着"互联网＋"的创新应用，跨境电商 B2B2C（企业对企业对消费者网络购物商业模式）开始建立，货物实现批量运输到境内保税仓，缴行邮税出仓。这种模式降低了运输成本、节约了配送时间。跨境电商另一种新的模式 O2O（线上到线下），即在线下建设实体体验店，将线上购物和线下体验结合起来，提升顾客的用户体验。跨境电商与社交平台结合发展成"社交网络＋跨境电子商务"模式。上海小红书通过运营网络虚拟社区论坛，培育客户群体，利用大数据技术，发掘社区讨论的热点商品，精准锁定进口商品品种。2018 年，社交电商、小程序、短视频等电子商务新模式、新业态取得快速发展。有关研究机构的统计数据显示，中国社交电商月活跃用户量达到 1.7 亿人，有效满足了消费者多层次、多样化的需求，在激发中小城市和农村地区消费潜力方面发挥了重要作用。

（3）跨境电商产业链和生态圈逐步建立。经过多年的发展，跨境电商逐渐形成一个包含零售商、供应商、物流商、消费者、支付商、技术、平台、营销、综合服务等完整的产业链。跨境电商参与主体不断增加，从大公司逐渐扩展到广大中小企业的参与，服务功能不断完善，跨境电商开始了行业内和跨行业的深度融合与创新。前两批跨境电商综合试验区在政府的引导下，对跨境电商资源进行整合，完成了产业集聚、融合与创新，为跨境电商打造完整的生态链和生态圈，促进跨境电商快速发展。广州、深圳、上海、郑州等地充分发挥自贸实验区与跨境电商综试区制度创新叠加优势，拓展延伸跨境电商产业链，合理规划产业布局，高起点建设产业园区，积极引进国内外知名跨境电商平台企业，推动跨境电商出口优势产品品牌发展。阿里巴巴、京东等大型电商平台，卓志物流、百世物流等供应链企业不断拓展服务功能，把支付、仓储、物流、配送、海外仓、通关、结汇等服务全部整合起来，形成一个完整的生态经济圈，为跨境电商企业提供一站式服务。无论是跨境电商产业园区的建立，还是电商平台的综合服务功能提升，都在积极打造生态系统。

（4）跨境电商推动产业集聚和转型升级。党的十九大报告指出，要扩展对外贸易，培育贸易新业态新模式，推进贸易强国建设。跨境电商作为"互联网＋外贸"孕育出的贸易新模式，为外贸转型升级提供了新动能。跨境电商综试区的推出，形成了一批可复制、可推广的经验。各综试区着力促进跨境电商与外贸企业对接，推动跨境电商主体集聚，支持企业培育品牌和营销网络，带动产业升级。郑州带动周边地区特色产业集群发展，推动服装、家具等产业集群发展，抱团出口。大连推动东北老工业基地 2 000 多家中小微企业"触网"。杭州实行"TOP100"计划，首批推动 100 个重点出口品牌扩大出口成效明显；杭州还组织实施两轮 B2B 专项行动，帮助当地 6 000 多家传统外贸和生产企业上线营销，效果明显。杭州综试区深入实施品牌战略，制订跨境电子商务品牌三年行动计划，加大力度支持跨境电子商务企业开展品牌经营，与大型平台企业合作实施"百家中国线上品牌"行动，引导企业实施"互联网＋"改造，加强品牌建设和管理，从根本上改变传统外贸 OEM（原始设备制造商）模式处于"价值链低端"的局面，促进企业拥有自有品牌，让企业拥有更大的自主权和定价权。宁波综试区加快"互联网＋外贸""互联网＋制造"的融合发展，越来越多的制造企业通过跨境电子商务拓展销售渠道，并通过平台反馈信息改造和创新产品，以满足消费者需求，逐步培育宁波品牌。

（5）新一代信息技术开始赋能跨境电商。跨境电商本质是利用互联网做外贸，将传统的商务流程电子化、数字化，一方面以电子流代替实物流，可以大量减少人力、物力，降低成本；另一方面，突破时间和空间的限制，使交易活动可以在任何时间、任何地点进行，从而大幅提高效率。在跨境电商的各个环节，无论是对电商平台，还是对电商企业，新一代信息技术的作用都不断凸显，而且作用越来越重要。技术赋能商业，既是跨境电商作为新经济方式产生的基础，也是使之不断完善发展的动力。在营销领域，知识图谱结合多种数据源可以更好地分析用户和理解用户；在商品定价方面，大数据可根据每个客户和每个产品的关系等级制定差别策略，最大限度地优化定价；在电商平台流程优化阶段，人工智能、文本分析等多种技术的综合运用可以优化和改造跨境电商平台设计流程。例如，南沙自贸片区借助"物联网＋大数据"技术，通过监督和收集产品在产、供、销各环节的食品质量安全措施与关键点控制的信息，从而实现境外产品供应链全程可控的目标。

2）中国跨境电商发展趋势

（1）在经历多年的高速发展之后，中国跨境电商无论是规模还是效率，都进入一个新的发展阶段。资本、品牌、技术、数据、新业态、新模式、区域电商成为热门关键词。跨境电商思维将从卖货思维向营销思维转变，跨境电商的竞争将更加激烈，品牌战略、精细化管理、数据运营将是大趋势。

（2）跨境品牌创建成为新的盈利模式。跨境电商进入红海市场，电商企业面临重新洗牌。随着消费升级，依靠单纯的价格战和网络推广已经很难盈利。跨境电商企业最受益、最有价值的就是知名品牌，跨境电商企业最后争夺的就是品牌资源和品牌价值。未来只有将品牌做好，电商企业才能够做大、做强，才能够在激烈的竞争中不被淘汰。阿里巴巴 CEO（首席执行官）在第二届全球跨境电商峰会上宣布，未来将帮助 100 个中国品牌走向海外市场，从"中国制造"走向"中国创造"，最终走向"中国品牌"。然而，跨境品牌的创建并不是一件容易的事，多国实践证明，一个成功的跨境电商品牌一定要和本土主流销售渠道与主流媒体结合才有生命力。只有充分发挥传统经济和品牌资源的优势，中国的跨境电商才会持续发力。

（3）跨境电商 B2B 和 B2C 融合发展。B2C 发展存在过度依赖平台、产品库存多、滞销严重等问题，B2B 的账期比较长，客户比较少，资金和客户维护压力比较大，企业不仅需要大订单，也需要一些零售订单来消化库存、加快资金周转。B2B 和 B2C 融合发展，取长补短，将是未来的发展趋势。跨境 B2B 通过融合 B2C 来打造自主品牌，快速清理库存，挖掘客户资源。跨境 B2C 企业利用跨境 B2B 进行优质采购，节省采购成本。跨境 B2B 与 B2C 结合将更加符合未来的市场需求，不仅可以缩小企业与客户的距离，实现生产直接面向消费者，加快供需信息交流的速度，保证供需信息的准确性，而且能提高生产、流通、销售、服务等全产业链的效率，有效降低企业成本，并为客户提供更满意的服务。

（4）数据化运营成为跨境电商新的竞争趋势。大数据技术的应用，使得企业能够从海量的数据中挖掘有效的信息，研究用户消费习惯，预测市场动向，从而实现精准营销。根据哈佛商业评论的统计，用数据驱动优化的公司利润平均高出同行 6%。无论是 B2C 模式还是 C2C 模式，数据化运营都是实用的。跨境电商运营的最终目的就是要实现线上线下互动，在多屏、多渠道之间形成一致性高效服务和转换，而这一切就需要大数据分析系统来支撑。大数据是跨境电商发展的新能源，要充分利用互联网、大数据、云计算、人工智能、区块链等技术手段，实现数据化运营。同时，要重视运营数据，即数据采集和数据管理，只有打通数据运营的两个阶段，数据的价值才能够彻底得到体现，精准营销和精准预测才能实现。围绕大数据的收集、挖掘和应用，成为未来跨境电子商务企业和对外贸易企业的竞争优势。

4. 跨境电商发展存在的问题

（1）贸易保护主义加强，不确定性风险增加。随着世界范围内的复工复产活动缓慢恢复，国际经济好转迹象显现。为保护受疫情影响的本国企业，各国政府加大对本国企业贸易保护的力度，同时对其他国家实行贸易限制。一方面，各国政府加大对本国企业的补贴力度，如国家财政直接补贴、税后退费、地方扶持计划等；另一方面，非关税壁垒和边境管制成为新型单边贸易保护方式，美国、欧盟、印度、巴西、澳大利亚、阿根廷、土耳其等国家和地区持续对我国商品发起反倾销调查和征收反倾销税。随着我国国内秩序的快速好转、国内企业的发展步伐加快，海外市场对我国产品的需求进一步扩大，跨境商品贸易顺差已成必然，势必会引发国外政府对我国商品贸易制定更加严格的抵制和监管措施。中国跨境电商企业在国外的经营互动活动受到限制，国际贸易保护主义和单边主义抬头。此外，全球不确定性风险增加，地缘政治、区域军事冲突、恐怖主义活动等在 2021 年后逐渐增多。对于跨境电商行业而言，任何地方局势的不稳定都会增加相关地区跨境电子商务贸易的难度和风险，影响跨境电子商务相关环节安全性，如跨境物流配送安全问题、海外人员和投资的基础设施保护问题等。此外，债务危机和通货膨胀也是容易影响跨境电商企业日常运营的不确定性风险。虽然全球经济局势相对2020 年初中期而言全面回升，但全球经济仍相对脆弱，加之各国（地区）经济政策的不确定性，种种不确定性风险会对跨境电商的发展产生重大影响。

（2）企业经营成本上升，加快行业洗牌速度。跨境电商行业各方面规章制度的有效实行促使行业逐步走向规范化，随着 VAT（增值税）合规化、强制产品责任险等制度的实施，跨境电商卖家及企业的成本会逐渐上升；另外，随着跨境电商企业市场业务拓展的需要，诸如测评推广、CPC（每点击付费）广告、人力薪酬等成本也会逐渐增加。这些成本是企业及卖家渴望降低进而提高利润空间的着力点，但随着跨境电商行业的发展，跨境电商市场辐射范围越来越大，单个企业经营面会逐渐向细分市场延伸拓展，广告推广及人力成本成为企业及卖家必须全力保证的运营支出。此外，行业洗牌从未停止且速度越来越快。跨境电商行业已不再依靠打信息差、低价取胜、吃免费流量红利等方式占据市场、获取资本，而是更加看重定价、营销、用户数据在内的资源掌控，行业发展模式的改变注定会加快行业洗牌速度。

5. 跨境电商的主要模式

根据不同分类标准，跨境电子商务模式有不同分类方法。其主要分类标准有三种：交易主体、交易模式和进出口方向（图 11-17）。

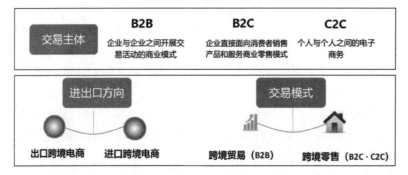

图 11-17　跨境电商的模式分类

按照交易主体的不同，跨境电商模式可分为 B2B、B2C、C2C 三种模式。B2B 是分属于不同关境的企业对企业之间交易活动，通过跨境物流送达商品，进行支付结算的商业模式；B2C 是指分属于不同关境的企业直接面向消费者开展线上销售产品和服务的国际商业活动；C2C 是指分属于不同关境的个人卖家对个人消费者销售产品与服务，是一种个人与个人之间线上交易的电子商务活动。比较典型的 B2B 跨境电商平台有阿里巴巴国际站、敦煌网等，B2C 模式的有速卖通、亚马逊等跨境电商平台，C2C 模式的平台有 Wish、eBay（Wish、eBay 在早期开店政策中，除了允许企业注册的 B2C 模式以外，允许个人卖家注册，这种个人卖家注册的店铺，属于 C2C 模式）。

按照交易模式，跨境电商模式可分为跨境贸易（B2B）、跨境零售（B2C、C2C）。跨境贸易是 B2B 形式的跨境电商，跨境零售包括 B2C 和 C2C 两种模式。跨境贸易是相对于传统贸易而言，是对外贸易的一种新型贸易形态；跨境电商则是相对电子商务而言，是电子商务的一种新型应用。

按照交易的进出口方向的不同，跨境电商可分为出口跨境电商和进口跨境电商。出口跨境电商是指境内企业生产的产品，通过跨境电商平台，线上销售到不同国家（地区）的国际商业活动。进口跨境电商是指境外商品，通过线上平台，销售到境内的国际商务活动。

本书在阐述跨境电商知识点的时候，一般先分为出口和进口大类，对于出口和进口中的子分类，再按照 B2B、B2C 和 C2C 进行分类。

6. 跨境电商的运营流程

跨境电商业务流程分为出口业务流程和进口业务流程（图 11-18）。跨境电商出口业务流程指境内制造商或贸易商将产品数字化，上线到跨境电商平台展示，买家浏览商品，选购下单并完成支付，跨境电商企业将商品交付给物流企业进行投递运输，经过出口国（地区）和进口国（地区）海关通关与商检后，最终送达消费者或企业手中，或者直接通过第三方综合服务平台合作，委托代办物流、通关、商检等各个环节。跨境电商进口流程的方向与出口流程方向相反，是从境外企业到境内企业或消费者，其他内容与跨境出口基本相同。

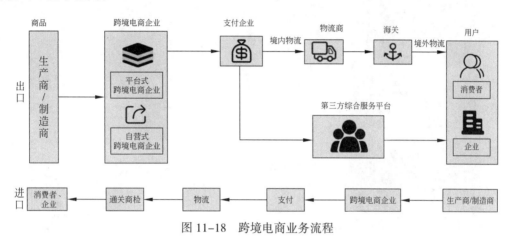

图 11-18　跨境电商业务流程

11.2.2　跨境电商机器人设计与应用

1. 汇率获取机器人

1）业务流程与分析

视频 11-3　汇率获取机器人

下面以设计能够自动获取最新外汇交易牌价的机器人为例。该数据采集业务的流程分析如下。

（1）采集的数据需要保存到一个指定的文件中，这里同样预先创建好一个用于保存采集数据的 Excel 文件，假定存放位置为桌面，假定文件名为"汇率信息 .xlsx"。

（2）打开中国银行外汇交易牌价的网站，输入日期（以两天为间隔）。

（3）打开需要存储汇率的表"汇率信息 .xlsx"。

（4）采集所有币种目前为止的最新汇率价，这是个循环过程，流程如下。

① 选择币种，获取该币种的汇率价，拾取该行的字符串。

② 将字符串文本分割为列表变量值，用标准分隔符制表符分隔 1 次，分割结果保存为"汇率"。

③ 在 Excel 文件 Sheet 1 表中第 2 行开始，向上插入数据"汇率"。

④ 切换币种，重复①~④，直至获取所有币种的数据。

2）设计与应用

（1）在设计器左侧组件面板中搜索"打开网页"组件，并将该组件拖拽到流程中。设定打开的网页为中国银行外汇交易牌价的网站（https://www.boc.cn/sourcedb/whpj/），然后把结果保存到自定义变量"网页对象"中。

（2）在设计器左侧组件面板中搜索"日期/时间处理"组件，拖拽"数据处理"下的"日期/时间处理"下的"获取日期时间"组件到流程中，获取当前日期，并设置减少一段时间（具体时间长度设置为48小时），以获取当前日期前两天的时间，如图11-19所示。

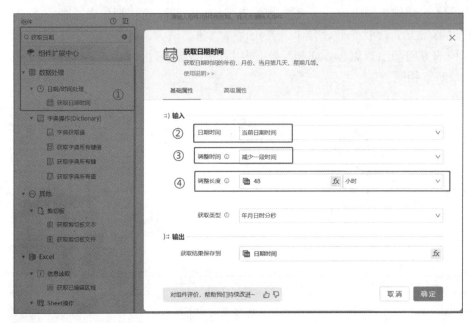

图 11-19　获取日期时间

图中各标号说明：

①目标组件；②选择当前或指定日期时间；③调整增加或减少一段时间；④调整时间长度。

（3）在设计器左侧组件面板中搜索"输入文本框"组件，并将该组件拖拽到流程中，将获取的时间输入网站对应的文本框，如图11-20所示。

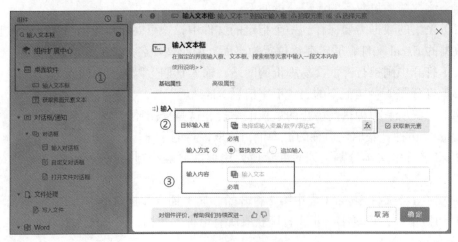

图 11-20　输入文本框

图中各标号说明：

①目标组件；②目标输入位置；③目标输入内容，此例为当前日期前两天的时间和当前日期。

（4）在设计器左侧组件面板中搜索"获取日期时间"组件，并将该组件拖拽到流程中，获取当前日期，如图 11-19 所示。

（5）在设计器左侧组件面板中搜索"输入文本框"组件，并将该组件拖拽到流程中，将获取的时间输入网站对应的文本框，如图 11-20 所示。

（6）在设计器左侧组件面板中搜索"打开 Excel"组件，并将该组件拖拽到流程中，打开提前建好的"汇率信息 .xlsx"。

（7）在设计器左侧组件面板中搜索"遍历"组件，并将该组件拖曳到流程中，遍历采集数据，以获取每个币种的汇率价，如图 11-21 所示。

图 11-21　遍历列表

（8）在设计器左侧组件面板中搜索"下拉框操作"组件，并将该组件拖拽到流程中，获取"币种选择"的下拉框，设置下拉框选项，如图 11-22 所示。

图 11-22　下拉框操作

图中各标号说明：
①目标组件；②选取目标下拉框；③选择设置下拉框选项或获取下拉框的选项值；④设置下拉框选择方式。

（9）在设计器左侧组件面板中搜索"点击界面元素"组件，并将该组件拖拽到流程中，设置单击"搜索框"，如图 11-4 所示。

（10）在设计器左侧组件面板中搜索"获取界面元素文本"组件，如图 11-23 所示，并将该组件拖拽到流程中，按住 Ctrl＋鼠标左键拾取界面元素，此处以获取货币名称为例，弹窗勾选不启用任何节点属性，元素节点不勾选 <td>，如图 11-24 所示，即可匹配拾取一整行的字符串，并设置保存于提前建好的"汇率信息 .xlsx"。

图 11-23　获取界面元素文本

图中各标号说明：
①目标组件；②单击"获取新元素"，将光标置于目标位置。

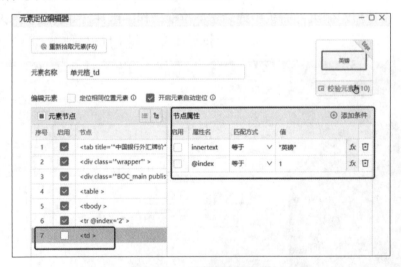

图 11-24　元素定位编辑器

（11）在设计器左侧组件面板中搜索"分割文本为列表"组件，并将该组件拖拽到流程中，将文本分割为列表变量值，目标文本为"汇率信息 .xlsx"，用标准分隔符制表符分隔 1 次，分割结果保存为"汇率"，如图 11-25 所示。

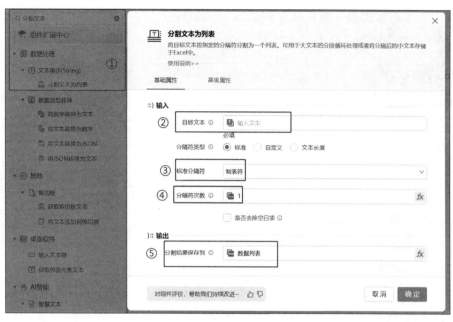

图 11-25　分割文本为列表

图中各标号说明：

①目标组件；②目标文本，此处为汇率信息；③标准分割符，可选择空格符、制表符或换行符，此处选择制表符；④分割符次数；⑤文本保存位置。

（12）在设计器左侧组件面板中搜索"插入行"组件，并将该组件拖拽到流程中，因表头为第 2 行，所以在 Excel 文件 Sheet1 表中第 2 行开始，向上插入数据"汇率"，如图 11-26 所示。

图 11-26　插入行

图中各标号说明：

①目标组件；②目标 Excel。

（13）汇率获取机器人流程效果图如图 11-27 所示（注：图中网址和具体文件路径因具体调试环境不同而不同）。

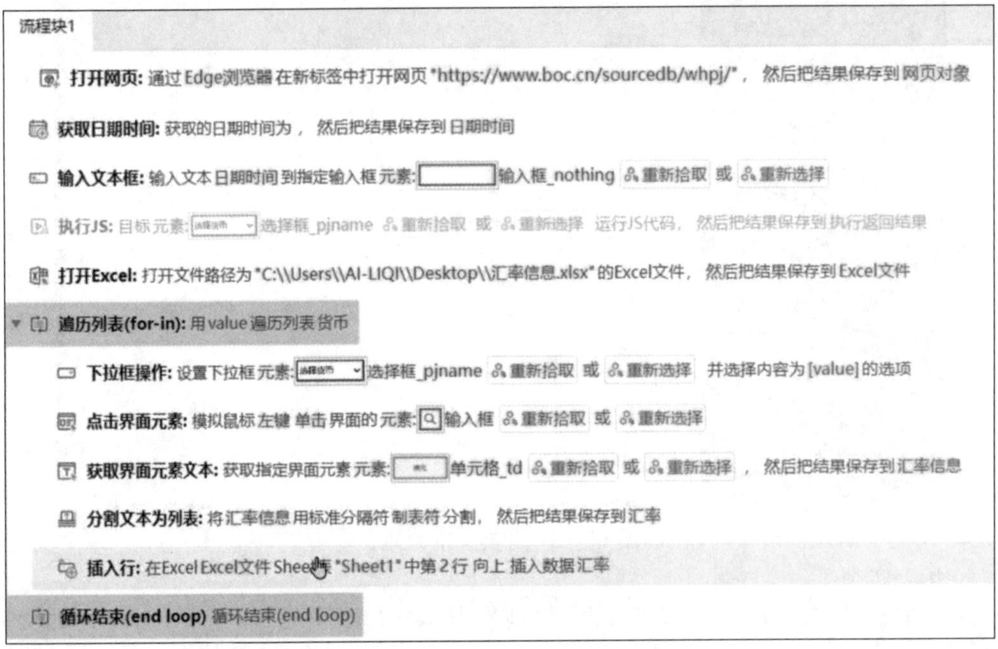

图 11-27   汇率获取机器人流程效果图

2. 小语种翻译机器人

视频 11-4   小语种翻译机器人

1）业务流程分析

下面以设计能够自动翻译小语种的机器人为例。该业务的流程分析如下。

（1）翻译文本及采集的数据需要保存到同一个指定的文件中，这里预先创建好该 Excel 文件，假定存放位置为桌面，假定文件名为"韩语翻译 .xlsx"。

（2）打开谷歌翻译网站，设定被翻译文本为韩语，目标语言为中文。

（3）将目标文本翻译为中文，这是个循环过程，流程如下。

① 从 Excel 读取目标文本。

② 于谷歌翻译网站翻译为中文。

③ 将翻译后的内容保存于 Excel 中的对应位置。

④ 重复①～③，直至翻译所有数据。

2）设计与应用

（1）为了方便机器人读取需要翻译的数据，需提前将数据存放于 Excel 文件中，存放在桌面上，假定文件为"韩语翻译 .xlsx"。

（2）打开"韩语翻译 .xlsx"，在设计器左侧组件面板中搜索"获取已打开的 Excel"组件，并将该组件拖拽到流程中，以获取需要翻译的数据（图 11-11）。

（3）在设计器左侧组件面板中搜索"读取列"组件，拖拽"Excel"下的"读取列"组件到流程中，读取"韩语翻译.xlsx"中 Sheet1 的 A 列数据，并设置在高级属性栏勾选"打印组件的输出变量值"，如图 11-28 所示。

图 11-28　读取列

图中各标号说明：

①目标组件；②目标 Excel，此处为"韩语翻译.xlsx"中的 Sheet 1；③目标列。

（4）在设计器左侧组件面板中搜索"创建列表"组件，并将该组件拖拽到流程中，创建列表以保存翻译结果。

（5）在设计器左侧组件面板中搜索"遍历列表（for-in）"组件，并将该组件拖拽到流程中，遍历采集数据，以翻译每一单元格数据，如图 11-21 所示。

（6）在设计器左侧组件面板中搜索"输入文本框"组件，并将该组件拖拽到流程中，将每一单元格的数据输入谷歌翻译网页文本框，网站将自动翻译，如图 11-20 所示。

（7）在设计器左侧组件面板中搜索"获取界面元素文本"组件，并将该组件拖拽到流程中，按住 Control＋鼠标左键拾取翻译后的内容，并保存为"翻译后内容"，如图 11-23 所示。

（8）在设计器左侧组件面板中搜索"新增列表项"组件，并将该组件拖拽到流程中，设置每翻译一个，都在列表的"尾部"新增一项数据，输出到变量"列表"，如图 11-29 所示。

（9）在设计器左侧组件面板中搜索"写入列"组件，并将该组件拖拽到流程中，在 Excel 文件 Sheet 1 中第 B 列第 1 行写入内容"列表"，如图 11-30 所示。

（10）小语种翻译机器人流程效果图如图 11-31 所示（注：图中网址和具体文件路径因具体调试环境不同而不同）。

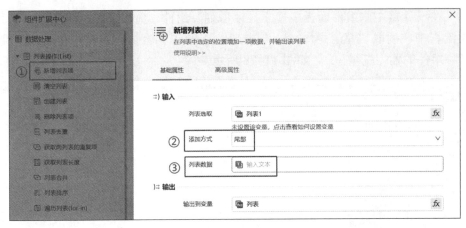

图 11-29　新增列表项

图中各标号说明：

①目标组件；②添加位置，可选头部、中间位置或尾部，此例选尾部；③列表数据，此处为步骤（7）所保存的"翻译后内容"。

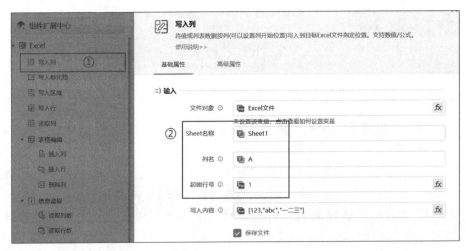

图 11-30　写入列

图中各标号说明：

①目标组件；②写入位置。

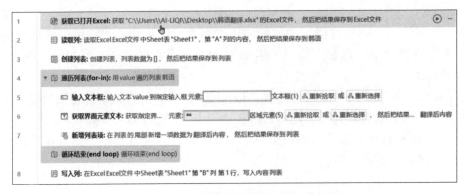

图 11-31　小语种翻译机器人流程效果图

3. 海关报关单识别机器人

1）业务流程分析

下面以设计能够自动识别海关报关单的机器人为例。该业务的流程分析如下。

（1）确保目标报关单清晰可识别，若为拍照或扫描件，需确保其平整，以提高识别准确率。

（2）有两种方法可识别报关单。

方法一：于洛书智能文档审阅网站（https://supertext.ai-indeed.com），上传目标报关单，即可自动识别，完成后即可查看或下载，亦可以在识别结果页面使用"Json 智能筛选数据信息"获取数据。

方法二：使用实在智能设计器中的"获取表格数据 OCR"组件，实现通过 RPA 识别报关单。

2）设计与应用

方法一：

（1）打开洛书智能文档审阅网站，如图 11-32 所示。

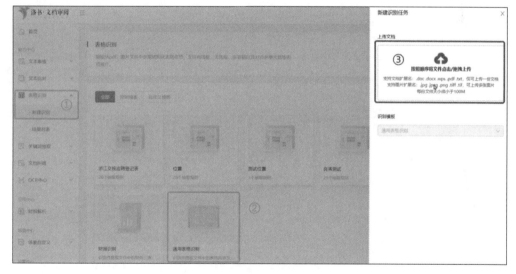

图 11-32　洛书智能文档审阅网站

图中各标号说明：

①"表格识别"下，选择"新建识别"；②选择"通用表格识别"；③单击上传目标识别文件。

（2）选择"表格识别—新建识别—通用表格识别—新建任务"，上传目标报关单，"是否识别表头"选择"是"。

（3）识别完成后即可查看或下载识别结果，亦可以在识别结果页面使用"Json 智能筛选数据信息"获取数据，如图 11-33 所示。

方法二：

拖拽"OCR"下的"获取表格数据 ocr"组件到流程中，图像源为"本地图片"，于图片地址栏上传目标图片，高级属性中设置"打印组件的输出变量值"，实现通过 RPA 识别报关单，如图 11-34 所示。

图 11-33　Json 智能筛选数据信息

图 11-34　获取表格数据 OCR 之高级属性

即测即练

第12章

应用案例

【本章学习目标】
（1）了解传统企业的发展瓶颈。
（2）了解 RPA 在传统企业数字化转型中的作用。
（3）了解数字员工应用背景下未来人才需求趋势。

引导案例

　　某大型贸易服务商同时管理多个快消类品牌，包含这些品牌的线上、线下销售。这些品牌不乏全球知名品牌，SKU 规模超过 2 000 个，年销售额达 20 亿元。该企业创始人兼任 CEO，颇具战略眼光，紧贴产业发展趋势。企业的规模和管理团队不大，因此 CEO 参与了大多数业务决策，企业的其他高层管理人员并没有太多的实际决策权。然而作为一家上升期的企业，CEO 的精力被用在内部管理跟业务细节上，而忽略了品牌拓展等宏观事宜。由于企业没有专业的数据分析团队，CEO 的很多决策缺乏数据支持，决策效率低下。企业上下都认同数字化转型迫在眉睫，因此销售团队、采购团队、库管团队、财务团队、客服团队等职能部门纷纷投入大量人力、物力通过 ERP、销售平台、结算平台等渠道收集数据，做了关于利润率、库存分析和销售计划等大量数据分析。但是，不同来源的数据无法保证其实效性，不同职能部门的数据分析侧重点不同，数据报表制作规范不统一，营销数据投放缺乏精准性，转型当年的销售额骤降至 5 亿元。因此，从整体来看，这次所谓的数字化转型给企业造成了严重的损失。

　　信息技术的飞速发展带来了商业全方位的变化，体现在客户需求、成本结构、营销渠道、员工素质和竞争环境等方面。企业不得不在提高企业经营效率、完善企业数据安全体系和构建产业互联网生态等方面进行数字化转型。数字化完成了传统商业模式下"人货场"的重构，形成了更全时全域的"场"、更高效流通的"货"，以及更精准个性的"人"，从而将流量思维向用户思维转变，以技术的进步推动零售业变革与商业模式再造。同时，数字零售则呈现出"消费场景化、触点多样化、渠道融合化、营销互动化、服务个性化"五大特点。数字化转型最终是为了帮助企业更好地为客户创造价值，是企业的发展工具，而非目的。任何为数字化而数字化的举动都将把企业拖入泥潭。

　　我国的 RPA 企业在执行复杂的数据管理和处理任务、社交媒体、数字营销、企业组织流程再造等方面，打造各类智能软件机器人，为企业数字化转型提供自动化和智能化解决方案。本章以鄂尔多斯、红蜻蜓和珀莱雅为例，阐述 RPA 助力下的传统企业数字化转型的成功之路。

12.1　鄂尔多斯

12.1.1　企业简介

鄂尔多斯集团创立于 1980 年，是中国民营 100 强企业。经过 40 多年的持续盈利和不断发展，鄂尔多斯集团已经从一家羊绒制品加工企业发展成为涵盖羊绒服装、资源矿产开发和能源综合利用等多元化经营的大型现代综合产业集团，并凭借自身完善的产业链、先进的工艺水平跃居为羊绒纺织领域领军企业。集团的科研基地国家羊绒制品工程技术研究中心，是国家认可的企业技术中心，也是国际羊绒驼绒制造商协会的中国企业成员。鄂尔多斯集团的前身为伊克昭盟羊绒衫厂。经过 30 多年的持续发展，依托高品质的羊绒原料、精益求精的生产经营和卓尔不凡的品牌经营，鄂尔多斯羊绒产业发展成为市场占有率全球领先的品牌。其产品包括羊绒原料（无毛绒）、羊绒纱线、以羊绒衫为代表的各类羊绒制品、四季服装等。旗下拥有 1436、ERDOS、鄂尔多斯 1980、BLUE ERDOS、erdos KIDS 等著名品牌。

2022 年 4 月，鄂尔多斯集团公布了 2021 年年度报告，年报显示："鄂尔多斯通过运营模式升级、渠道优化等，有力支撑了各个品牌运营和消费者体验塑造的闭环。公司线上业务通过科学布局，充分利用电商 RPA、小程序、企业微信、社群、直播等线上新渠道新工具，取得了不俗业绩。"作为羊绒纺织行业的龙头企业，从信息化向数字化转型也是鄂尔多斯的发展战略方向。羊绒服装是服装纺织行业中的高端服装市场，鄂尔多斯作为全球产销规模最大的羊绒服装企业，不断通过信息化部署、数字化转型推动可持续发展，也将推动行业及产业整体数字化进程。鄂尔多斯认为数字化转型的本质是以生产供应链为基础，以消费者需求为驱动、利用数字资产来打通上中下游，实现信息传导的一体化，它需要整个供需相互契合。在供给端不断提升效率，在消费端不断提升体验。

12.1.2　痛点分析

其实，鄂尔多斯早在 2010 年就开始布局数字化，在整个行业中起步较早。早期做电商，鄂尔多斯只是把电商作为一个线上渠道。后来，它演变成为品牌发声、形象宣传及营销推广的重要通路。

作为民族国货羊绒品牌，鄂尔多斯一方面要面临传统零售行业自身门店体量小、订货预算少等痛点，各个部门数据不相通，企业组织僵化等传统企业的通病；另一方面还要面临疫情之后数字化时代的浪潮的冲击。2020 年，企业在上半年闭店的情况下，利用电商、小程序、企业微信、社群和直播等创新工具，降本增效订单却增加 25%、跨区域订单增加 35%、跨品牌会员扩增 70%、小程序拉新增量占 20%。2021 年，RPA 数字员工帮助其在上述方面开启了新征程。

12.1.3　实施及应用

RPA 帮助鄂尔多斯在电商自动化和智能化方面开启了新征程。RPA 数字员工帮助鄂尔多斯在电商、小程序、企业微信、社群和直播等线上创新渠道和工具的应用和提升多场景营销能力方面进一步实现了降本增效。RPA 数字员工在鄂尔多斯的应用其具体体现在运营自动化、数据自动化以及营销自动化。

（1）运营自动化：多平台一键上新。智能 RPA 数字员工，可支持淘系、京东、拼多多、唯品会、亚马逊以及自建平台等各类电商平台商品一键同步上新。

（2）数据自动化：智能化数据监控。智能 RPA 数字员工，可支持生意参谋、京东商智等各类平台数据的自动获取、自动汇总以及自动分析，并且可根据分析需求，自定义报表模板智能化生成数据大屏或分析报告。同时结合对邮箱、微信等通信工具的控制，还可以第一时间发送分析结果给指定人员，助力敏捷性决策。

（3）营销自动化：千人千面私域营销。智能 RPA 数字员工，可支持微信、企业微信、钉钉等市场上所有即时通信工具，以及淘宝、京东、天猫、拼多多、小红书等各类电商平台的精细化操作，可以将分散在各类平台的客户信息进行聚合管理，或者根据指令对不同平台客户对应的标签进行信息备注。后续根据标签分类，可以实现针对不同客户的定制化营销内容投放，投放渠道可以覆盖个人聊天、微信群、朋友圈和小程序等生态触点。

借助 RPA 的数字化改造，鄂尔多斯建立了一个以商品为中心的数字化研发协作平台，形成了商品研发管理体系，并将企业的数字资产进行统一、规范管理。根据公开报道，2022 年 9 月，鄂尔多斯数字化举措实现四个目标。

（1）打造设计研发平台：建立协同的设计研发平台，全面掌控开发季多维度的开发进度，提升产品开发流程管控效率。

（2）建立品牌基础数据库：沉淀品牌过往数据，完善知识管理和应用标准，为未来的研发设计打好基础。

（3）显化成本管控机制：明确产品目标成本定义和共享机制，以实现产品成本开发要求的协同。

（4）提升研发数字化决策：集成 ERP、订货会、JDE、样衣管理等信息化系统，形成信息化闭环，确保信息的准确和一致，并支撑业务决策。

不仅如此，为了打造智慧化零售，鄂尔多斯还建立了智慧零售四大中台：内容中台、会员中台、数据中台和培训中台。

（1）内容中台，主要是通过优质的品牌素材或者是热门明星、KOL 素材，进行精准人群的圈定。这是因为如今的客户不仅仅是追求低单价，更追求的是更高的质量。除此之外，鄂尔多斯还会注重门店人格化 IP 打造，树立具有自己特色的品牌素人角色，每天会分发大量不同的素材给到各个区域、各个品牌的导购，导购再根据自己对顾客的了解去做精准分发。

（2）会员中台，主要是实现集团全线会员信息同步，将会员登记、会员权益以及会员积分一键打通，会员可以在线上看到自己相应的积分。同时，会员中台还可以将用户画像会员数据打通，实现用户画像会员数据以及会员生命周期全链路数字沉淀，通过这些数字沉淀再做相应分析和分发。而导购则可以根据不同的会员等级，去定向推荐和促销不同客单价的产品，缩短了消费者的决策周期，且提高复购率。

（3）数据中台，可以将门店库存、仓库库存以及电商库存全链路打通，线上订单可以通过门店去发货，提高门店商品的数字转化、销售转化。

（4）培训中台，则是为了更好地让导购与客户沟通，为此鄂尔多斯搭建了线下的实体培训以及场景演练，线上的培训视频复习以及在线答疑。

12.2　红蜻蜓

12.2.1　企业简介

红蜻蜓品牌由中国商务时尚大咖钱金波先生于 1995 年创立。红蜻蜓皮鞋适合上班穿，款式又时尚，赢得超两亿人次选择。2015 年 6 月 29 日，红蜻蜓在上海证券交易所 A 股主板成功上市。红蜻蜓创建国内首个鞋科技实验室和制鞋行业首家院士工作站，研创 83 道标准化制鞋工艺，保障每一双红蜻蜓出品的鞋履都能舒适、耐穿。红蜻蜓秉承商务与时尚的完美融合的品牌理念，以商务不失个性、时尚不失得体的设计风格和产品系列，为不同职层的职场人士提供不同商务场景下穿用的时尚皮鞋。红蜻蜓商务时尚皮鞋围绕"日常 office、商务社交、商务出行"三大核心商务场景，致力于为时髦的商务人士提供商务多元化需求的时尚穿搭。红蜻蜓聘请国际鞋履大师，原奢侈品牌鞋履设计总监拉斐尔·杨先生担纲鞋履时尚设计总监，为顾客带来全球时尚领域最前沿的鞋履款式，赋能职场多元个性表达。

12.2.2　痛点分析

近几年，红蜻蜓处于新老交替的阵痛期、磨合期和适应期。2020 年 12 月 15 日，33 岁的钱帆从父亲钱金波手中接了红蜻蜓股份公司总裁的接力棒。与此同时，组织规模扩大带来了组织柔性不足，无法适应市场多元化的需求。过去 25 年，钱金波打造的全国性线下零售网络带来红蜻蜓的第一次腾飞，但缺乏大数据的指导，造成了生产和物流上的浪费和低效。而钱帆主导的线上线下同步、企业全链路的数智化转型则给红蜻蜓插上了轻盈的翅膀，帮助这家老牌鞋企飞越了一场严峻的危机。

12.2.3　实施及应用

红蜻蜓借助 RPA 的数智赋能，重塑商业模式，融合线上线下，打造数字化的产品研发创新能力、全产业链快速反应能力和服务体验的三大核心新零售竞争力。RPA 数字员工帮助红蜻蜓在直播带货、社群营销、O2O 红人店等创新模式，实现全域化营销。

（1）人、货、场全面数字化重构。2020 年"双十一"，红蜻蜓 GMV 突破 8 亿元，同比增长 111%，拿下天猫时尚鞋靴品类第三名。线上业绩的迅猛增长来自红蜻蜓对人、货、场三要素的全面数字化重构。第一，人的数字化。借助天猫智能导购、钉钉等数字化工具,红蜻蜓的 5 000 多名门店导购全部搬到了线上。庞大的导购人群,在运营好线下销售的同时,还可应用直播、短视频、小程序、社群等工具,对 776 万个会员进行精准的数字化运营。2020 年二三月份,在线下近 4 000 家门店停业的情况下,线上导购依靠小程序、会员群等方式维持了业绩。其中 3 月份的一场小程序社群营销,仅用两天就实现了 1 000 多万元的销售额。两个月的时间,通过直播实现 5 300 万元销售额,并选出了 100 多位优秀的店铺主播。第二,货的数字化。依托数据中台,红蜻蜓打通了生产端与销售端,实现了供应链的柔性生产和快速反应,所有商品的开发、销售、促销也实现了全链路的数字化管理。在商品开发环节,通过数字化智能评估,聚焦重点品类,大幅提升了出现爆品的概率。比如红蜻蜓通过数据分析,提前一年预判到马丁靴品类会持续走高,因此在马丁靴的开发上投入重兵。仅在 2020 年 9 月的两次直播中,87 000 双马丁靴就售罄,创下鞋类单品直播销售记录。商品的数字化使订货会变得更加便捷、高效。红蜻蜓的订货会从此前的一年 4 次转变为月月上新,从大批量订货转为高频次、小批量。虽然订单量变小了,但新品上市的频次加快了,规避了订货计划不准带来的库存风险,又让门店和线上一样具备了敏捷的销售能力。第三,场的数字化。早在 2018 年,红蜻蜓就与阿里巴巴达成新零售合作,线下 1 000 多家自营及联营门店全部上线智慧门店和轻店。次年 1 月,红蜻蜓正式成为阿里巴巴 A100 战略合作伙伴,将近 4 000 家门店全部实现了数字化,将线上线下会员、订单、库存一体化,实现线上线下的全面拉通。钱金波认为,门店将成为体验店、前置仓,成为连接消费者的空间,给消费者带来更好的线上线下一体化服务。

（2）全链路数智化升级。在线化、网络化、智能化被视为智能商业的三部曲。红蜻蜓的数智化转型升级完整地体现了这一过程。对于包括红蜻蜓在内的皮鞋品牌来说,一个最大的行业困境是消费者越来越偏爱运动鞋。前瞻产业研究院发布的《中国运动鞋行业产销需求与投资预测分析报告》和中研普华产业研究院发布的《2021—2026 年皮鞋行业深度分析及投资价值研究咨询报告》显示,我国 2020 年到 2025 年,运动鞋年复合增长率超过 20%,而皮鞋的产量从 2018 年开始,每年下降 10%,预计到 2026 年我国皮鞋产量将收缩至 17 亿双。2017 年,驰骋资本市场多年的"鞋王"百丽黯然退市,给整个行业拉响了警报。伴随着线下零售的困境,经历多年高速增长的中国鞋业来到了命运转折的十字路口。在商场摸爬滚打 20 多年的老江湖钱金波也嗅到了危机的信号,开始酝酿转型升级。2019 年,红蜻蜓与阿里云签署了全面上云和数据中台合作协议,推进全链路业务的数智化升级。在危机的倒逼和自我迭代中,红蜻蜓利用前沿的互联网和数字技术,全面重构了企业的运营,突破了工业时代的旧有模式和经营效率。2010 年,淘宝商城上线第二年,红蜻蜓就成立了电子商务部,当年线上销售额 3 000 万元。2011 年 3 月,红蜻蜓备了 7 万双鞋子,在聚划算上做了一场活动,一下子带来 800 万元销售额。这极大地振奋了钱金波。2011 年 9 月,红蜻蜓成立电商公司,按照独立子公司模式运作。到了 2018 年,红蜻蜓成立新零售部门,钱帆担任负责人。

　　红蜻蜓以前更多的是通过经验去判断整个业务的流程，有了数字化赋能之后，企业在整个业务端，包括门店端、导购端和营销端，更多的是通过数字化的能力去做业务决策。以前是生产出来什么就卖什么，现在是顾客需求什么才生产什么。红蜻蜓数智化升级最大的一个变化就是以消费者需求的数据洞察为中心来驱动研发、生产、销售的全链路，靠关键节点的数据去驱动企业的智慧运行。当传统运营模式无法满足新需求时，线下零售逐步失效。居高不下的运营成本迫使企业不得不走向改革之路。

　　（3）渠道升级，抓住年轻人。2020 年 3 月 8 日，56 岁的钱金波在中国鞋文化博物馆开始了个人第一次直播。这场直播持续两个小时，以 31 万热度进入当天淘宝直播巅峰服饰频道实时排名第三，累计吸引了 43.53 万人次观看，点赞量超过 300 万，带货销量突破 50 万元。"一把手"亲自下场直播，带动了红蜻蜓直播业务的快速发展，联动线上线下加速了全渠道的融合发展。更重要的是直播让红蜻蜓收获大量年轻客群，客群平均年龄下降了 5 岁。为了抓住直播风口，加速客群年轻化战略，已经 25 岁的红蜻蜓制订了三个 100 计划，即 100 个会直播的中高层、100 个导购网红、跟 100 个网红主播合作，真正形成红蜻蜓数字化营销和直播的矩阵。2020 年 9 月，经过大半年的谈判，红蜻蜓终于拿下了与某头部网红的合作，开始达人带货直播，钱金波对此事异常重视，他觉得这个合作来之不易，叮嘱大家一定要全心全意做好对接。红蜻蜓是第三家与该网红合作的皮鞋品牌，公司上下对与头部主播的合作充满期待，但出于谨慎并未设定太高的目标。当时想一款鞋能卖 1 万双就挺好了，于是红蜻蜓就备了 1 万双的现货，原材料也准备就绪。后来销量火爆，决定开启预售模式，不断追加订单，第一场竟然卖掉 3 万双。红蜻蜓电商负责人郑志强回忆，第二场直播晚上 10 点钟，3 万双现货上来就秒空。接下来第二批推 7 天预售，本来准备报 1 万双，测算了一下供应链的产能，最后钱金波做了一个决断：2.5 万双，7 天生产 2.5 万双是一个巨大的挑战。当然第二批也都卖完了，然后第三批 15 天预售，又是两万双一售而空，这一场直播最终实现了 5.7 万双的销售数据。现在是按需定产，以前是以产定销，这两个模式不同的原因就在于信息支撑或者数字化协同能力的提升。

　　（4）制造升级，数据驱动的柔性生产。过去 40 多年，中国企业最大的痛点在于生产与销售割裂，产品与需求错配，制造商生产出来了大量不匹配市场需求的产品，导致经销商、零售商库存积压，造成了巨大的浪费。红蜻蜓通过阿里云数据中台打通了前端的销售和后端的生产，真正实现了 C2M（从消费者到生产者），过去企业埋头干制造，凭经验去生产，现在是通过消费者画像销售数据分析来驱动制造。红蜻蜓主管生产的副总裁徐巍说，现在不是制造驱动销售的时代，而是根据市场需求，用数字化的眼睛增强对潮流趋势、消费者变化的洞察力，从而以需定产满足顾客需要。以前的生产方式更多是基于过去的数据，对未来的预测能力不足，阿里数据中台可以实时掌握动态海量消费数据，通过数据分析发现未来趋势，从而具备预测爆款的能力。千篇一律的商品已经无法满足当今消费者日益个性化、多元化的需求。为了适应瞬息万变的市场，红蜻蜓研发出一套精益生产模式，100 多米长的生产线升级为模块化布局，一旦预测到爆款，50 双就可以接单，最快 7 天就能出货，生产变得更加弹性、敏捷和高效。俗话说，鞋子合不合脚，只有脚知道，南方人的脚大多瘦长、秀气，北方人的脚则比较短，脚掌很宽。这就要求企业针对各地人的脚型推出差异化的鞋子。红蜻蜓通过对不同区域的市场数据的挖掘分析，建立了一套标准化体系，发现潮流趋势以后，直接匹配数据，将原本需要10 天的工艺大幅压缩，最快一天半就可以出样品。早在 10 年前，红蜻蜓就开始研究中国人的脚型数据，把这些数据沉淀下来。如今通过一系列数字化、智能化设备和技术，红蜻蜓正在把数据驱动的柔性生产一步步变成现实，一台两脚的设备只要站上去 3 秒钟就可以把十几个维度的数据精准测量出来。过去消费模式是先有鞋，然后脚再去适应鞋，而今天红蜻蜓通过鞋楦标准化体系建设，建立脚型数据库，然后根据消费者脚型数据，在数据库找出最匹配的鞋楦，就可以快速定制，提供更舒适的鞋子，满足市场的个性化需求。数智化打通了生产与消费的壁垒，让 C2M 的柔性生产成为可能，极大地提升了企业的经营效率。2020 年，红蜻蜓的新品授信率从之前的 60% 提升到了 80% 以上，化解了高库存的行业通病。与此同时，红蜻蜓还引入很多自动化设备，如自动排版裁断机、电脑针车机等，实现了全流程数据化，极大地提升了生产效率。在产量不变的情况下，一线员工数量下降了 30%。阿里巴巴集团副总裁、阿里云智能新零售事业部总经理肖立华认为，因为全球化变局，2020 年对于零售业而言颇为不易。但是通过数字化技术，一批企业却实现了逆势增长，红蜻蜓就是其一。红蜻蜓的核心管理层近几年来非常重视数智化转型，这是其在这场大考中化难为易的一个重要原因。大多数人认为，所谓数智化转型，就是指企业增强对外营销能力。但是完整的企业数智化包括组织的协同化、业务流程的敏捷化、管理决策的智能化以及产业生态的一体化，未来没有线上、线下之分，全域、全网、全渠道、全触点、全链路，只有是否数字化之分。因此真正的数字化是一场刀刃向内、涉及企业方方面面的变革。实现数智化的企业要能够反复迭代、反复试错，快速抓住需求，拥有面向未来的竞争力。

12.3　珀莱雅

12.3.1　企业简介

珀莱雅作为始于中国、放眼于世界的具有国际化前沿的化妆品品牌，18 年间潜心探索肌肤新生科技，严格甄选优质原料，不断创新发现科技护肤技术，为消费者提供最科学、更安全、见效快的前沿科学肌肤解决方案。品牌隶属于"中国美妆第一股"珀莱雅化妆品股份有限公司，自 2003 年诞生以来，秉承年轻前沿科技力为品牌核心实力，成为顺应时代变迁，快速渗透并影响年轻消费人群的"国货之光"品牌之一。2003 年，珀莱雅在美丽的杭州诞生，是珀莱雅化妆品股份有限公司旗下最早推出、专注于深海护肤研究的化妆品品牌。凭借其鲜明的品牌形象、精准的市场定位以及创新的营销策略，珀莱雅保持了稳定、快速的增长趋势。珀莱雅品牌起步于日化渠道，以多品类、多渠道的运营机制，进一步进军商超、电商等渠道，已形成覆盖全国（不含港澳台）、立体的营销服务网络。珀莱雅品牌正向着日臻完备与国际化发展，致力于深海核心护肤科技研究与女性平等发展的公益行动。该品牌的含义是以海洋生机魅力为灵感，秉承前沿科学配方，发现精神为品牌的信仰，安全、优质为承诺。PROYA 代表着 Pure（纯净）、Resource（资源）、Ocean（海洋）、Young（年轻）、Aesthetics（美学）。自 2008 年设立科学护肤实验室以来，珀莱雅针对亚洲人群不同年龄段的 9 大肌肤问题，定制 11 项全面的护肤系列，同时推出底妆系列，涵盖日常场景，满足消费者需求。珀莱雅与用户一起带着年轻无畏的发现精神，用勇气和乐观探索世界、追逐梦想，发现自己的光芒，创造更多可能。珀莱雅品牌坚持"科学配方"，2008 年设立科学护肤实验室，以专业皮肤肌理研究为基础，潜心研究核心有效成分，甄选顶级原料，反复实验验证，发现最佳功效的科学成分配比，上市之前多次测试，致力于提供更安全有效的科学护肤方案。

12.3.2　痛点分析

传统的宣传方式和销售手段使企业在面对新需求时俱足无措，电商线上线下的融合互通成为发展的必然。外部渠道和内部流程之间信息不互通，亟待人工智能技术帮助落地与实施。珀莱雅在数字化探索转型过程中努力适应时代、自我进化，利用新团队、新打法完成自己第二曲线的"新锐成长"。从市场环境来看，单纯的线下模式只会带来成本压力，与线上融合全渠道运营成为各大企业的必然之选。传统媒介也发生了变化，在经历新浪微博、腾讯微信、小红书、视频分发和直播时代的流量变迁后，这些技术推动着企业进行数字化改革，打破了企业与客户之间的信息壁垒，企业传统的获利渠道被改变。从消费者端来看，市场由卖方市场转变为买方市场。随着媒体平权化，消费者能够随时随地接收到相关信息，而随着"成分党"（具有个人意识、专业知识等的消费者）崛起，消费者选择产品从被动到主动，研究型消费者成为主要的消费人群。从企业内部来看，员工普遍年轻化，决策更多地依靠数据分析，组织更加开放和扁平化。珀莱雅内部就是向互联网企业看齐，整个组织框架改革后不超过三层，这样能够有效降低沟通成本，而对于一些风口把握和消费者需求洞察也更加迅速和准确。

12.3.3　实施及应用

珀莱雅引入 RPA 推动电商数字员工创新实践，RPA 数字员工在客户咨询、数据分析、报表整理等方面都取得了显著成效。珀莱雅在 RPA 的帮助下实现了营销数字化、产品数字化、电商运营数字化、供应链数字化、组织数字化五个方面的数字化转型：

（1）营销数字化。以抖音为例，目前珀莱雅的投入产出比严格控制在 1∶1，每一次的投放都会定向覆盖受众人群圈层，如珀莱雅双抗精华的目标人群是 30 岁左右的女性，在投放过程中就会围绕这一人群做特定的内容产出和投放，在此精准投放逻辑支撑下，产品的 ROI 也会相应提高。

（2）产品数字化。产品数字化也是珀莱雅最重视的一环，整个闭环都围绕消费者展开。目前从各个电商平台可以快速确定消费者的目标画像，当需求明确之后，品牌就可以和消费者、KOC（关键意见消费者）、KOL 共创产品，从包装设计、产品开发到成分配比等，全链路参与产品共创的每一个环节。

（3）电商运营数字化。珀莱雅不仅会根据天猫、京东、唯品会等平台的不同特性，有针对性地组建团队，更会以数据为导向进行平台的管理和投放。比如在什么时间段投放直通车效率最高、什么样的季节推出哪款产品最合适、什么样价格带的产品匹配何种赠品转换率会更高等。据介绍，目前珀莱雅在各大电商平台已经基本实现数字化运营。

（4）供应链数字化。目前一些新锐品牌在投放、营销、运营方面都可圈可点，但是供应链却成为其发展链路上的短板，如在高密度的社媒投放后，主打产品需求量在短时间内迎来需求顶峰，但是因为前期没有做产前计划和备足产品，最后造成了"无货可卖"。在供应链层面，珀莱雅通过前期对各平台的数据分析，可以预测未来 3 个月的销量走势，而有了预判之后，就可以根据数据量制订计划和排单生产，MES（制造执行系统）和 APS（自动排程系统）两大系统基本保证企业达到"软性生产"。

（5）组织数字化。珀莱雅在组织方面明确提出：继续推动平台型、生态型组织建设，打造产品中台，提升公司核心战略能力，推动大单品、爆品策略的新营销业务模式搭建，同时推进彩妆业务中台建设，从战略、策略、组织、人才等多维度构建自驱协同的共生组织。

12.4　案例应用总结

企业在数字化改革上的成果给行业注入一剂强心针，规模化企业在数字化转型之路上会碰到很多"拦路虎"，如路径依赖、系统惯性，原有体制运营人员转型难。线下营销、平台电商运营、社媒内容电商运营，所要求的运营模式、组织架构、个人能力和知识结构都各有不同，系统人员对原有成功路径的依赖，对自己不熟知事物的抗拒，在组织内部形成强大的系统阻力。但是如果想要成功地穿越新的行业周期，数字化转型是企业要做的必选题。RPA 数字员工在帮助企业数字化转型方面，切实做到了节省人力、降低成本、提升效率、精准决策，是企业数字化转型的必备工具。

即测即练

参 考 文 献

[1] 董志良.电子商务概论[M].北京：清华大学出版社，2021.

[2] 郭奕，赵旖旎.财税RPA：财税智能化转型实战[M].北京：机械工业出版社，2021.

[3] 达观数据.智能RPA实战[M].北京：机械工业出版社，2020.

[4] 张微.电子商务[M].长春：东北师范大学出版社，2011.

[5] 鞠晓玲，樊重俊，王梦媛，等.人工智能在电子商务中的应用探讨[J].电子商务，2020（10）：21-22.

[6] 数智前沿｜"人工智能×电商"，数字化经营会擦出怎样的火花？[EB/OL].（2022-01-18）.https://zhuanlan.zhihu.com/p/401517780.

[7] RPANews.更智能的自动化创新：RPA的价值与优势[EB/OL].（2021-08-27）.http://www.rpanews.com/home/news/article_details/id/1643.html.

[8] IPA（AI＋RPA）的优势及适用流程场景[EB/OL].（2021-08-13）.https://zhuanlan.zhihu.com/p/399408211.

[9] 刘峤，李杨，段宏，等.知识图谱构建技术综述[J].计算机研究与发展，2016，53（3）：582-600.

[10] 徐增林，盛泳潘，贺丽荣，等.知识图谱技术综述[J].电子科技大学学报，2016，45（4）：589-606.

[11] AI产品经理的入门必修课（4）——知识图谱[EB/OL].（2021-01-11）.https://baijiahao.baidu.com/s?id=1688517363984434544&wfr=spider&for=pc.

[12] 陶飞，刘蔚然，刘检华，等.数字孪生及其应用探索[J].计算机集成制造系统，2018，24（1）：1-18.

[13] 智能文档审阅软件实在智能RPA：校对文档错误，提升文档质量[EB/OL].（2022-07-15）.https://zhuanlan.zhihu.com/p/542112247.

[14] 朱龙春.RPA智能机器人[M].北京：机械工业出版社，2021.

[15] 电商行业案例｜下单后自动核对订单地址，24h自动运行——实在智能RPA[EB/OL].（2022-08-18）.https://zhuanlan.zhihu.com/p/552641510.

[16] 库存预警是什么意思[EB/OL].https://ext.dianchacha.com/news/info/id/10419.

[17] RPA帮｜RPA可以做什么？RPA在电商平台这5个案例应用！解放双手[EB/OL].（2022-08-24）.https://baijiahao.baidu.com/s?id=1742039891137509579&wfr=spider&for=pc.

[18] 北京博导前程信息技术股份有限公司.电子商务数据分析基础[M].北京：高等教育出版社，2019.

[19] 郑天骅.社区团购电商平台客户关系管理[J].合作经济与科技，2023（7）：111-113.

[20] 古红霞，胡永仕，吕书浩.考虑客户满意度的生鲜电商前置仓选址——路径优化[J].交通科技与经济，2023，25（2）：32-39.

[21] 黄维雅.数据挖掘技术在电商客户粘性预测中的研究[J].齐齐哈尔大学学报（自然科学版），

2023（1）：81-86，94.

[22] 李昕. 大数据时代电商企业客户关系管理分析 [J]. 营销界，2023（1）：83-85.

[23] 黄历，林平. 新零售环境下社区电商 A 平台客户关系管理浅析 [J]. 商场现代化，2022（11）：1-3.

[24] 艾瑞咨询. 一叶知秋：中国 RPA 行业研究报告（2020 年）[R]. 2020.

[25] 王丽娜. 认知导向的 B2C 电商导购聊天机器人体验设计研究 [D]. 无锡：江南大学，2020.

[26] 李成艳. 面向电商的客服机器人的设计与实现 [D]. 成都：电子科技大学，2019.

[27] 任岿，孟庆峰. 电子商务和客户关系管理系统的大数据应用研究与实现 [J]. 石化技术，2019（6）：258-260.

[28] 彭美红. 基于电子商务环境的客户关系管理 [J]. 重庆电子工程职业学院学报，2017，26（2）：29-31.

[29] 邵贵平. 电子商务物流管理 [M]. 北京：人民邮电出版社，2022.

[30] 卢栋，周珠. 电子商务物流 [M]. 2 版. 北京：中国水利水电出版社，2019.

[31] 程平. RPA 财务机器人开发教程：基于 UiPath[M]. 2 版. 北京：电子工业出版社，2021.

[32] 程淮中，蔡理强. RPA 财务机器人开发与应用 [M]. 北京：高等教育出版社，2022.

[33] 匡文波. 新媒体概论 [M]. 北京：中国人民大学出版社，2019.

[34] 宫承波. 新媒体概论 [M]. 北京：中国广播影视出版社，2021.

[35] 方美玉，金贵朝. 跨境电子商务概论 [M]. 北京：清华大学出版社，2022.

[36] 钊阳，戴明锋. 中国跨境电商发展现状与趋势研判 [J]. 国际经济合作，2019（6）：24-33.

[37] 张夏恒，孙长江. 疫情持续冲击下我国跨境电子商务问题研究 [J]. 学术交流，2021（6）：89-99.

[38] 王树洪. 鄂尔多斯企业战略管理分析 [J]. 现代经济信息，2010（20）：53.

[39] 全秉荣. 企业文化特征论——兼谈鄂尔多斯企业文化之得失 [J]. 内蒙古财经学院学报，2007（1）：36-38.

[40] "中国羊绒制品大王"鄂尔多斯的数字化之旅 [EB/OL].（2022-05-20）. http://fashion.ynet.com/2022/05/20/3469676t3228.html.

[41] 毕波. 红蜻蜓、双驰入选 2022 年工业互联网平台创新领航应用案例名单 [J]. 北京皮革，2023（2）：92.

[42] 李晗. 电商背景下传统鞋业财务分析——以红蜻蜓为例 [J]. 西部皮革，2022，44（14）：13-15.

[43] 纪者. 因爱而生 为梦而飞 红蜻蜓集团走在工业 4.0 的路上 [J]. 信息化建设，2016（10）：42-43.

[44] 陆一夫. 红蜻蜓逆势扩张 [J]. 新经济，2015（6）：56-57.

[45] 段淳林，周琴雪. 发掘用户情绪价值，珀莱雅回声计划 [J]. 中国广告，2022（12）：69-72.

[46] 刘婷婷，李娅玲，张鑫山. 数字经济视角下国产化妆品企业盈利模式分析——以珀莱雅为例 [J]. 现代商贸工业，2023（8）：31-33.

[47] 刘雨欣. 网红经济下老牌国货品牌的营销传播新策略分析——以经典美妆国货品牌珀莱雅为例 [J]. 现代营销（学苑版），2021（39）：38-40.

教师服务

感谢您选用清华大学出版社的教材！为了更好地服务教学，我们为授课教师提供本书的教学辅助资源，以及本学科重点教材信息。请您扫码获取。

▶▶ 教辅获取

本书教辅资源，授课教师扫码获取

▶▶ 样书赠送

电子商务类重点教材，教师扫码获取样书

 清华大学出版社

E-mail: tupfuwu@163.com
电话：010-83470332 / 83470142
地址：北京市海淀区双清路学研大厦 B 座 509

网址：http://www.tup.com.cn/
传真：8610-83470107
邮编：100084